国际舞台上的
袁隆平

毛昌祥◎著

人民出版社

目　录

一、一手好棋赢在菲律宾

四、孟加拉国遇老乡

五、盛会在越南

六、有趣的以色列之旅

序

被国际上誉为"杂交水稻之父"的袁隆平院士，并不把他和他的团队研发成功的杂交水稻技术仅仅当成是一个科研成果或一种成就和荣誉，而是一颗造福世界人民、解决中国和世界粮食危机的种子。袁隆平院士尽其毕生之力，将这颗起源于中国、必将生长于世界各地的种子，撒向了一个又一个国家，最终实现了他人生的夙愿——"发展杂交水稻，造福世界人民"。

袁隆平院士身体力行，亲自到一些国家指导杂交水稻技术，践行了"科学家无国界，杂交水稻属于全人类"的诺言，是一位名副其实的国际主义战士。他的许多战友见证和记录了他为杂交水稻走向世界，在一些国家工作的故事，毛昌祥博士就是其中一位。毛昌祥博士应该是和袁隆平院士在国外并肩战斗时间最久，所到国家最多的战友之一。

世纪之交，我本人在国际水稻研究所（The International Rice Research Institute，IRRI）担任副所长的那段时间，与袁隆平院士并肩奋斗过，见证了他在 21 世纪初，在杂交水稻方兴未艾的时候继续努力，把杂交水稻技术提升到一个新的高度，把这项技术传播到更多的国家和地区，可以算得上是袁隆平院士的战友之一吧。

毛昌祥博士将袁隆平院士在菲律宾和国际水稻研究所工作的一些故事撰写完成后，第一时间发给了我，要我修改、补充。读到袁隆平院士当年的故事，宛如又回到了当年。这些故事，有点像被考古工作者修复的出土陶瓷器具。真实的照片、资料、文献，就像那一片片镶嵌在石膏里的碎陶瓷片。而毛昌祥博士的文字描述，就像修补用的石膏，恰如其分，少有夸张和虚构，基本还原了文物的原样。而作者的详尽回忆，是根据他几十年如一日、每天都有文字记录的工作日记，还有不少收集到的袁隆平院士文献，包括袁隆平院士签名送给毛昌祥博士的一些书籍，作为参考。

袁隆平院士虽说永远离开了我们，但他撒向世界的杂交水稻种子，还在继续生根发芽、开花结实，造福于人类，造福于子孙后代。希望这本书里许多动人的故事，也将和这些杂交水稻种子一样，流传于世，留给我们的子孙后代。

王 韧

2022 年 5 月

前　言

　　袁隆平院士在杂交水稻研究成功之后，就考虑到"发展杂交水稻，造福世界人民"的伟大愿景，但要实现这个宏伟目标，可不是一件容易的事。从 20 世纪 80 年代初，他本人就身体力行，为这一愿景努力奋斗。他亲自前往美国，指导美国人发展杂交水稻，在美国取得了成功。

　　到了 20 世纪 90 年代，越来越多的国家和国际机构看到了杂交水稻的增产优势，希望迅速发展杂交水稻。由于技术力量薄弱，它们都希望得到中国的帮助。那时候，即使在中国，具有杂交水稻技术能力的人才也是很少的，所以，基本上是由袁隆平院士亲自挂帅或派身边的骨干们去这些国家进行技术指导，如菲律宾、印度、越南、缅甸、孟加拉国、巴基斯坦、斯里兰卡等。

　　我作为袁隆平院士的助手，有幸参加到其中一些国家作技术指导，有多次是与袁隆平院士一起去的，与袁隆平院士在国外工作的日子，至今仍历历在目。加上我从大学毕业参加工作开始，就有每天记工作日志的习惯，记录下一些重要事情的梗概——时间、地点、人物、故事等，还保存了大量当时的照片和收集的资料。现在虽说已经过去三四十年了，但翻出记录和资料，加上一些回忆，写这些故事，还是不太难的。毕竟都是我亲历亲为的事，也有第一手资料佐证，希望读者能够体会到当时的一些情景。

纪念袁隆平院士逝世一周年，是我这个75岁的老头子，写这些故事的原动力，否则，也许这个世界上就没有人能知道我和袁隆平院士在国外的一些故事了。哪怕有人得到了我留下的一大堆照片、资料，他们也无从下手还原这些故事。

袁隆平院士离我们远去了，我们怀念他。或许他还在太空，在以他的名字命名的小行星上，巡视着我们的地球，看着世界各地年年季季种植的杂交水稻，稻浪滚滚，稻花飘香，增产的稻谷确保一些国家的粮食安全。有了粮食安全，世界变得更加安全，人类发展也欣欣向荣。

希望读者能从这些故事里，吸取一些精神营养。那就是"杂交水稻之父"袁隆平院士如何做事、为人，还有他勤勤恳恳、兢兢业业的敬业精神，大爱无疆、毫不利己的奉献精神！这些都不是口号。在这些故事里，都只是些对细枝末节的描述。只有慢嚼细咽，才能吸收这些"精神维生素"。

我不是专业作家，也没有学过文学专业和写作，只是一个退休的农业科技人员，慢慢练习写作。我从写作中得到了乐趣，得以益寿延年，可以更多地看看美好世界，尤其是

想看到中华民族实现复兴的华丽转身。这个华丽转身的过程
中，就有国际主义战士袁隆平院士的那份功勋。

毛昌祥

2022 年 5 月

一、一手好棋赢在菲律宾

1. 与中国留学生们在一起

袁隆平在 20 世纪 80 年代初来到设在菲律宾的国际水稻研究所，大多数时间是做访问学者、开国际会议和进行交流合作。那个时候，他还没有很大的名声，事业上还有许多新的挑战。三系杂交水稻开始大面积推广，他又提出发展两系杂交水稻，并在考虑利用亚种间杂种优势来大幅提高杂交水稻的产量。那时候，他就 50 岁出头，也是风华正茂的时期。他留着一个平头（他一辈子就是这种发型），人显得有点干瘦，皮肤被太阳晒成了古铜色，让人觉得这是一位从中国来的农民或者农民技术员。

他在国际水稻所里算是一个特殊的人，那就是"人不出众，貌不惊人，很少在室内，经常在田间，汗流浃背心，草帽也不戴，上台作报告，英语熟溜溜，回答提问时，学问一大堆。他的爱好多，会骑摩托车，会拉小提琴，游泳是高手，爱看英文书，也爱看录像，忙时猛抽烟，闲时聊聊天，来往中菲间，就像上下班。大家称呼他，就是袁老师"。袁教授、袁院士都是

1990 年，袁隆平（右）在国际水稻研究所文娱休息室里，与朝鲜水稻科学家李乙炳（中）聊天

后来人们对他的称呼，其实，他本人最喜欢人家叫他"袁老师"。他也一直是一名老师，内心深处接受的最佳称呼就是"老师"。

那个时候，袁隆平确实不起眼儿，也一直没有任何架子。在国际水稻所，他喜欢与年轻人特别是留学生们来往。即使后来名气大了，国际国内的奖项拿得多了，当上了中国工程院院士，各国领导人见得多了，袁隆平也没有拉过什么架子，他一辈子都是恭谦的人。

除了在高级职员们居住的地方有国际水稻所的招待所外，各国来的平时不带家属的留学生、访问学者之类，都被安排住在国际水稻所所部的 3 栋宿舍楼（Dorm-1，Dorm-2 和 Dorm-3）里。房间安排在 2—3 楼，一楼都是办公和服务场所。而图书馆、运动场、实验室就在宿舍楼附近，很方便。

留学生一般安排在第一栋和第二栋宿舍楼。饭厅就在最外面的第一栋宿舍楼的一层，这是我们最经常见面的地方。反正到点儿了就要吃饭，不管你是什么身份，都在同一个饭堂吃。我们中国人又比较喜欢聚众，吃饭的时候，就坐到了一起，叽里呱啦地只听到讲中文的。而来自其他国家的，一是人不多，又不喜欢聚众高谈阔论，所以，都坐在比较偏远的角落，一个人独享一年四季变化不大的"国际水稻所套餐"。食客有选择的余地，但菜肴品种不多。国际水稻所又要考虑世界各国来的人都能吃饱饭，所以西餐为主，再就是印度的咖喱味食品。

　　嘴巴刁得很的中国人没有办法，就提出到周末在这里的食堂，炒几样中国菜。当然，也是不同口味的，南方人喜欢辣椒菜，江浙人喜欢甜味，好在我们每次都稍微调整一下菜品。菜做好了，就用几个大盆装着，中国人都去那里夹着吃。在国际水稻所的餐厅，每次打好菜之后，基本上不能再添什么了，否则，后面来的人就没吃的了。可是，作为世界上规模最大的水稻研究所，国际水稻所提供的是口感非常好的优质米饭，一直不限量。厨房的服务员听到"more rice（还要点儿米饭）"，会礼貌地给你添加。

　　有了美味的中国菜，中国人胃口大开，加饭就成了常事。后来，因为看到中国人做的菜好吃，许多来自亚洲国家乃至于来自欧美国家的人，也来舀中国菜吃。这样一来，厨房就得多蒸好几盆饭。逢年过节，特别是每逢中国的春节，国际水稻所的中国留学生就聚到一起，自己动手包饺子、做大餐。我们在春节，一般都会举办 Party，请国际水稻所的领导和家属，还有从其他国家来的人一起吃喝玩乐。

　　袁隆平没有什么特别的嗜好，就是爱吃有辣味的中国菜和抽烟，对于饺子，可有可无。另外，他对油炸的食品蛮喜欢的，特别是油炸花生米，我们又叫它"大红袍"。国际水稻所的食堂不提供油炸花生米，他就到外面店子里买着吃。他一般住在第三栋宿舍楼，而第三栋的一楼是搞文体活动的地方，有健身房，可以弹钢琴、看电视，有桌球、乒乓球，也可以下棋。

　　吃完晚饭，这里人最多。坐着聊天的、看电视的、打乒乓球和桌球的，大多是中国人。袁隆平喜欢下棋、聊天，而且烟不离手。逢周末和假日，他喜欢和留学生们一起去菲律宾首都马尼拉市里，到华侨家玩。有时，他借留学生的摩托车，骑着去附近市场或田间看实验材料。他坐在办公室里不出去的时候很少。除非是要交总结报告之类了，他才坐在办公室，抽着烟，专心地写东西。

我为袁隆平拍摄的他在国际水稻研究所育种系办公室工作的照片，他的办公室非常简单

1980年过春节时，中国留学生们挂起灯笼，还包了饺子。袁隆平（右一）与几位到国际水稻研究所参加短期培训的中国留学生一起欢度新春佳节。他书不离手，正在翻看一本英文书。常年下田，使得他的肤色明显比中国留学生们深一些。

中国驻菲律宾大使馆对在国际水稻所的中国人特别关心，因为所里经常聚集着全中国水稻科研方面的精英，是祖国的宝贵财富。对于这里中国人的安全，大使馆是放在第一

20世纪80年代初，袁隆平（第二排右八）与在国际水稻研究所学习和工作的中国同志在中国驻菲律宾大使馆。当时，他50岁出头，容光焕发，昂首挺胸、满脸微笑。

位的。大使馆在元旦、春节和国庆，一般都会请在国际水稻所的全体中国人去大使馆，看电影、吃饭、过节，也告知国内的一些重要事情，传达有关法律、政策要求，并解决护照延期之类的事。大家一到大使馆，如同回到了家里，热热闹闹的。从国际水稻所去的中国人最多，也有少数是从驻马尼拉的其他国际机构来的，如亚洲开发银行（ADB）等。

按照规定，国际水稻所是允许留学生和访问学者带家属的。但是，在20世纪80年代初期，我们国家不允许。后来政策改变，我们都可以带家属了。当然，带不带家属取决于每个人自己。袁隆平在国际水稻所工作期间，一直没有带家属。国际水稻所的各种服务是国际一流标准的，我们在那里

只管读书、工作。其余的都有人服务，而且都是免费的。房间不用打扫，衣服不用自己洗，饭菜也是现成的，到点儿就去吃。

我们从湖南来的不多，基本上是湖南省农业科学院派出的。在国际水稻所，我和袁隆平"相依为伴"的时间最多。他对我讲过："小毛，其实到国际水稻所，对我来讲算得上是'度假'。国内事情多，会议也多，这里可以专心专意搞研究。我看重这里的育种资源材料多、参考资料多，搞什么事也没有那么多条条框框，还有就是这里的学术风气很浓厚。我喜欢与其他国家的人交流，他们的许多观点和想法，对我启发很大。"

还有一点，就是袁隆平非常慷慨。凡是中国留学生与他一起消费，遇到要付钱的时候，他总是抢着付。他说，比起你们，我算是"富裕"的。有一次，他和我国第一个在国际水稻所获得博士学位的杨聚宝外出，也是袁隆平抢着付了钱。杨聚宝对袁隆平说，他一定会还这些钱，并且一再强调"用外币偿还"。也就是说，在国外花的钱，即使回到国内，也用外币还。这里的"外币"肯定不是一直贬值的菲律宾比索，而是美元。杨聚宝是福建省农业科学院的杂交水稻专家，刚过 80 岁生日没有多久便去世了。袁隆平还专门发唁函，悼念这位中国杂交水稻界第一个"洋"博士。当然，这个"洋"，不是"西洋"而是"南洋"。

2. 华侨老姚

世人都说，凡是有海水的地方，就会有华人的足迹，意思是全世界每个角落都有华人、华裔、华侨。一点儿都没错，我们在 20 世纪 80 年代，第一次走出国门，来到刚刚与中国建交不久的菲律宾，在位于马尼拉市东南 60 多公里处的洛斯巴诺斯镇的国际水稻研究所学习和工作，就体会到菲律宾到处都有华裔、华人和华侨，特别是那些菲律宾最有钱的人当中，许多是华裔，包括好几届总统都是中国人的后裔。

我们那时在菲律宾，有点像外星人。包括当时到国际水稻所做访问学者、与国际水稻所合作研究杂交水稻的袁隆平，个个瘦里吧唧，英语又不太流利，穿着土里土气，舍不得花钱，见什么都感到新奇，吃东西也不讲究。菲律宾人见了，问我们是不是日本人、韩国人、新加坡人、中国台湾人，反正没人问我们是不是来自中国大陆。当我们告诉他们，我们是从中国大陆来的，他们大多用诧异的眼光望着我们。

中国有句俗语叫"门当户对"。我们到菲律宾后没多久，住在国际水稻所附近的一些"穷"华侨就找上了我们这些"穷"老乡，毕竟血浓于水。这些与我们长相相似的菲律宾人，知道我们是从中国大陆来的，慢慢地都和我们建立了联系。与菲律宾那些掌握大量财富的华侨阔佬相比，他们大多算"穷"华侨，哪怕在居住地算是有钱人、老板，甚至是富甲乡里的阔人。其实，他们都还在由穷到富的发展过程中，许多人既是老板，又是为别人打工的。其中，华侨老姚算是一个典型。

华侨老姚，名叫姚怡鋀，祖籍中国福建，时年 50 岁左右，个子不高，有点胖，汉语讲得不错，就是带福建口音。他家住在离国际水稻所只有二十几公里远的圣巴布罗，那是菲律宾琅古拉省一个比较大的镇子。老姚开着一家木材商店，除了卖木材，还为人家代销酱油。他经常开着小货车去卖酱油，还有其他杂货。老姚的老婆是地道的菲律宾人。他们生了几个孩子，样子还与老姚挂相，但一句中文也不会讲。我们来到老姚家里，他的夫人和孩子们对我们很客气，可情感上绝对陌生。

老姚很喜欢与我们这些从中国大陆来的学者和留学生来往，也很热情地帮助我们。袁隆平非常喜欢与老姚打交道。袁隆平比他大 4 岁，也叫他老姚，老姚则称袁隆平为老袁。老姚每次到国际水稻所来，总要带一些当地的华文报纸《世界日报》给我们看，还买一些出版不久的《读者文摘》《老夫子》之类的书刊给我们。他也带一些吃的东西，如菲律宾传统的椰仁饼（当地叫它 Pukepai），有点像烤饼，里面的馅是很嫩的椰子肉，确实很好吃。老姚买来给我们吃的，是一家所谓最正宗的 Pukepai 店生产的，每次吃的时候还是热的，是他排队买到后立马开车送过来的。

我们每逢节假日，都要去老姚家玩。从国际水稻所去老姚家很方便：在国际水稻所的餐厅外，等到菲律宾最常见的一种交通工具——吉普尼开来时，上车就走，从菲律宾大学的校门出去，开一段路，到一个叫"Crossing"的丁字路口下车，在路边等一等，就有开往马尼拉的，还有开往圣巴布罗和圣塔克洛斯方向的大巴车经过。只要一招手，车就停下来，上车就可以去马尼拉或这两个城市。

在菲律宾坐吉普尼，是一种特殊的体验。这种类似于中巴车的交通工具，由美军在第二次世界大战时的吉普车改装、演化而来。菲律宾到处都有吉普尼，它们被装饰得漂漂亮亮，有各式各样的打扮，响着奇奇怪怪的喇叭声，穿梭于大街小巷。你招手，它就停。你上去，一般都有座位，坐下来，再喊一声"拜呀多"，递上车费。一般在一个区间内，不论坐多远，都是那么多钱。如果你坐在离驾驶员很远的后座，你的车费会被其他乘客递给司机。人人都很自觉，没有人坐车不付钱的。

到了要下车的地方，你只要叫一声"巴拉伙"，司机听到，立马刹车。一直等你安全下车了，吉普尼才启动继续前行。我们都是搭乘吉普尼，再转大巴车去老姚家。他家就在马路边，还不到圣巴布罗城里。我们也是喊一句"巴拉伙"，司机就把车停到路边，等我们一一下车。下了车，我们看看两边没有车，就穿过马路，径直到老姚家。一般有约在先，老姚都会在门口迎接我们，然后就让我们随意，要玩、要看、要吃，自己动手。

老姚爱热闹，对从中国大陆来的人特别亲切。在他家里，他放录像给大家看，这是大家最喜欢的。那时，在国内没办法看录像，一是没有放录像的设备，更没有录像带。中国留学生们想吃点儿家乡菜，就到老姚家里来做。包饺子之类是常事，最为"暴力"的要算吃狗肉了。我们当中有人提出想吃狗肉，在外面是买不到狗肉的，又不能去打别人家的狗，老姚就把他家喂养多年、用来看家守夜的一条狗杀了，煮给大家吃。在菲律宾是不准吃狗肉的，我们算是开戒了。"凶手"和"吃客"都是我们这些从中国大陆来的老乡。

我们这些中国留学生除了做实验，还要到离国际水稻所不远的菲律宾大学上课，一定要有多少学分、平均分数达到多少，才能拿到学位。我们中国留学生是不敢怠慢的。有些国家的留学生最终没有拿到学位，灰溜溜地回国了。而中国留学生只有个别人没有达到分数线，转学到其他大学，最后也都拿到了学位。袁隆平不像我们，他是访问学者，时间的自由度比我们大，所以，他去老姚家的次数比较多。他跟老姚的年龄差不多，有共同语言，每次从老姚家里回到国际水稻所，都很愉悦。

袁隆平喜欢去马尼拉逛街，实际上是去吃中国食品、看英文电影或华语电影，还有就是要回国了，买点菲律宾的土特产带回去送人。有一样东西，是袁隆平必买的，那就是香烟。他很喜欢抽那种带薄荷味的香烟，美国、日本和菲律宾生产的不同的牌子中，最喜欢的是"万宝路"牌。因为陪他买过几次烟，后来，我送袁隆平礼物，少不了薄荷味的香烟。我也总是到马尼拉来买。有时候是托熟人带回国给他；有时候是我自己回国时，当面送给他。

我们去的地方就在马尼拉的中国城（唐人街），那里虽然繁华热闹，但是乱糟糟、脏兮兮的，街边的垃圾和污水臭烘烘的。许多次去，都是老姚陪同。尤其是刚开始的时候，我们对马尼拉不熟悉，老姚热情地尽地主之谊，而每次都是袁隆平抢着付饭钱。他们两人很谈得来，一扯就是几个小时。

这条唐人街多年没有改造过，街上的行人、车辆熙熙攘攘，有传统的马车，还有第二次世界大战时的美式吉普车。挑担子的生意人，卖的是菲律宾的熟食，如煮玉米、油炸香蕉。有一种叫"Balu"的，是煮熟了的毛鸡蛋或毛鸭蛋，即已经孵化了一段时间，小鸡或小鸭快长成了，但还没有出壳的蛋。当地人最喜欢吃，认为营养丰富。还有香喷喷的油炸花生米。袁隆平除了买烟，有时还买点油炸花生米，他一直喜欢吃油炸花生米。

到了书摊前，我们总是依依不舍，要翻看很久，最后总会买几本刊物。老姚买了之后，自己看完，就给中国留学生们看。袁隆平有时还要带回国内看。那些书刊大多是港澳台出版的，用的全是繁体字。像我们这个年岁的人还行，后来从中国大陆来的留学生，许多人就不太认得繁体字了。

1990 年 5 月 13 日，袁隆平与华侨老姚在菲律宾马尼拉唐人街——王彬街的街口合影

王彬街是 1915 年命名的，为的是纪念中菲混血的慈善家罗曼·王彬。他是位华人领袖，领导菲律宾人民反抗殖民统治，先是反抗西班牙殖民统治者，后来反抗美国殖民当局。1973 年，菲律宾政府和华人商界联合为王彬铸造了一座

铜像，就立在王彬街。以前很长一段时间里，王彬街代表的就是当时的唐人街。现在，马尼拉的唐人街扩大了许多，但王彬街还是最繁华的老街，两边店铺林立，都是中文招牌，老板都会讲汉语。从马尼拉进入中国城，有两个巨大的牌楼门，一个是中菲友谊门，另一个是中菲亲善门。

我与袁隆平在菲律宾马尼拉唐人街进中菲友谊门的地方合影

2001 年 7 月 3 日，我接到菲律宾马尼拉爱国中学校长陈金灿从马尼拉打来的电话，说老姚因高血压导致突发心脏病，在马尼拉过一座天桥时摔倒，抢救无效去世，享年 68 岁，定于 2001 年 7 月 5 日上午出殡。我当时在国际水稻所做杂交水稻项目的项目科学家（Project Scientist），得知这个噩耗，马上将老姚去世的消息，用传真和电子邮件告知了在国内的老姚的许多朋友，包括袁隆平。很快，我陆续收到不少人的唁电、唁函，其中就有袁隆平的唁函。

到了 7 月 4 日下午，陈金灿夫妇还有几名中国留学生，开车来到老姚家里，向他的夫人慰问、致哀。老姚的子女们在教堂里为他守灵，我们去了教堂，见到老姚安详地躺在精致的棺材里。我们真的很难过，就在不久前，还见到老姚，与他合影留念。我们每人捐了1000菲律宾比索（当时约合20美元）。按照袁隆平的叮嘱，我代他也捐了1000比索。我们向老姚的子女们表达了对老姚的深切哀悼，要他们节哀顺变，今后有什么困难可以找我们；同时表示，我们由于都抽不出时间，不能前来参加第二天的出殡仪式。

老姚走了，我们中国留学生和访问学者们失去了一位老朋友。老姚到菲律宾几十年了，对祖国和人民还是一片热忱。他很爱国，只要国内有什么大灾大难，他都在菲律宾侨界发起募捐献爱心活动。那是在1991年6月份，以华东地区为主的18个省区市发生特大洪灾，我国历史上第一次大规模直接呼吁国际社会给予援助。老姚在他所在的侨社发出募捐呼吁，筹得几万比索（合几千美元）的善款。

那时，我是国际水稻所国际学生会的主席，在中国留学生中也发起了募捐活动，筹得几万比索。于是，我和我的夫人张孝续以及老姚，还有祖籍福建的侨领陈先生一起，于1991年7月21日去了马尼拉中国驻菲律宾大使馆，将这些捐款交给大使馆，请他们

1991年7月21日，时任中国驻菲律宾大使黄桂芳（左三）会见前来捐款的华侨老姚（左一）和侨领陈先生（左二），以及我和我的夫人张孝续

转交国内供救灾用。时任中国驻菲律宾大使黄桂芳会见了我
们，并合影留念。后来，国内有关这次水灾的报道称，5 个
月内，中国政府共收到 23 亿元人民币的捐款，其中四成来
自海外华侨和港澳台同胞，这里面也有华侨老姚他们的一份
心意啊！

3. 麦格赛赛奖

以菲律宾已故总统拉蒙·麦格赛赛（Ramon Magsaysay）命名的拉蒙·麦格赛赛奖设立于 1957 年，被誉为亚洲的诺贝尔奖。这个奖项一直以来都颁给为公共事业无私奉献的亚洲人或在亚洲工作的人士。"让亚洲更适于生存"是麦格赛赛奖的口号。这个奖原设 5 个方面的奖，即政府服务、公共服务、社区领袖、国际谅解，以及新闻、文学和创造性交流艺术 5 个领域。麦格赛赛奖每年颁发一次，颁奖仪式通常定在拉蒙·麦格赛赛的生日，即每年的 8 月 31 日举行。从 2001 年起，增设新兴领袖奖，奖励那些给社会带来重大变化的年轻人。

袁隆平获得的 2001 年度麦格赛赛奖，是政府服务奖，表彰他在提高粮食产量方面作出的杰出贡献。同年与他一起受奖的还有吴青女士，她是著名作家冰心的女儿、北京市人大代表，以表彰她在推动中国法制建设和维护妇女权益方面作出的杰出贡献。1960 年，我国的晏阳初教授获得国际谅解奖；1994 年，我国著名社会学家费孝通教授获得社区领袖奖。

1991 年 10 月 24 日，我与中国驻菲律宾大使馆联系，告诉他们，11 月 7 日，乌马里（Dr.Umali）博士将去大使馆拜会黄桂芳大使，商谈推荐袁隆平申报麦格赛赛奖的事。这位乌马里博士，何许人也？他担任过菲律宾农业部部长，并

作为国际水稻所的顾问，一直在国际水稻所工作。最关键的
是，那个时候，国际水稻所有一些与各国保持联系的联络科
学家，基本上由拥有本国国籍的科学家担任。

而当时，中国才开始与国际水稻所交往，暂时没有中国
人做中国与国际水稻所的联络科学家。国际水稻所就指派乌
马里博士作为国际水稻所与中国的联络科学家，通俗点讲，
类似国际水稻所的"驻华大使"。乌马里博士有华人血缘，
对中国也一直很友好，所以，他对担任这个职务非常热情，
也很认真。

麦格赛赛奖是菲律宾引以自豪的国际大奖。袁隆平如
果获奖，对中菲关系、对国际水稻所、对中国都有好处，对
袁隆平个人也有很大的鼓励和宣传意义。那个时候，袁隆平
还不是中国工程院院士，在国际上获奖也不多。对麦格赛赛
奖，乌马里博士是很看重的，加上他与菲律宾、中国和国
际水稻所三方都联系紧密，这次申请活动主要是他在起推动
作用。

1991 年 11 月 7 日上午，我和乌马里博士先去了麦格赛
赛奖基金会（Magsaysay Foundation）总部，然后和工作人
员哈维尔（Mr. Javier）3 人一起去中国大使馆，见到黄桂芳
大使和使馆文化处参赞张儒，共商中国提名袁隆平为麦格
赛赛奖获奖者的事。麦格赛赛奖当时只奖励 5 个领域，而
袁隆平是科学家，他的成就是研究并推广杂交水稻，与这 5
项都有点沾不上边。最后，麦格赛赛奖基金会将袁隆平的名
字放在"政府服务"里面，虽然有点勉强，但比放在其他领

域要好。

乌马里博士知道袁隆平在杂交水稻方面的成就远比麦格赛赛奖各奖项对全球的意义要大许多，就提出提高袁隆平奖金额度的事。他又找了麦格赛赛奖基金会前主席拉莫斯（Namos）博士，还与中国人事部部长赵东宛的秘书金锋（音）通了电话，因为国内当时由劳动人事部出面负责此事。我在电话这头也作了些说明，认为如果袁隆平能获得这个奖项，有利于提高杂交水稻在菲律宾和国际水稻所的影响力。最后，双方取得了一致，但直到 10 年后的 2001 年，才给袁隆平颁奖（袁隆平的奖金由 3 万美元提高到 5 万美元，比 1988 年他在英国获得的朗克奖奖金高了许多）。

在袁隆平申报麦格赛赛奖的过程中，国际水稻所驻中国办事处和菲律宾的华人华侨是尽力相助的。2001 年 5 月，国际水稻所驻中国办事处主任汤圣祥博士代表国际水稻所，为袁隆平申报麦格赛赛奖提交了由他署名的英文推荐信；并在北京接待了两位专程赴华的麦格赛赛

汤圣祥在 2022 年 1 月 24 日提供的当年麦格赛赛奖基金会主席写给他的信，对提名袁隆平表示感谢

RAMON MAGSAYSAY AWARD FOUNDATION

22 May 2001

Dr. SHENGXIANG TANG
Representative/Rice Geneticist
International Rice Research Institute
China Office
CAAS Box 68
30 Baistiqiao Road
Beijing 100081

Dear Dr. Tang,

This acknowledges receipt of your duly accomplished nomination form for Prof. Yuan Longping.

On behalf of the Board of Trustees, thank you for your support to the work of the Foundation. Rest assured that we will give your nomination the consideration it deserves.

With our best wishes and kind regards.

Sincerely,

CARMENCITA T. ABELLA
President

Ramon 奖基金委之会四复
接到我对袁隆平
的推荐信
2001.5.22

Ramon Magsaysay Center 1680 Roxas Boulevard Manila Philippines • P.O. Box 3350, Manila
Email: rmaf@rmaf.org.ph • http://www.rmaf.org.ph • Tel: (632) 521-3166 to 85 • Fax: (632) 521-8105

奖基金会的官员，详细介绍袁隆平的杰出成就，并陪同她们访问湖南杂交水稻研究中心，进行实地了解。

2001 年 5 月 16 日上午 9 点半，菲律宾麦格赛赛奖基金会的 Diane Ann C. Pe 女士到国际水稻所找到我。她说，她不久前去了中国，到了长沙的湖南杂交水稻研究中心，拜访了袁隆平，直接征求袁隆平的意见，表示要颁发麦格赛赛奖给袁隆平。随后，她还拜会了国际水稻所的费马尼博士和彭少兵博士征求意见。看来，麦格赛赛奖基金会办事是非常严格和认真的。

2000—2002 年，我当时应聘作为亚洲杂交水稻发展项目的项目科学家，在国际水稻所协助项目主持人费马尼博士管理项目，可以带家属。我的夫人和儿子随我一起，在国际水稻所提供的家属住房居住。2001 年的麦格赛赛奖如期颁发，袁隆平和夫人邓则被邀请来到菲律宾，在 8 月 31 日参加授奖仪式。时任菲律宾总统、杂交水稻的极力支持者阿罗约夫人，亲自为袁隆平颁了奖。

我正好出差去印度尼西亚，没能参加颁奖仪式。我在 8 月 31 日从印度尼西亚首都雅加达返回马尼拉，回到国际水稻所的家中，已是很晚了。9 月 1 日下午，我去国际水稻所参加接待另一位获奖者吴青女士的活动。她是在获奖后，到国际水稻所参观访问的。这场接待活动不是国际水稻所官方安排的，而是国际水稻所分管科研工作的副所长王韧博士安排的，王韧本人主持并参加了接待活动。

我没能去现场参加袁隆平的颁奖仪式，是很遗憾的事。

但是，我对那种隆重场面还是亲身体会过一次的。那是 1991 年 8 月 31 日，乌马里博士约我，一起参加由时任菲律宾总统阿基诺夫人为那一年麦格赛赛奖获奖者举行的颁奖仪式。

2001 年 9 月 1 日下午，部分在国际水稻研究所工作、学习的中国学者及其家属，与前来菲律宾领受麦格赛赛奖的吴青女士（前排左三，着白色连衣裙者）合影留念，前排右一为时任国际水稻研究所副所长王韧博士

2001 年 9 月 1 日晚上 9 点以后，袁隆平和大人邓则，才由麦格赛赛奖基金会安排的车辆送到国际水稻所。因为麦格赛赛奖基金会负责接待的任务已经完成，袁隆平、邓则夫妇到国际水稻所后，就开始了在国际水稻所的活动。国际水稻所安排他们住在国际水稻所招待所，由中国农业科学院原副院长、时任国际水稻所副所长的王韧博士负责安排。

王韧博士交给我 1 万菲律宾比索，要我具体操办，接待袁隆平、邓则夫妇和他们的两位陪同人员——从湖南杂交水稻研究中心来的欧爱辉女士和熊绪让先生。他们两位这次肯定是受袁隆平照顾，才有机会出国的。我与他们都很熟悉，毕竟以前是同事。王韧博士要我带他们就近旅游一下，看看大雅台（Tagatay）火山岛，去琅古拉省会圣塔·克洛斯玩一天；晚上要回到国际水稻所，参加由行政副所长、菲律宾人帕多林拉（Dr. Padolina）博士代表国际水稻所招待袁隆平、邓则夫妇的晚宴。袁隆平、邓则夫妇在国际水稻所的这几天，由国际水稻所提供中巴和司机。

谁知，早就想请袁隆平、邓则夫妇一行去 SL 公司参观的林育庆和他的胞弟林育玮，在 9 月 2 日早上开车来到国际水稻所。他们说，早已安排好了，这天由他们接待，活动由他们安排。晚上 6 点半前，袁隆平、邓则他们准时回到国际水稻所招待所，参加帕多林拉博士主持的晚宴。

9 月 3 日上午，袁隆平在房间准备有关学术报告。邓则、欧爱辉、熊绪让 3 人由我的儿子毛大治开车，去附近游玩，看望了一位姓潘的华侨，还去了植物园，中午赶回国际水稻所，参加由帕多林拉博士在国际水稻所小餐厅主持的工作午餐。一共 6 个人参加，除袁隆平、邓则夫妇外，还有时任国际水稻所育种系主任的美国专家马其尔（Dr. Mackill）博士、杂交水稻项目负责人费马尼博士和我。

下午 3—4 点，在国际水稻所学术报告厅，举行袁隆平专场学术报告会。袁隆平的报告题目是"中国杂交水稻的新进展"。当时，刚刚跨入 21 世纪。听"杂交水稻之父"讲这样的题目，对于关注杂交水稻和全球水稻研究发展新方向的人来说，是一个难得的机会。我也参加了袁隆平的报告会，报告厅里座无虚席。报告过程中，不时响起热烈的掌声。

主持人在介绍时，提到袁隆平这次来菲律宾是领受麦格赛赛奖的，大家向袁隆平表示热烈的祝贺。报告会结束后，我们来到王韧的办公室，进行了个把小时的讨论，就今后国际水稻所如何与袁隆平领导的中国国家杂交水稻工程技术研究中心扩大合作进行交流，包括技术交流、人员交往、种质资源交换等。在人员交流方面，袁隆平提出想派手下4位技术专家来国际水稻所学习和工作，并欢迎国际水稻所随时派专家到中国国家杂交水稻工程技术研究中心交流。

当天晚上，王韧博士设家宴招待袁隆平、邓则夫妇和陪同人员，除马基尔博士夫妇、

2001年9月3日晚、
王韧亲自掌厨炒菜

费马尼博士夫妇外，其余的就是当时在国际水稻所工作的几位中国高级科学家，如彭少兵博士夫妇、黎志康博士，我则参加作陪。王韧博士多才多艺，他还亲自炒了几个中国口味的菜，味道真的不错。第二天早上8点45分，袁隆平、邓则夫妇和欧爱辉、熊绪让二人，离开国际水稻所去马尼拉机场回国，结束了这次麦格赛赛奖领奖活动和菲律宾之旅。

2001 年 9 月 3 日晚宴之后，袁隆平与国际水稻研究所的主要科学家合影留念，左起：彭少兵、马基尔、王韧、袁隆平、费马尼、黎志康

4.中国代表，代表中国

设在菲律宾的国际水稻研究所成立于 1960 年，到 2000 年，跨世纪的一年，国际水稻所要隆重庆祝她的 40 岁生日。国际水稻所向各国的有关人员发出了邀请，其中包括中国曾经在国际水稻研究所工作、学习过的人，也有我在内。这是因为，我是在国际水稻所获得硕士和博士学位的，而且在 2000 年已经得到国际水稻所确认，将在 2000—2002 年，聘任为亚洲开发银行设立的亚洲杂交水稻发展项目的项目科学家，在国际水稻所工作。

袁隆平也接到了邀请。我们沟通了之后，觉得要好好准备一下，因为我们是很感谢国际水稻所的。国际水稻所在帮助中国研究和发展水稻方面，确实起了很大的作用，不光在技术上、品种资源上，而且在人员培养上，对中国的帮助都很大。其中，中国杂交水稻的研发成功、中国水稻研究所的建立、湖南杂交水稻研究中心的发展、中国首个现代化农作物品种资源库的建设等，都有国际水稻所的作用在里面。

国际水稻所作为一个非营利的国际研究机构，能促进世界水稻领域的发展，经过连续几十年的努力，对世界水稻的研究与发展、对全球粮食安全作出贡献，得到世界各国的高度认可。虽说它建立在菲律宾，但它是面向全球的，而且主要是面向发展中国家。它以水稻研究为主，也研究与水稻有关的其他作物。

国际水稻所基本上不带政治色彩，完全按照国际标准办事，毫不动摇，哪怕菲律宾多次发生政权更迭，哪怕有菲律宾民众对它的一些做法表示反感和抗议。比如：国际水稻所开展转基因研究；引进一些菲律宾本地没有，但在其他地区或国家发生的水稻病虫害进行研究；不刻意解决菲律宾当地人的就业问题，而是坚持在全球范围聘用有能力的科研人员；等等。国际水稻所的高级科学家又叫高级职员（Senior Staff），一般是指研究所一级的高级管理人员，如正副所长、系主任，接下来是室主任或者叫项目主持人，基本上都是全球招聘、择优录用。

中国与菲律宾于 1975 年 6 月 9 日建交。中菲建交前，中国方面只有几位台湾籍的科学家在国际水稻所任高级职员。早期在国际水稻所任职的华人科学家有欧世璜、林克治、张德慈、苗东华等人，国际水稻所第一届理事会成员中有中国台湾地区科学家马保之。马保之的父亲是广西大学第一任校长马君武，而马保之则是广西农业科学院的创建人。马保之去世后，广西农科院为他塑了一座很大的雕像。从1976 年起，国际水稻所就与中国农业科学院以及我国的水稻研究机构建立了广泛联系。

中菲建交后，国际水稻所很快即派人到访中国大陆，我在 1977 年就接待过几位国际水稻所来湖南访问的科学家。后来，双方的交流越来越频繁。随后，中国大陆来国际水稻所访问、交流的高级科学家日渐增加。国际水稻所一直要求正式聘任的高级职员必须经过严格的竞争性遴选程序，而且一般是在欧美国家拿到博士学位的。即使袁隆平在国际水稻所工作多年，但也一直是访问学者的身份。访问学者是一个统称，每人有不同的学术背景和不同的级别，但不作特别标识。比如教授和助教，都可以是访问学者。

我是在 1981 年去国际水稻所攻读硕士学位的，完全由国际水稻所提供经费。在那之前，我所在单位湖南农科院就有好几批人员去国际水稻所参加短期培训，如遗传评价与利用计划（GEU）、国际水稻土壤肥力和肥料评价网（INSFFER）等，时间短，效果好，所有费用都是国际水稻所提供的。越到后来，中国学者、留学生在国际水稻所占的比例越高，许多中国学者、留学生都成了中国乃至世界顶级的水稻专家，还出了好几位院士。

在国际水稻所于 1982 年出版，由该所前所长、美国人 R. F. Chandler. Jr 写的《应用科学的大胆探索——国际水稻研究所的历史》（*An Adventure in Applied Science: A History of*

2000 年 4 月 1 日，参加国际水稻研究所成立 40 周年庆典的几位中国学者在国际水稻研究所合影。右四是袁隆平（时年 70 岁）；右一是天津水稻研究所所长牛景；右三是马保之（时年 92 岁高龄）；右五是扬州大学校长顾铭洪；左一是我，当时任广西农科院水稻研究所所长。

the International rice Research Institute）一书中，有关于同中华人民共和国合作的描述上面写道：作为世界上唯一的国际水稻研究所，如果没有世界种稻历史最悠久、种稻面积和水稻产量世界最多、以稻米为主食的人口世界最多的国家——中国参加，"国际"二字，就难以挂得住，国际水稻所也难以有全面的发展。

2000 年 4 月 1 日，袁隆平（左三）代表中国代表团向国际水稻研究所赠送牌匾。接受牌匾的是国际水稻研究所前所长 N. C. Brady 博士（右三）、时任所长 R .P. Cantrell 博士（左二）、时任科研副所长王韧博士（左一），右一是云南农业大学的许为军博士，右二是我

我们既然去参加国际水稻所成立 40 周年庆典，按照我们中国人的礼仪，总要有份礼物、有所表示吧！赠送牌匾是袁隆平的主意，由我操作完成。那是在 2000 年 1 月 28 日，我收到国际水稻所邀请我参加国际水稻所成立 40 周年庆典和 2000 年国际水稻会议的传真，附有办签证用的照会，并要我在会上作学术报告。我急速回复发传真的彭少兵博士，答应参加。我估计袁隆平也会去，就与他进行了联系，得到了证实。他在电话里说："小毛，我们应该送点什么礼物给

国际水稻所才好。"我当时还想歪了，问他："那就买点有中国特色的工艺品，可以吗？"他说："这没有什么特殊意义。"后来，我提出做一块金属牌匾的想法，因为国外喜欢这种送纪念杯、纪念匾的方式，基本上没有看见送锦旗的。

我在国际水稻所见得多：纪念杯一般奖励给优胜者，上面的文字少而小；而纪念牌匾可大可小，文字、图案也可以随意。如果牌匾的尺寸大一点，用镀金材料做基质，加上好木材做的框架，挺大气的。如是，我到南宁市专门做牌匾、奖品的店子看了几次，再琢磨文字、式样，还要我的助手、有这方面经验的周行去设计一下。同时，我抓紧时间准备在国际水稻会议上的学术报告，题目是《改进种子生产，促进杂交水稻的全球商业化生产》（*Improving Seed Production to Speed up the Global Commercialization of Hybrid Rice*）。

2月24日，春节过后，我到南宁市步行街，找了一家浙江温州人开的牌匾店，问了材质、规格、式样和价格，以及要多久能取货。确定之后，我交了设计图；并打电话告诉了袁隆平，他说可以。3月13日，我去广西壮族自治区公安厅办理出国手续，一并取回了做好的牌匾，质量不错，我很满意，付了330块，当时算是高档的了。牌匾上的英文意思是：国际水稻研究所——绿色革命的摇篮和世界的饭碗，庆祝国际水稻研究所成立40周年，中国水稻科技人员赠送。

收到这样的贺礼，国际水稻所的领导当然非常高兴。其他国家代表团也有送贺礼的，但是没有我们中国代表团的这么有意义。时任国际水稻所科研副所长的王韧博士也挺满

2000 年 3 月 31 日，中国参加国际水稻研究所成立 40 周年庆典和 2000 年国际水稻会议的人员合影，后排左六是袁隆平

意。他认为，这给中国，也给他这个至今在国际水稻所还是职位最高的中国人，添了不少面子和光彩。赠送牌匾由国际水稻所率先认可，世界知名的"杂交水稻之父"袁隆平亲自出面，真正体现出中国科研人员对与国际水稻所合作的珍视和尊重。我内心也有自豪感啊！毕竟是袁隆平信任我，我完成了这项任务。

那一年，中国是参会人员最多的国家，其次是印度和美国，其余一些国家只有几个人参加。即便如此，也到了三四百人。国际水稻所招待所只能安排马保之这类重要嘉宾，其余人都被安排在附近的酒店和旅馆。我们中国人住在几公里外一个旅店，包括袁隆平也不例外。他那年已 70 岁了，在代表中是最年长者。我们于 2000 年 3 月 31 日下午在旅店院子里拍下了这张珍贵的合影，是用我的相机拍的，珍藏至今。

5. 中国人的鼎盛时期

　　国际水稻研究所是国际农业研究磋商组织（CGIAR）下属的 15 个国际农业研究中心之一。成立于 1971 年的国际农业研究磋商组织是一个战略联合体，由国家、国际和区域组织、私人基金会组成，为 15 个国际农业研究中心（研究所）提供经费，与各国农业研究系统、民间机构、私人部门有密切的合作关系。这个联合体调动和协调农业科学技术研究，用以减少贫困人口、促进世界农业发展、为人类造福，并保护自然环境。

　　1981—2002 年，我在国际水稻所前前后后、断断续续有七八年时间，参加的国际会议很多，但是，由我们中国学者出面组织的非常少，在 20 世纪八九十年代基本上没有过，因为中国的高级科学家少。1980 年前后的国际水稻所，是印度人的鼎盛期。那时，所长、副所长和大量的高级科学家都是印度人，有人调侃国际水稻所（IRRI）是"印度水稻所"（Indian Rice Research Institute, IRRI）。其实，印度没有国家水稻研究所这个机构和名称，这只是当时大家对印度人在国际水稻所势力之大的一种不满而已。

　　进入 21 世纪，中国在水稻研究与生产方面进展很快，杂交水稻世界领先，常规水稻也有发展，在世界上的影响力大增，水稻方面人才的数量、质量都有提升。改革开放后派出的留学生，许多都成了国际级高精尖人才。

到了 2000 年，时任中国农科院副院长的王韧博士竞聘为国际水稻所分管科研工作的副所长（Deputy Director General for Research）。另外一位副所长（Deputy Director General for Partnerships）分管公共关系，排在王韧博士之后，是菲律宾人 William G. Padolina 博士。这个职位传统上由菲律宾人担任，主要负责对接菲律宾政府并处理国际水稻所的对外关系。国际水稻所的一把手、所长（Director General）是美国人 Ronald P. Cantrell 博士，他资历深，是美国普度大学 1969—1970 年的硕博连读研究生。加盟国际水稻所之前，他在 1998 年是美国作物学会主席，并在 2000 年获得美国普度大学农业界杰出校友称号。

王韧当上了国际水稻所的二把手，这是一个划时代的事件，也是中国人，包括以前从中国台湾地区来的学者，在国际水稻所担任的最高职位。王韧博士的来头也不小，他在 1978 年由山西农业大学植保专业毕业，到中国农科院，师从邱式邦攻读生物防治硕士学位；1982 年，作为中国农科院派出的首批赴美留学博士生之一，获得美国洛克菲勒基金会高级奖学金支持，就读于美国弗吉尼亚州立大学昆虫系，并在 1985 年获得博士学位。1985 年回国后，王韧博士在害虫和杂草生物防治领域做了大量开拓性研究工作，还牵头在中国农科院创建了中美生物防治联合实验室。他在 1993—1995 年通过国际竞争，到英国担任国际生物防治研究所（International Institute of Biological Control）副所长；接下来 1995—1999 年，任中国农科院副院长。

　　还有一个划时代的事件：国际水稻所从 1960 年成立起，就设有一个理事会，由各国代表构成，该所所长一定是理事会成员。人员从第一届的 11 人逐步增加，到 2002 年这一届是 15 人。每位理事的任期是不一样的，有长有短，所以有重叠现象。前两届的中国代表是马保之（任期为 1960—1961 年），接着是沈崇瀚（任期为 1961—1966 年），这两位都是从台湾省来的。自国际水稻所与中国大陆建立正常联系后，中国农科院的林世成（任期为 1978—1981 年）成了首位由中国大陆推荐的理事会成员；以后是章一华，当时是中国水稻研究所的第一副所长。

　　2002 年这届 15 位理事会成员当中，只有中国的理事在国内地位最高，就是时任全国政协副主席宋健，他当时还是中国工程院院长。印度的理事是西迪克博士，我与他打交道很多，他当时任印度农科院副院长。来自其他国家的理事大多是大学教授或研究所高级研究员。宋健在国际水稻所理事会的任期是 1998—2003 年，可见我们国家对国际水稻研究所非常看重。

　　那时在国际水稻所为数不多的高级科学家里面，有两位来自中国，一位是彭少兵博士，另一位是黎志康博士。彭少兵博士的来头是：1983 年由华中农业大学本科毕业，1986 年自美国加州大学戴维斯分校硕士毕业，1990 年从美国得克萨斯技术大学博士毕业，1990—1991 年在美国佛罗里达大学柑橘研究和教育中心做博士后研究；1991 年加盟国际水稻所，还不到 30 岁；1996 年获国际农业研究磋商组织颁发的优秀年轻科学家奖,被称为"Boy Doctor",即"少年博士"的意思,因为他进入国际水稻所时还不到 30 岁,真正名副其实。他是作物生理学家,从事作物栽培生理研究。

黎志康博士在 1977 年从安徽农业大学毕业后,1983 年在中国农科院获得硕士学位,1989 年在美国加州大学戴维斯分校获得遗传学博士学位。1990—1997 年,他在美国得克萨斯农工大学作为研究科学家,后来被聘到国际水稻所成为分子遗传学家,从事遗传学和水稻分子育种方面的研究,包括基因组编图、基因克隆、分子标记辅助育种等尖端技术的研究。他的这个职位及研究领域,在国际水稻所最大与最重要的植物育种、遗传和生物技术系的分量是很重的,能由中国人负责,是我们的骄傲。

进入 21 世纪后,中国的影响在国际水稻所迅速增长,主要是由于我国在水稻特别是杂交水稻和超级稻研发领域取得很多成果。我国自改革开放后,送出国培养的人才开始在国际舞台上崭露头角,才能在国际顶尖研究机构占得一席之地。附带一提的是,1981 年到国际水稻所张德慈博士手下读硕士的"二祥"——浙江来的汤圣祥和湖南来的毛昌祥,这期间又在一起了。汤圣祥博士在 1997 年成了国际水稻所驻中国办事处的联络科学家(Liaison Scientist for China),这个职务原来由菲律宾原农业部部长、国际水稻所顾问、菲律宾人乌马里博士担任。毛昌祥博士,就是我,则作为亚洲杂交水稻发展项目的项目科学家,与费马尼博士一起从事杂交水稻研究。

有了这样的态势,中国人在国际水稻所起作用也就凸

显出来了。2000 年，国际水稻所成立 40 周年，除了举办庆
典活动外，还要组织每年都要召开的国际水稻会议。组织任
务落在了彭少兵博士肩上，因为他办事认真。袁隆平和我都
收到了他发来的由国际水稻所所长签名的邀请信。包括时
年 92 岁的国际水稻所首届理事会成员马保之、"杂交水稻之

2000 年 3 月 31 日，
袁隆平在国际水稻研究所
召开的国际水稻会议上作
关于超级杂交水稻育种的
报告

2000 年 3 月，我在国
际水稻会议上作关于杂交
水稻制种的学术报告

2000年3月，我和袁隆平（左）在国际水稻会议会场翻阅会议指南。那时，他已经70岁了，还不用老花镜。

2000年3月，在国际水稻会议上，几位来自不同国家的参会代表与袁隆平合影留念

父"袁隆平在内的20人左右的中国代表团，来到了国际水稻所。

2000年3月31日，袁隆平作主旨报告，题目是超级杂交水稻育种。这是一个引领性的题目，很吸引人。费马尼博士和我也分别作了相关的报告。中国来的许多学者，都在他们的研究领域作了相关学术报告。

在会议休息时，或是散会后，总是有许多人，包括中国人和其他国家的代表，找袁隆平合影留念。他从不拒绝，非常恭谦，而且总是笑容可掬。大家都说，这位世界著名的科学家，竟是这样和蔼可亲，没有架子，也没有派头，随得很。因为这一点，给他这位"杂交水稻之父"加上了"慈祥"之冠。

国际水稻所的惯例是，每次由国际水稻所组织召开一次大型国际会议，都要出版一本论文集。这本论文集由负责组织召开这次大会的人任主编，国际水稻所在全球发行。2000年国际水稻会议的论文集由彭少兵博士主编而成，论文集的

题目是《水稻研究为了粮食安全和摆脱贫困》。在论文集封面上，彭少兵博士的名字放在第一位，其后是国际水稻所的专职科技编辑、美国人哈迪博士。他是国际水稻所从全球征聘的，专门负责科技论文编辑、写作、出版、翻译和通信交流方面的专家。

我协助费马尼博士在 2002 年组织和主办了第 4 届杂交水稻国际学术研讨会。这次大会是在越南召开的，后来也出了一本论文集，题目是《杂交水稻为了粮食安全、扶贫和环境保护》。费马尼的名字排在第一，我的名字紧随其后，第三位是哈迪博士。

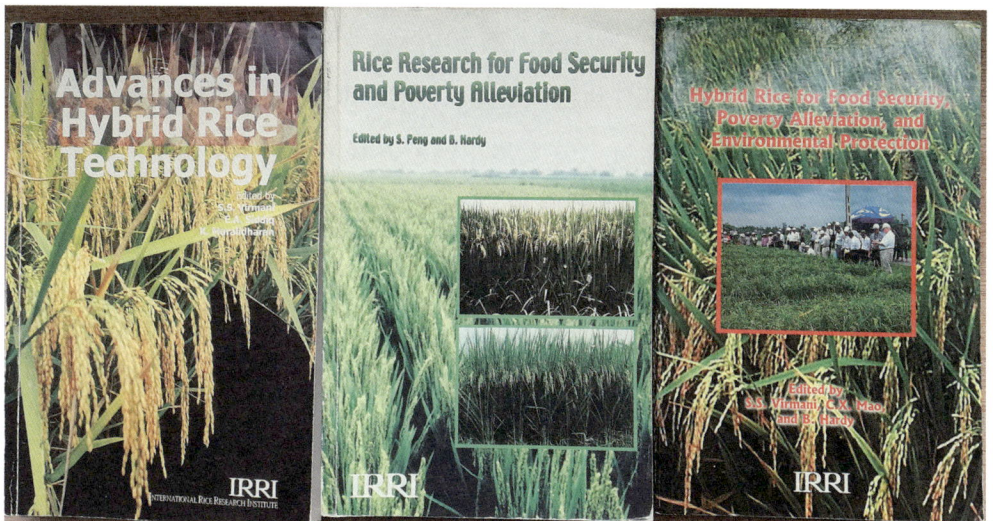

这是时隔几年由国际水稻研究所陆续出版的几本论文集。左为 1996 年在印度召开的第 3 届国际杂交水稻学术研讨会的论文集（1998 年出版），封面上的三位主编都是印度人；中为 2000 年在菲律宾召开的国际水稻会议的论文集（2001 年出版），主编是彭少兵博士和哈迪；右为 2002 年在越南召开的第 4 届国际杂交水稻学术研讨会的论文集（2003 年出版），封面上的主编是费马尼博士和我，还有哈迪。

37

其实，这些变化都是与中国的强大分不开的。国际水稻所相当于水稻界的"联合国"，中国从被接纳到成为主要力量，在国际水稻所地位的提高，与每一位中国水稻科研人员的努力分不开。2020年前后，我国成为世界第二大经济体，在联合国缴纳的会费增加了，国际上应有的地位也逐步得到了。2019年，我的母校湖南农业大学的校友、中国农业农村部副部长屈冬玉，高票当选为联合国粮农组织第9任总干事，相当于"世界农业部部长"，任期为2019—2023年。以前，从来没有中国人担任这个联合国组织的要职。1988年在菲律宾大学、国际水稻所获得昆虫学硕士学位的夏敬源博士，也当上了联合国粮农组织植物生产与保护司司长。王韧博士在2007年当选为国际农业研究磋商组织秘书长，成为首个担任该组织最高职务的中国人。国际农业研究磋商组织在全球尤其在发展中国家，有举足轻重的影响力，被誉为"世界农业科学院"。可以看到，因为中国发展了、强盛了，

2000年4月3日，就在我们结束在菲律宾的会议即将回国前，彭少兵博士（左）专门抽空来看望袁隆平，与我们告别，我们一起合影留念

中国科学家担任"世界农业部部长"和"世界农科院院长"，都是称职的。

在国际水稻所，有一个相当于国际学者及其家属俱乐部或国际学生会的组织，以前没有中国人当选为主席。2000年，我通过竞选，当了一届主席。我之后，又有中国学者高用明博士当选为主席。此前大多是印度人当主席，他们英语好，组织和活动能力也强。后来，每届都有我们中国人当选为委员。中国人做主席也很受欢迎，得到其他国家人员的支持。我觉得，这对自己也是很大的提高。

6. "跟着老爷喝杯酒"

袁隆平究竟出国多少次，只怕他也记不清。他到国际水稻研究所访问，频繁得就像在国内出差一样，最多的时候是在 20 世纪八九十年代。据他自己说，他前后去菲律宾和国际水稻研究所不下 30 次。他出了国，眼界开阔了，心怀也远大了。他就想到，要让他手下的人，他的同行、同事们也能出国工作和学习，至少开开眼界。这就是他的口头禅"跟着老爷喝杯酒"的引申。

袁隆平自己是国际水稻所的常客，久而久之，在国内同行、同事心目中，他仿佛变成了国际水稻所的"主人"。那就是，随着他对国际水稻所的了解越来越多，袁隆平觉得国际水稻研究所有许多地方值得我们学习。他就积极组织国内从事杂交水稻研发的人，到国际水稻所参观、学习，并推荐年轻人到国际水稻所攻读学位、做博士后或访问学者。湖南杂交水稻研究中心的许多中青年，都到过国际水稻所。我也是受益者之一。

当然，袁隆平首先考虑的是那些在早期和他一起协作攻关、为杂交水稻作出了贡献的人。一般都是由袁隆平出面与国际水稻所的高层领导联系。由于他的知名度和在国际水稻所"常来常往"，经他联系的，几乎都得到允许，最后都能成行。国际水稻所都给予正式接待，并提供机场接送、到附近参观游玩等免费交通便利，只有住宿和餐饮要付费，但也

1992 年 4 月 21—25
日，袁隆平（前排右三）
带领国内 10 多位杂交水稻
科研、生产人员参加第 2
届国际杂交水稻学术研讨
会，并在国际水稻研究所
合影留念

是非营利的。

　　袁隆平让更多的同行、下属出国，是他"积德"的一
种方式，也是大家都喜欢他的原因之一。他在早期，也就
是 20 世纪八九十年代，采取的是自己带着别人出国的方式，
那也是小心谨慎，怕出事故。到后来，特别是到了 21 世
纪，他采取的办法是推荐，组团出国。人数多了，受益面也
广了。具体办事的都是我和我的团队，即湖南杂交水稻研究
中心分管外事工作的几个年轻人。其实，袁隆平的作用最关
键。那个时候出国，没有什么旅行社代办，全要靠走政府外
事管理渠道。要出国，首先要报备，要有国外的邀请信，最
要紧的则是如何得到邀请信。

　　就拿照片上这次中国代表团到国际水稻所参加第 2 届国
际杂交水稻学术研讨会为例，在为代表们办理出国手续时，

也是麻烦很多。已经到了 1992 年 3 月底，还有一些代表没有拿到护照。袁隆平在 3 月 28 日给我发来传真，要我赶快到中国驻菲律宾大使馆开证明传回国内。我立马与使馆文化处参赞张儒打电话联系。他也很着急，查了一下，还是国际水稻所的问题，没有将全部中国参会人员的名单发给中国大使馆。文化处也跟辽宁、广东两省外事部门取得了联系，要它们加急办理。4 月 1 日，我督促国际水稻所将中国代表团全体人员的名单传给中国大使馆文化处。最后，所有的人都顺利到了菲律宾。

袁隆平在外名气很大，只要他出面联系，对方一般都会同意发出邀请。有了邀请，后面的事就好办了。那时能出国的，只有层次高的人或是专业技术人员。袁隆平在 1980 年去美国时，带着时任湖南农科院水稻研究所所长的陈一吾和湖南慈利县农业局的杜慎余；1992 年 10 月去印度，带着我和邓小林；1997—1998 年去缅甸，带着我、郭明奇和邓应德，到菲律宾带了黎垣庆，到日本带了罗孝和、朱运昌。我们都是湖南杂交水稻研究中心的，这是要带去一起工作的。

还有一种是照顾性质的，一般是领导或非专业人士。比如，他先后带湖南农科院党委书记傅胜根、湖南杂交水稻研究中心副主任谢长江去了美国，带湖南杂交水稻研究中心副书记罗闰良去了以色列，带欧爱辉、熊绪让去了菲律宾。凡是有大型国际会议，袁隆平都尽量安排更多的人去参加。比如第 2 届国际杂交水稻学术研讨会在国际水稻所召开后的几次国际会议，他提供经费，有的是他联系、由国内的种子公司出钱，让较多的人参加会议，顺便出了国。

那个时候，没有自己掏钱出国的，要么是单位出钱，要么是花课题经费，要么是公司赞助，总之，都不是自费。出国除了开眼界，就是购物。出国时间长的，那个时候可以得到购买外国（主要是日本）生产的家电产品的指标，回国后到回国人员服务部用外汇券购买。当时，因为国内生产不了，能买上一件日本产的家电，如彩电、冰箱、洗衣机，那还是很荣幸的事。袁隆平乐意帮大家，现在看来，他这是在"带货"——有零售，也有批发。他成了"网红"。

大家互相一传消息，来求袁隆平帮他们联系出国的国内单位和人员越来越多，包括种子公司系统的，农业厅局、农科院所的。袁隆平一般不拒绝，他总是把这种事往我们下属这里一推："小毛，你来办咯。"与国外联系，要以袁隆平的名义写信、发传真或电子邮件，要签袁隆平的名字。这样的事越来越多。一般情况下，如果他在单位，都用英文签上他的名字；如果他出差了，对方又要得急，他就打电话告诉我："你就模仿我的签字算了。"这样的"算了"有很多次，但没有一次对方拒收的，因为大家都相信袁隆平。

经过袁隆平的联系和推荐，许多从事杂交水稻工作的人，特别是那些在基层工作的人，得到了去国际水稻所参观，学习甚至工作的机会。有的人一辈子第一次也是唯一一次出国，就是搭袁隆平帮忙得以实现的。记得1988年，我收到袁隆平在6月6日从湖南安江寄来的一封信，附有他写的英文信草稿。他在信中写道：

昌祥：你好！

所附英文信系我为华南杂交水稻协作组要求访问国际水稻所而写的联系信。请打印，核对后复制五份，三份径寄国际水稻所，另外两份分别寄给广西农业厅刘鸿珍（原副厅长）和广东省农科院彭惠普。

我左臂的酸痛和麻木症迄今尚未痊愈，目前正在进行针灸治疗。我计划于本月 12 或 13 日坐汽车来长（沙）。

余待面谈，顺祝近好。

袁隆平

88.6.6

在 20 世纪 90 年代，许多单位是有创收任务的，湖南杂交水稻研究中心也不例外。上面有政策要求，袁隆平作为主任也没有办法。中心组织人员搞创收，办了汽车配件厂、饲料厂，到头来都是亏损的。唯独由他批准成立的对外开发部，通过组织人员出国赚了点钱。后来，政策改变了，不再要求科研单位创收。但是，湖南杂交水稻研究中心组织有关人员出国参观、学习，还一直进行着。

我与袁隆平共事多年，他经常给我讲他为人处世的一些原则，其中就有"有难共担，有福同享"这一条。他取得的成功是许多人与他一起"有难共担"得来的。他成功之后，也没有忘记这些"共担"者。只要有可能"有福同享"，他就同他们分享。这方面有许多动人的例子，大家都知道。我也是跟着他这位"老爷"喝过许多"酒"的受益者。

袁隆平去世之后，他的得力助手罗孝和告诉我一件事。那是 1981 年，籼型杂交水稻获得国家特等发明奖。袁隆平是最主要的贡献者，罗孝和等人也是主要完成人。到了 1992 年，湖南省农业厅发了一个文件，要为一些人申报湖南省特殊津贴。袁隆平看了文件，觉得有些不公平，就在 6 月 8 日写了自己的意见：

号中稻亩产 627 公斤，为我省大面积推广取得样板。

陈梅生　在雄性不育系花粉败育过程的研究中作出贡献。

罗泽民　雄性不育系及杂种优势生理生化基础的研究中作出贡献。

李东山　主持 1975 年省农科院 105 亩示范平均亩产 520 公斤。

一九九二年六月六日

1992 年 6 月 8 日，
袁隆平撰写的意见

"我认为，特等发明奖的主要完成人都应享受国家特殊津贴。在这 12 人中，尚有罗孝和、舒呈祥、尹华奇、郭名奇和李东山 5 人没有获得该项津贴，请有关领导给予解决为盼！"

我国许多有成就、有贡献的科技人员，大多和袁隆平一样，能够与团队人员"有难共担，有福同享"。但是，也有少数人过于看重自己的功劳，得到荣誉和奖励后，不注意考虑其他人的利益。结果，发生争吵和纠纷的大有人在。我认为，袁隆平一贯坚持"跟着老爷喝杯酒"的指导思想，是他得到大家拥戴和热爱的原因之一。他是经过三次申报才当选中国工程院院士的，但他的名声和影响力，一下子超过了多少院士和资深院士啊！千千万万普通百姓都热爱袁隆平爷爷，这种场面确实动人，这还不是他平日里关爱别人的结果吗？

7. 支持 SL 公司

袁隆平是国际水稻所的座上客，又是国际水稻所有力的竞争者。他在很多方面得益于国际水稻所，但他又给国际水稻所巨大的压力。他利用了国际水稻所很多的资源，同时也给了国际水稻所很大的支持和回报，且听我慢慢道来。

国际水稻所在常规水稻育种方面一直遥遥领先，毕竟它有强大的科研团队和人才队伍、丰富的稻种资源、先进的研究条件和手段，还有雄厚的资金做后盾。在与中国建立联系并合作之前，国际水稻所也开展了杂交水稻研究，领军人物是印度人费马尼博士，可后来由于培育不了适合的稳定的不育系而中止。中国的袁隆平团队获得成功后，国际水稻所感到了挑战与压力，于是主动与中国在杂交水稻方面开展合作，所以，袁隆平去过国际水稻所 30 多次。

是国际水稻所将袁隆平推上了世界水稻界的领袖地位，在国际会议上称袁隆平为"杂交水稻之父"。如果是我们中国去做，说不定还会遭到西方国家的嘲讽。国际水稻所"不耻下问"，多次邀请袁隆平到他们那儿讲学、做访问学者、合作搞研究。袁隆平也愿意"低声下气"地去那里，一开始的待遇比一般硕士研究生还低许多，因为他没有洋学位，也没有到西方国家喝过洋墨水。

当国际水稻所急需育种材料，特别是不育系材料时，袁隆平主动提供中国已经成功应用的几种不育系材料，如珍汕 97A、V20A、二九南 A 等。不过，我们也从国际水稻所的育种材料里，得到了 IR24、IR26、IR9761 等强优势恢复系，后来从国际水稻所得到的抗性品种资源更多。

我们利用国际水稻所的管理资源、资金优势，在 1986 年与国际水稻所联合举办了首届杂交水稻国际学术研讨论会，还有从 1980 年开始的多期国际杂交水稻育种培训班，一下子提高了我国在世界水稻领域的威望和影响力，杂交水稻走向世界的步伐加快。甚至袁隆平申报世界粮食奖，也得到了国际水稻所的鼎力相助。

进入 21 世纪不久，许多国家的国家元首政府首脑还有部长们，纷纷到袁隆平这里"朝圣"，请求中国政府和袁隆平给予他们国家支持，发展杂交水稻。时任中共中央总书记、国家主席、中央军委主席江泽民还指派袁隆平作为特使，去委内瑞拉帮助搞杂交水稻。形成了"杂交水稻外交"和"袁隆平旋风"。成立不到 20 年的湖南杂交水稻研究中心，竟然成了许多国家政要来访的"圣地"。

这里要提到的是菲律宾前总统阿罗约夫人，她是一个柔中有刚的女强人，想在执政期间彻底扭转菲律宾粮食长期不能自给的局面。菲律宾的粮食主要是稻米，而菲律宾的气候条件适合一年四季种水稻、收割水稻，水稻的播种面积也不小，从理论上讲，完全可以做到粮食自给有余。还有一个有利条件是，国际水稻所就在他们国家，近水楼台先得月，国际水稻所给予菲律宾的支持一直很大。可以说，国际水稻所能被看成是菲律宾更高层次的国家研究所。

可偏偏这个国际水稻所，被不少菲律宾人认为是导致该国水稻产量提不高的因素之一。为什么？因为菲律宾地处热带，水稻病虫害多，加上台风多，造成水稻减产。而上几辈菲律宾人，种的是传统水稻品种，产量虽低，却长期适应，具有很强的抗病虫害能力。

有些菲律宾人认为，自从 1960 年国际水稻所在菲律宾建立以后，推广改良的水稻矮秆品种，但抗性不好，经常大面积减产或失收；加上国际水稻所为了搞研究，从其他国家引进了一些水稻病虫害，也许跑出来一点，致使菲律宾的水稻病虫害不但没有减少，反而越来越严重。总之，经常可以看到菲律宾媒体上有对国际水稻所的批评声。我在国际水稻所期间，也几次看到有大量示威者，集结在国际水稻所里面或围墙外面抗议示威，有的提出国际水稻所搬出菲律宾。

前后几任菲律宾总统，如拉莫斯、埃斯特拉达、阿罗约夫人、阿基诺三世，直到杜特尔特，不管他们之间政见如何，都支持发展杂交水稻，因为他们都懂得"无粮不稳"的道理。他们寻求中国给予支持在菲律宾发展杂交水稻，成了很重大的"政治—经济任务"。为此，时任菲律宾总统阿罗约夫人几次接见袁隆平，商讨如何在菲律宾发展杂交水稻。

中国政府知道中菲关系的重要性。袁隆平也知道在菲律宾发展好杂交水稻的重大意义，那就是加强中菲友好，帮助菲律宾解决粮食危机，并在国际水稻所眼皮子底下，显示中国杂交水稻的普适意义。这是因为，在袁隆平没有取得成功前，就连费马尼博士等国际水稻所的科学家，都怀疑杂交水稻不适合在热带地区种植。

一开始，是一段时间的"公对公"帮助，就是我们中国方面与菲律宾农业部水稻研究所开展合作，我本人也参与了这项合作，为他们培训了许多技术人员，也提供过不少杂交水稻组合在菲律宾试种，效果都不错，可是，就没有了下文。合作项目的钱用完了，事情就结束了。光是菲律宾总统重视，没有下面积极响应，看来还是没有办法。

袁隆平同我商议如何办，我们想到了华侨，就是请菲律宾国内对华友好，而且有经济实力和积极性的华侨来做这件事。要是能在国际水稻所眼皮子底下，把杂交水稻搞成功，意义会更大。由于时任菲律宾总统阿罗约夫人亲自抓，对菲律宾有利，对国际水稻所也是一种挑战与压力，可以使"杂交水稻只能在温带种植，不能在热带成功"的说法不攻自破。

2000年三四月间，我和袁隆平去国际水稻所参加该所成立40周年庆典。菲律宾华侨林育庆、林育玮兄弟特邀我们到他们家里，专门商谈发展杂交水稻的事。他们家在马尼拉富人区，住的也是豪宅，家里停着好几辆豪车。他们的母亲是一位很端庄、富态、慈祥的老太太，估计不是从中国过来的第一代，也是第二代华侨。她对我们很热情，可惜她说闽南话，我们无法沟通。

林氏兄弟告诉我们，他们已经有些零散小面积的土地，可以开始搞杂交水稻。袁隆平则建议他们，在离国际水稻所不远的地方，买一块大一点的地，国际水稻所可以作为他们的技术和资源来源地。袁隆平指着我说："毛先生是在国际水稻所搞两年杂交水稻项目的项目科学家，他可以帮你们一些忙。我们湖南杂交水稻研究中心的张昭东副主任和白德朗博士会长期在你们这里工作，另外还有从湖南永州农科所来的育种专家胡继银，技术上不会有问题。"

2000年4月3日晚上，袁隆平在林育庆（后排左三）、林育玮（后排左一）兄弟家里，与他们的母亲以及林氏其他三兄弟合影

这次，是对林氏兄弟工作的鼓励和极大支持。林氏兄弟有资金，又有菲律宾总统的支持，2000年，他们成立了SL Agritech公司。2001年，他们在琅古拉省圣塔克洛斯市附近，离国际水稻所不到10公里、一个叫Oogong的地方，买下了36公顷土地，在那里进行育种、繁殖、制种，也种一些高产的杂交水稻新品种，对外进行示范。2000—2002年，我在国际水稻所的两年多时间里，经常到他们那里去交流。我的主要任务是，为林氏兄弟与国际水稻所费马尼博士负责的杂交水稻项目进行沟通，提供技术支撑，最为重要的是提供国际水稻所育成的亲本材料。

2000 年 4 月 3 日晚上分手时，我们与林氏兄弟在他们家门口合影，左起：林育庆、袁隆平、我和林育玮

其实，国内也是全力支持 SL 公司工作的。记得 2000 年 6 月 8 日上午，袁隆平打国际长途电话与我联系，没有联系上。他就打给了费马尼博士，要费马尼博士通知我，尽快与在 SL 公司工作的张昭东、白德朗取得联系，因为中国农业部于 6 月中旬要在湖南杂交水稻研究中心召开有五六个省份参加的推进杂交水稻全球发展的会议，非常重要，要张昭东、白德朗二位于 6 月 15 日前回国。我在下午 2 点半的时候，打通了白德朗的手机，告诉他这件事。

袁隆平后来亲自到 SL 公司参加过一些活动，主要是促进杂交水稻在菲律宾的发展。刚开始的时候，袁隆平在菲律宾也没有什么人知道，哪怕是后来在国际水稻所被称为"杂交水稻之父"，并在菲律宾的报纸上登载过他的新闻。直至后来杂交水稻在菲律宾获得成功，菲律宾总统又多次会见他，袁隆平在菲律宾就有很大的名声了。

2001 年 9 月 3 日，袁隆平、邓则夫妇来菲律宾领取麦格赛赛奖后，到 SL 公司在国际水稻研究所附近的基地参观。SL 公司在稻田边竖起大幅欢迎匾，上方有 SL 公司准备在这里修建的办公楼、种子仓库、实验室的远景规划图，下方特意加挂了"热烈欢迎袁隆平教授及其团队"的标语。参加合影的除袁隆平、邓则夫妇外，还有欧爱辉（前排左二）、熊绪让（前排右二），以及在 SL 公司工作的张昭东（前排右一）、白德朗（前排左一），最后面是我和我的儿子毛大治。

事情过去 20 多年了，SL 公司早已是菲律宾最大、最成功的杂交水稻公司。他们的杂交水稻品种遍布菲律宾各地，为菲律宾水稻增产作出了巨大贡献。2018 年元月，时隔 10 多年后，我又一次到菲律宾访问，到了最偏远的巴拉望省（Balawan），那里大面积种植 SL 公司的杂交水稻品种 SL-8H 等。为了避免我写的故事中出现与事实不符的地方，我在 2022 年元月 7 日早上，给年近古稀、身体还很健硕、仍在菲律宾 SL 公司工作的老朋友张昭东，通过微信发了我写的这篇文稿，征求他的意见。他在当天上午 10—11 点，与我微信通话个把小时，纠正了我在文稿里将他名字中的"昭"

2001 年 9 月 31 日合影后，张昭东（右一）带着我们到 SL 公司的杂交水稻示范田察看，袁隆平（右二）非常满意

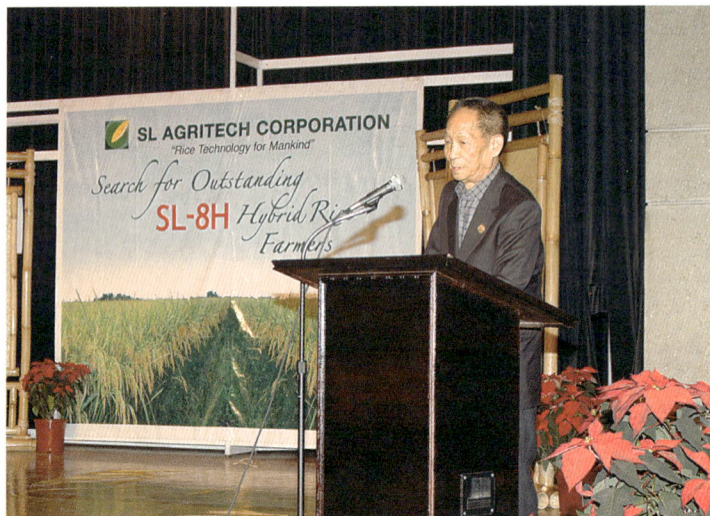

袁隆平在国际水稻研究所短暂工作时，到菲律宾 SL 公司参加他们才问世的杂交水稻新组合 SL-8H 推广活动，并在活动上发言

写成了"召"，同时认定其余的都符合事实。

另外，他非常激动地讲了他们 SL 公司最近 20 年来的发展：他们的杂交水稻品种已经走向了 10 多个国家，在菲律宾全国建有 3 个大米生产中心，并采取科研、生产、销

当一位大面积种植 SL-8H 杂交水稻新品种的菲律宾农民获得 SL 公司的奖励，得到免费去中国香港旅游一趟的"彩票"时，袁隆平与这位农民一起振臂欢庆。最左边是时任菲律宾农业部水稻研究所所长，左二是 SL 公司董事长、总经理林育庆，最右边是获奖的菲律宾农民。在菲律宾，所谓"农民"就是土地的主人，也可以叫"地主"；而在田间劳作的叫"labor"，就是劳力，是真正意义上的农夫。

售一条龙的办法。SL 公司育成的杂交水稻优良品种，由自己生产种子，卖给农民；农民生产出来的稻谷，他们全部收购，加工成大米销往菲律宾全国，还销往国外。

张昭东特别强调了一点，就是他们 SL 公司的研究使得杂交水稻在热带地区，实现了既高产又优质的突破。现在，他们 SL 公司生产的优质杂交稻稻米远销世界各地，价格有的超过了泰国香米。他发了两张他们 SL 公司优质米的照片给我，并告诉我，中东国家非常踊跃地订购他们 SL 公司的优质米，有多少要多少。

袁隆平奋斗了一辈子的夙愿"发展杂交水稻，造福世界人民"正在一步一步实现。这不是吗？杂交水稻技术先造福

这是张昭东发过来的照片。从他们 SL 公司优质米包装袋上的一些说明来看，他们将热带杂交水稻与日本的粳稻口味、泰国香米的茉莉花香味，结合到一起了，才能打入高端大米市场。

了我们中国人民，接着又造福印度、越南、菲律宾、孟加拉国等主要大米生产国的人民，现在，连那些不产大米的国家也都被"造福"了。"饮水不忘挖井人"，每当世界各地的人民吃到既高产又优质的稻米，肯定会怀念我们的"杂交水稻之父"袁隆平。

8. 多赢局面，皆大欢喜

由于连续几任菲律宾总统和政府部门的重视，加上以袁隆平为首的中国专家的支持、参与，国际水稻所提供的育种材料，华侨私人资本的投入，菲律宾的杂交水稻发展得还是很快的。由国际水稻所培育的第一个杂交水稻组合 Mestizo 于 1997 年通过菲律宾种子局的审定，开始在菲律宾各地推广。

后来，SL 公司在中国专家胡继银和张昭东选育下培育出的 SL-8H，2001 年在菲律宾通过审定后，2005 年在印度尼西亚、2007 年在孟加拉国、2010 年在越南、2011 年在缅甸、2016 年在印度相继通过审定，并在巴基斯坦、柬埔寨、马来西亚、东帝汶、马达加斯加、尼日利亚、索马里等亚非国家试种，表现出很好的适应性和田间抗性。

袁隆平在 2003 年来菲律宾参加 SL-8H 验收时，产量为每公顷 10.37 吨。在热带地区，这是水稻的高产纪录，SL-8H 被誉为"热带杂交水稻先锋组合"。2003—2017 年，SL-8H 累计在亚洲推广超过 200 万公顷（3000 万亩）。

为什么说是多赢的局面

2003 年，袁隆平在菲律宾对 SL-8H 验收测产时，与 SL 公司另一大股东、新加坡华侨陈龙成（左一）、菲律宾农业部水稻研究所所长阿滨博士（左二）以及张昭东（右一），带着丰收的喜悦合影留念

呢？首先是菲律宾赢了。这项成功使得这个国家跨入了为数不多的拥有自主培育的杂交水稻品种的国家行列中，还能把杂交水稻出口到许多国家。他们的总统高兴，政府也高兴。努力多年，菲律宾也有了自己的杂交水稻品牌，全国的水稻产量快速提高。菲律宾农业部国家水稻所脸上也有光彩，毕竟是他们派人来指导配套技术，如栽培、植保等，并进行农民培训、大面积推广。

其次是国际水稻所赢了。他们搞了几十年，终于培育出适合热带地区条件的育种亲本，包括不育系、保持系和恢复系，至少是他们提供了原始亲本材料。国际水稻所的所领导们、育种系主任、杂交水稻专家多次到SL公司

时任国际水稻研究所所长到SL公司的杂交水稻示范田察看，一同来的还有费马尼博士（左三）和黎志康博士（右一）。我（左一）正向所长说明他想了解的一些情况。

2001年9月15日，我带领国际水稻研究所副所长Padolina（菲律宾人，中）和育种系主任Mackill博士（美国人，左），到SL公司的杂交水稻示范田察看，他们都很赞赏

来察看杂交水稻，他们都很高兴，也松了一口气，杂交水稻终于在菲律宾推广了。

　　SL 公司设在国际水稻所附近的 36 公顷基地，主要是育种和制种。从标牌上可以看出，他们的自繁不育系，用的是国际水稻所育成的 IR58025A 不育系，我参与了它的选育过程。在 2001 年旱季，这里就有 9 公顷 IR58025A/B 在育种、15 公顷 IR58025A/IR34686R 在制种。要是按照 1 ∶ 100 计算，下一季度可以种植 2 万多亩，这是一个很大的数字啊！看来，林育庆、林育玮兄弟很有胆量和魄力，也敢冒风险，这要很大的投入呀！

我们参观 SL 公司的杂交水稻制种基地，身后的制种田，已经看到种子可以收获了。照片最左边那位是实干家、为 SL 公司培育出优良杂交水稻组合做了许多工作的高级农艺师胡继银。他现在已回到湖南省永州市农业科学研究所，继续从事水稻育种工作。

　　自那以后，国际水稻所就把 SL 公司作为其他国家的人到国际水稻所来学习、参观的"打卡地"，总要炫耀地带他们来看 SL 公司的杂交水稻，并强调这是国际水稻所的成果。我就陪同印度尼西亚、印度、缅甸等国的专家到 SL 公司参观过，起到了很大的宣传作用。从上面这张照片看，在 SL 公司工作的张昭东身着有国际水稻所（**IRRI**）标志的衣服。可见，他能得到这种服装，也许是与国际水稻所关系密切的结果。

那么，中国这方虽说不是直接的赢家，但也是"隐形赢家"，至少用事实破除了"热带地区培育不出杂交水稻""杂交水稻在热带地区不高产"等谣传。毕竟杂交水稻技术是在中国首先取得成功的，而国际水稻所是在中国提供的不育系基础上培育出他们的不育系的。另外，SL 公司的成功，与中国的支持、中国专家的努力，特别是袁隆平的谋略分不开。我也应该算一个有功人员。

要讲经济利益，最大的赢家还是林氏兄弟。他们的"豪赌"成功了，从杂交水稻种子生产中赚了很多钱，但更重要的是，他们被菲律宾总统赞赏了，得到了更大的发展机会。我听说，林育庆在菲律宾华侨社团中的地位猛升，成了菲律宾中华商会的理事长。我到过一些国家指导杂交水稻技术，其中许多成功的例子，都是由华人、华裔、华侨和中国人创造出来的。

2001 年 8 月底，袁隆平、邓则夫妇去菲律宾领取麦格赛赛奖。9 月 3 日，原本由国际水稻所接待，结果，袁隆平、

2001 年 9 月 3 日，SL 公司老总林育庆（左一）、他的弟弟林育玮（左二），还有他的儿子（右一），与袁隆平、邓则夫妇在菲律宾合影留念

邓则夫妇被 SL 公司的林氏兄弟接到旅游景点玩了一天，表达他们对袁隆平的感谢。据我所知，在袁隆平申报麦格赛赛奖的过程中，菲律宾的华人华侨也是鼎力相助的。

在《袁隆平自传》一书中，袁隆平回忆道：埃斯特拉达在 1998 年就任菲律宾总统时，非常强调把实现粮食自给自足作为自己的政绩目标，他鼓励菲律宾农民种植杂交水稻。后来，阿罗约夫人当选菲律宾总统后，继续支持

2004 年 9 月，SL 公司的两位老总林育庆（左）和陈龙成（右），应邀到中国湖南参加庆祝杂交水稻研究 40 周年暨第 3 届袁隆平农业科技奖颁奖仪式，以及中国怀化国际杂交水稻与世界粮食安全论坛。荣获袁隆平亲手颁发的袁隆平农业科技奖奖牌后，林育庆举起 2001 年 9 月 3 日与袁隆平、邓则夫妇在菲律宾的合影，激动地说，我们能在杂交水稻方面取得这么大的成功，主要是袁隆平院士的大力支持，万分感激，也感谢菲律宾政府和中国政府的支持。

时任菲律宾总统阿罗约夫人（右四）在总统府接见袁隆平（左四）和 SL 公司高管

发展杂交水稻。她先后 5 次接见袁隆平，并说："杂交水稻方案是菲律宾粮食安全的主要部分。可能到 2008 年，菲律宾的大米就可以自给自足，这是我们追求的目标。"

2001 年，阿罗约总统为袁隆平颁发麦格赛赛奖。2004 年，阿罗约总统到访中国，她在北京提出要专门会见袁隆平，向他颁发她签署的嘉奖令，高度表彰袁隆平致力于促进菲律宾杂交水稻的发展。2007 年 1 月，时任国务院总理温家宝访问菲律宾，点名要袁隆平随团参访。袁隆平再次见到了阿罗约总统，继续讨论包括杂交水稻在内的农业技术合作问题。可见，袁隆平和"杂交水稻外交"对我国在国际上的影响多么重要，这才是践行人类命运共同体理念的典范。

9. 一手好棋赢在菲律宾

袁隆平善于战略思维和运筹，我在他身边与他共事几十年，深有体会。他的有些想法和行为，有时看上去匪夷所思，但他运筹帷幄，硬是把一些看起来不可能的事，搞得圆圆满满。

我们俩在 1998 年作为联合国粮农组织的专家，第二次去缅甸指导发展杂交水稻，袁隆平对缅甸的情况很是失望。在这之前，他从 20 世纪 80 年代初到 90 年代中期，在美国、印度、越南等国传授和指导杂交水稻技术，都是成功的。

1998 年 5 月的头几天，我们在缅甸中央农业研究所（CARI）的招待所里，一直谈论如何加快杂交水稻走向世界步伐、造福世界人民的话题。我们俩的一致看法是，不能凭中国一国之力，让杂交水稻造福世界人民。只有通过许多国家、企业、机构甚至个人的努力，才能达到这个目的。

袁隆平说，在美国取得成功后，只能在类似的国家或地区，在条件好的水稻生产区，实现大规模、现代化的生产。美国方面是要赚大钱的，所以，难以在小农经济地区推广。而印度已经有很雄厚的技术力量和基础，政府和私人企业一起努力，成功也快。越南则是政府组织得好，可以采取一定的行政手段，并给予资金扶助，农民能够组织起来种植杂交水稻。可是，像缅甸这样的国家，技术力量极其薄弱，政府又不是很支持，费了那么大的劲，直到现在，还没有成功。

袁隆平很喜欢下象棋，他对我说，杂交水稻在美国、越南、印度的成功，等于吃掉了对方的车、马、炮。而在缅甸这里，即使成功，也只能算吃掉对方一个没有过河的卒子。要想获得全胜，就要将对方的军！我感到奇怪，对方的"帅"到底是谁？他分析给我听，这个"帅"就是国际水稻所和菲律宾。国际水稻所对杂交水稻的感情最为复杂，希望它能成功，但又要体现出是国际水稻所的功劳。

不争气的是，国际水稻所在中国成功推广杂交水稻前，自己没有取得成功。中国成功了，它就奋起直追，当然最想在菲律宾取得成功，这样有面子。可偏偏菲律宾政府只相信中国的杂交水稻技术，几任总统访问中国寻求杂交水稻技术支持，并多次邀请袁隆平等中国杂交水稻专家前往指导。我本人就去过几次，还到过菲律宾南部的棉兰老岛，指导卡捷尔公司制种。

我们在缅甸几次商量如何下这步棋，袁隆平说："小毛，我想只有在菲律宾取得成功，才算把对方将死。"这需要几方面努力，首先还是菲律宾政府的重视、支持。现在看来，这没有问题，总统们都很积极。另外，菲律宾的农民如果有了积极性，杂交水稻就会发展得很快。还要有一支非常重要的中坚力量，就是有雄厚的资金投入搞研发、示范、推广，生产种子。我们就想到利用菲律宾当地有钱有势的华侨华人，因为我们俩在菲律宾结识的华人华侨很多，知道掌握菲律宾经济命脉的几乎都是有钱的华人华侨。

另外，我们讨论了如何加入中国的技术力量。菲律宾的技术力量弱而且懒惰，嘴巴厉害、动手不行的多。我们与他们打交道多，对这一点太了解啦。袁隆平问我愿不愿意去菲律宾，我说愿意。问题是我当时担任广西农科院水稻研究所所长，广西农科院不会放我去。袁隆平说，我可以跟国际水稻所商量，让你到费马尼博士手下做两年项目科学家。我当然乐意。不出袁隆平所料，国际水稻所还有我的博士生导师费马尼博士非常高兴，挖一个中国的水稻所所长到他们那里打两年短工，对他们来说是求之不得的。

袁隆平还打算派一两个得力的人去菲律宾，与华侨、华人一起干。后来，他告诉我，1999 年 8 月，他派了湖南杂交水稻研究中心副主任张昭东，以及袁隆平手下一名在职博士生——搞杂交水稻育种经验丰富，英语又有基础的白德朗一起去菲律宾，加盟 SL 公司。而我在 2000—2002 年，在国际水稻所做了两年亚洲发展杂交水稻项目的专聘科学家。袁隆平利用他经常去国际水稻所的机会，常常去指导。

这样，我们就有了一个非常有效、配合很好的"影子团队"。队长当然是摇鹅毛扇的袁隆平。我则主要负责与国际水稻所联系，为 SL 公司育种，提供技术和大量种质资源。张昭东和白德朗是 SL 公司的技术主管。张昭东原来是湖南零陵农业学校一

1988 年，我（左）在菲律宾棉兰老岛指导卡捷尔公司进行杂交水稻制种

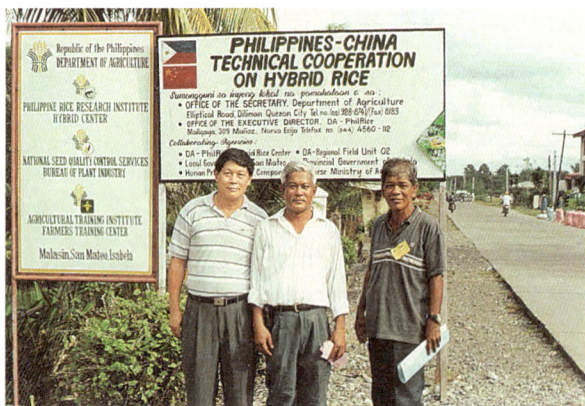

这是我（左）参与的中国—菲律宾杂交水稻技术合作项目，宣传搞得很漂亮

位教遗传育种的老师，调往湖南农科院之前已有 10 多年的教学和指导学生实习经验。从 1998 年 5 月到 1999 年 8 月，袁隆平运筹这着棋就花了一年多时间。

国际水稻所在常规水稻育种方面一直遥遥领先，毕竟它有强大的科研团队和人才、丰富的稻种资源、先进的研究条件和手段，还有强大的资金做后盾。在与中国建立联系并进行合作之前，国际水稻所也开展了杂交水稻研究，领军人物是印度人费马尼博士，但后来由于培育不出适合的、稳定的不育系而中止。中国的袁隆平团队获得成功后，国际水稻所感到了挑战与压力，一直想主动与中国在杂交水稻方面合作。我们这着棋，实际上得到了国际水稻所的鼎力支持。

我（前排左一）为菲律宾杂交水稻技术培训班的学员们上完课后与当地"地主"们合影

也可能是天意。菲律宾马尼拉姓林的华侨两兄弟，哥哥叫林育庆，弟弟叫林育玮，开着几家公司和工厂。其中一家造纸厂，生产高档印刷用纸，很赚钱。当时，他们在菲律宾侨界已经有一定地位了。他们的投资眼光很敏锐，想投资搞农业，当然是大规模、能赚钱的农业。他们知道时任菲律宾总统埃斯特拉达重视中国的杂交水稻，就往这方面努力。他们成立了一家名为 SL Agritech 的农业公司，专门从事杂交水稻研发。通过一些渠道，他们与袁隆平联系上了，我们也很乐意支持他们搞杂交水稻。

我与张昭东（右）在国际水稻研究所合影

2000 年 4 月 3 日，张昭东和白德朗撰写的工作报告

67

　　2000 年三四月间，就在袁隆平去菲律宾参加国际水稻所成立 40 周年活动期间，张昭东和白德朗把他们到菲律宾 SL 公司工作半年多的情况，写了一份两页纸的工作汇报，题目是"中国杂交水稻在菲律宾试种首次成功"，全文如下：

　　受中国工程院院士、杂交水稻之父、中国国家杂交水稻工程技术研究中心（China National Hybrid Rice Research and Development Center）主任袁隆平教授委派，受菲律宾 Sterling Paper 集团公司邀请，在菲律宾政府和菲律宾 Lagula 省府的积极支持与配合下，我们于 1999 年 9 月至 2000 年 4 月在菲律宾 Sta Cruz 市 Lagula 省示范农场试种了两季（雨季与旱季）来源于中国的杂交水稻。这个杂交水稻应用项目被称作 Enhanced Rice Action Program on Seed Project（ERAP 种子计划）。

　　我们两季共试种了 50 个杂交水稻品种，2 公顷稻田。其中，有 6 个品种表现出明显的杂种优势：

　　（1）单产高。在雨季单产达 6.8~8.3 t/ha，在旱季达 8.0~10.0 t/ha，比当地常规对照品种增产六成到一倍。

　　（2）抗性强。田间表现对主要病虫害的抗(耐)性强、耐肥、抗倒、耐旱、耐涝。

　　（3）米质好。出米率高，整精米率高，米饭适口性好，食味好。稻米市场前景广阔。

　　（4）生育期适宜。播种到收割全生育期 105~120 天，适合菲律宾各地与各季种植。

  中国杂交水稻在菲律宾试种首次成功，引起了菲律宾政府与人民的高度重视与兴趣。2000 年 3 月 28 日上午，菲律宾总统 Estrada 先生、农业部长 Angara 先生、土改部长 Morales 先生、Lagula 省长 Ling 先生等政府官员，Sterling Paper 集团公司总裁 Henry Lim Bong Liong 先生和许多企业界人士，以及 Lagula 省二千多名稻农在试验基地参加与分享了 ERAP 种子计划的启动仪式。Estrada 总统先生在我们的试验田收割了杂交水稻，尔后又在 Lagula 省议事堂作了长达四十多分钟的讲话，力劝菲律宾稻农改种杂交水稻，学习引用农业新技术，提高水稻单产与总产，保障菲律宾的粮食安全。讲话之后，Estrada 总统特意与我们合影留念，对我们深表谢意，对我们的工作大加赞赏。仪式中，袁隆平院士头像一直投影在议事堂大型银屏上。

  获悉中国杂交水稻在菲律宾试种成功的消息后，IRRI 杂交水稻高级专家、植物遗传育种系副主任 S.S. Virmani 博士与他的助手于 3 月 29 日参观与考察了我们的试验（基地），对我们的工作予以首肯。参加 IRRI 成立四十周年学术讨论会的袁隆平院士于 3 月 30 日在我们的基地对我们的试验进行了检查与指导，并将这一成功的消息用电话报告了中国驻菲律宾大使馆，并派我们于 3 月 31 日向使馆作了专程汇报。4 月 3 日，又有部分参加 IRRI 成立四十周年学术研讨会的中外专家，参观了我们的试验基地，对中国杂交水稻在热带试种成功深表贺意。同时，连日来又有数百菲律宾参观者在基地参观、观摩，要求下一季种植中国杂交水稻。

中国杂交水稻在菲律宾试种首次成功，标志着中国杂交水稻的研究与应用又迈进了一个新的里程碑。她突破了多年来形成的"中国杂交水稻只能在中国或温带地区成功地种植，而不能在热带地区推广"的概念；她对于进一步促进中、菲两国的传统友谊，促进与加强了两国在农业方面的合作与交流产生深远作用。

这6个表现突出的杂交水稻品种已被允许参加菲律宾下一季别的全国区试与较大面积的生产试验，以进一步确定其高产、稳产性能和适宜的种植区域。

张昭东　白德朗

中国国家杂交水稻工程技术研究中心

2000.4.3.下午

10. 左右为难，走向世界

20 世纪 80 年代初，将我国杂交水稻技术转让给美国西方石油公司，是一个战略决策。美方只出 30 万美元，就一次性买下了全部杂交水稻技术。当时，中国相关人员可能也不懂什么叫技术转让，30 万美元在那时也是个大数，农业部主管部门的人很满意。可是接下来，麻烦出现了。当我方提出与国际水稻所合作研究杂交水稻时，美方提出，这是违反知识产权保护相关法律的。

1988—1992 年，我在国际水稻所攻读博士学位期间，导师是印度人费马尼博士。他是国际水稻所杂交水稻首席科学家，一直在搞杂交水稻研究，但没有成功，中途下马。后来，中国的杂交水稻技术取得成功，他再度被聘请到国际水稻所，领导杂交水稻研究工作。

我还清楚地记得，1990 年 2 月 28 日，费马尼博士让秘书蕾妮（Leni）给我送来一份复印材料，上面签着费马尼博士的名字，还钉着一张国际水稻所专用的文件传阅小条子，上面是 To Mr. Mao, From SSV（由费马尼给毛先生）；另外两栏被他打钩标示：For your information 和 For your comments（告知你，也要你的建议）。复印的是 1990 年 2 月 20 日出版的《马尼拉通讯》上一篇很长的文章，一共有 20 多段，文章的标题是"两家美国公司垄断——中国培育的超级稻不再被分享"。由于文章很长，复印件是用比通常 A4 纸长许多的纸复印的，至今我还保存着。

拿到这篇导师专门要我看的文章，我很认真地看了几遍，觉得很憋屈。这篇文章通篇指责中国只向美国转让杂交水稻技术，特别是当时刚取得成功的超级杂交水稻技术，使得美国之外的国家再也不能无偿分享杂交水稻技术，违背了中国向发展中国家的承诺，等等。我知道导师专门复印这篇文章给我的目的，就是要中国放弃或撕毁与美国的协议。

我那时还是湖南杂交水稻研究中心的副主任，觉得事态严峻，马上打电话与在国内的袁隆平主任联系，也传真了这个复印件给单位。袁隆平的回复很坚决：与美国的协议不能撕毁，但我们也要与其他国家分享杂交水稻技术。事实上，我们一直在与其他国家分享杂交水稻技术，只是采取不同的形式，尽量避免违约事件发生。

袁隆平认为，暂时不要理它，对这件事，国家会处理好的。我们只能在自己的层面去做我们能做的事。事情过了两三个月，费马尼博

1990 年 2 月 20 日出版的英文版《马尼拉通讯》上的一篇文章，指责中国不愿无偿分享杂交水稻技术，而只向两家美国私人公司转让了这项技术

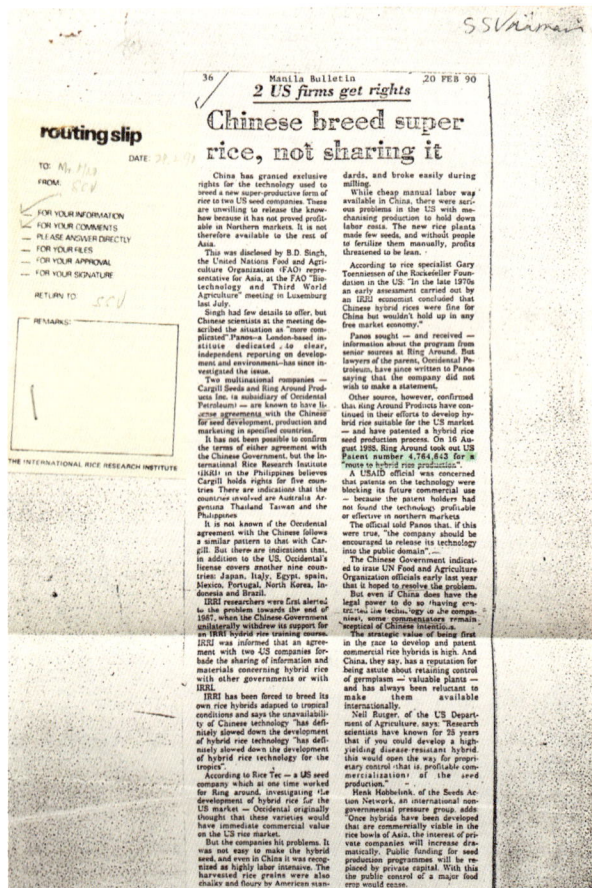

IRRI has been forced to breed its own rice hybrids adapted to tropical conditions and says the unavailability of Chinese technology "has definitely slowed down the development of hybrid rice technology "has definitely slowed down the development of hybrid rice technology for the tropics".

这是《马尼拉通讯》那篇文章的一小段，意思是：国际水稻研究所只好被迫培育自己的杂交水稻品种，以适应热带地区的条件；同时，指责中国杂交水稻技术的无效性："已经减缓了杂交水稻技术的发展"，"确实是减缓了杂交水稻技术在热带地区的发展"。

士又拿给我一张复印件——1990 年 5 月 22 日出版的美国《基督教科学箴言报》上的一篇文章，题目是"到 2001 年：水稻古怪的事情发生——或为什么粮食作物改良将不会被分享"。

总之，国际水稻所既不服输，也不服气，反复强调中国的杂交水稻不适合热带地区，迫使国际水稻所发展热带杂交水稻。我们承认国际水稻所的努力，但不能否定，后来中国杂交水稻在菲律宾取得的成功证明，中国培育的杂交水稻中也有适合热带地区种植的好品种。

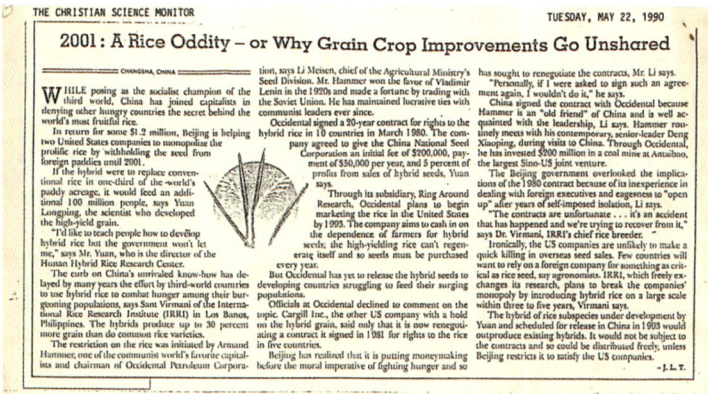

THE CHRISTIAN SCIENCE MONITOR　　　　　　TUESDAY, MAY 22, 1990

2001: A Rice Oddity - or Why Grain Crop Improvements Go Unshared

1990 年 5 月 22 日出版的美国《基督教科学箴言报》上的一篇文章，题目是"到 2001 年：水稻古怪的事情发生——或为什么粮食作物改良将不会被分享"

《美国基督教科学箴言报》的这篇文章是美国记者发自中国湖南省会长沙的报道，一开始就挖苦中国"在扮演第三世界社会主义老大的同时，与资本主义勾结，欺骗其他饥荒中的国家，（对它们）则保密这世界上最高产的水稻（指杂交水稻）"。文章引用了袁隆平的话，如果杂交水稻能够在全球三分之一的稻田里取代传统水稻，它就能再多养活一亿人。那篇文章还说，袁隆平表示："我希望教会人们如何种植杂交水稻，但是政府不允许。"这可是加了引号的啊！中国政府一贯支持并鼓励袁隆平研究和推广杂交水稻，怎么会是"政府不允许"呢？西方媒体就是喜欢这么编造谎言。

那么 1990 年 5 月 22 日出版的报纸，为什么要标"2001年"？其实是指邓小平和美国西方石油公司总裁哈默博士于 1980 年达成协议，中国与该公司签署杂交水稻技术转让合同，有效期 20 年，要到 2001 年才失效。作为交换条件，西方石油公司对中国山西平朔安太堡露天煤矿投资 2 亿美元。西方石油公司就中方转让杂交水稻技术开出的条件是：支付 30 万美元的购买费，另外，每年再给 5 万美元，20 年就是 100 万美元；此外，杂交水稻推广成功后产生的利润，每年给中方 5% 的提成。那篇文章说，这是袁隆平告诉美国记者的。

那篇文章最后一段指出："在中国，袁（隆平）正在研究和即将在 1993 年推广的亚种间杂交稻会更高产，它不应该包括在（与美国公司签署的）协议中，所以，它能够和其国家自由分享，除非是北京硬要满足美国的公司"。那段时间，这件事在国际上被媒体炒得沸沸扬扬。

1990 年 7 月 13 日下午，我突然接到通知，要我参加一个接待活动，接待中国来的邓女士。我来到国际水稻所所长办公室，有点紧张，因为凭我的身份当时是很难到所长办公室的。没多久，由中国驻菲律宾大使馆人员陪同，一位中年女士和一名年轻的女翻译来了。女翻译特意走到我身边小声告诉我，那位女士是邓小平的女儿邓楠，当时任国家科委社会发展科技司司长。

整个会谈过程中，大家一开始都比较严肃，后来气氛缓和了些。交谈的事情，就是中国把杂交水稻技术转让给美国，是否会影响与全世界其他国家分享。所长朗皮博士直接谈到，由于中国已经将整个杂交水稻技术转让给美国，国际水稻所与中国进行杂交水稻技术合作，受到了限制，尤其是进行育种材料交换。身为德国人的朗皮还直言不讳，要邓楠传话给她的父亲邓小平，希望中国撤销与美国西方石油公司的杂交水稻技术转让协议。

当问到我时，我麻着胆子指出：也许是我们不懂技术转让的操作规矩，使得美国把杂交水稻技术全部包括在技术转让协议的条款里，限制了我们与其他国家分享，以后还会限制我们自己的手脚。所以，我认为要对技术转让协议进行修改，只能限制具体的组合和有关亲本材料，而不是整个杂交水稻技术。

自从那次会谈后，事态有了一些变化。我们国家放宽了与世界各国无偿分享杂交水稻技术和育种材料的限制，使得杂交水稻走向世界成为可能。我认为自己的作用是很大的，

1990 年 7 月 13 日，在国际水稻研究所进行会谈，左一是国际水稻研究所所长朗皮，右二是邓楠，左二是翻译，右一是我

1990 年 7 月 13 日，朗皮所长送给邓楠一本国际水稻研究所的画册

因为在那次会谈中，我是唯一懂杂交水稻技术的，又是中方人员，我讲的也都比较客观。

时间到了 1991 年，6 月 11 日下午 4 点，我被叫到所长办公室。朗皮所长、乌马里博士、费马尼博士还有我，4 个人专门讨论国际水稻所与中国方面，如何半官方地交流杂交水稻种质资源材料的事。会上，朗皮所长说，他将出面劝说美国圆环种子公司（Ring Around）放弃与中国的杂交水稻协议。

通过袁隆平的努力，中国方面答应，提供 12 对不育系和保持系的种子材料，以及当时国内最有名气的"广亲和"材料 02428，给国际水稻所种质资源中心。时任中心主任是我的硕士生导师张德慈博士。

事实也是如此，等到我们国家后来研究出两系杂交水稻，美方就提出，这也是包括在技术转让协议里的，要求中方无偿提供两系材料时，我们才意识到笼统转让杂交水稻技术的失策和代价。后来的几份中美协议都只限于转让某些亲

本材料与组合，而不是
整套杂交水稻技术。

记得在 1994 年，湖
南杂交水稻研究中心草
拟了一份向美国水稻技
术公司（RiceTec.Ltd）转
让两系杂交水稻技术的
协议，上报农业部审批。
农业部科技司在 6 月 1 日

专门对此发了一份便函给湖南杂交水稻研究中心，提出几条
意见：只能转让湖南杂交水稻研究中心自己配制的组合，并
要具体列出组合名称。不能未经许可就先将种子交给美方；
也不能同意美方提出的若对中方提供的杂交水稻种子或品种
不满意，就可以单方面中止协议。

我国与美国在杂交水稻技术转让方面签署的协议还在
继续执行。现在，美方每年要付几百万美元技术转让费给我
们，我们也可以与其他国家分享杂交水稻技术和育种材料。
最关键的是，我们捍卫了杂交水稻技术的知识产权，也维护
了国家的声誉，还与其他国家特别是发展中国家，免费分享
了杂交水稻技术。这体现了我们中国政府的初心，就是让杂
交水稻造福世界人民。

11. 印度来信

1990 年 11 月 23 日，我的博士生导师、印度人费马尼博士从印度出差回来，交给我一封袁隆平托他从印度带给我的信。我当时虽在国际水稻所攻读博士学位，但还挂着湖南杂交水稻研究中心职工的名额，而且是袁隆平的副手。我们之间常有书信往来，更多的是电子邮件和传真。我在国际水稻所还在为单位和国内做许多事。

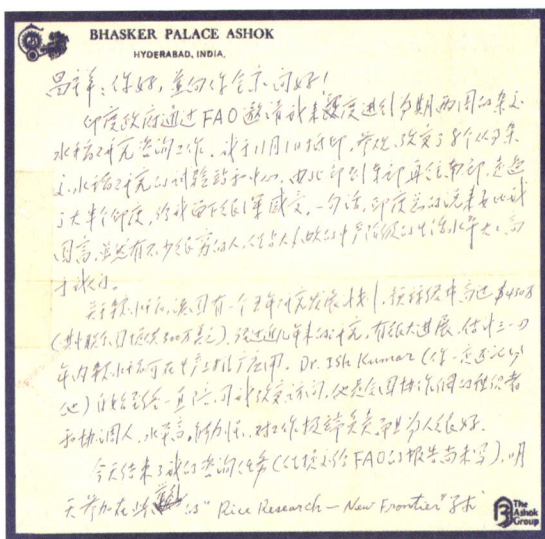

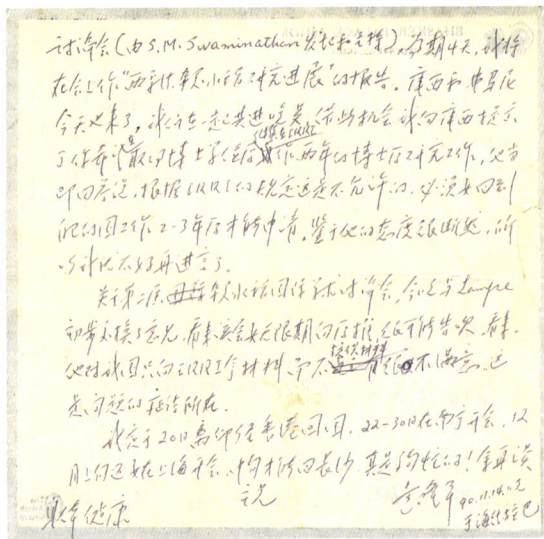

1990 年 11 月 14 日、袁隆平在印度写给我的信

以上两页是这封信的原件，可能是袁隆平用他下榻酒店类似于明信片的信笺纸写的，两面都写满了，落款日期是 1990 年 11 月 14 日。按照袁隆平所说，他给我的信，应

该是他完成了在印度的咨询工作后写的。费马尼博士在 11
月 23 日才把信交给我，也许他会后在印度探亲访友，回到
国际水稻所的时候，又过了一段时间。袁隆平这封信的内
容是：

昌祥：你好，并向你全家问好！

印度政府通过 FAO（联合国粮农组织）邀请我来印
度进行为期两周的杂交水稻研究咨询工作。我于 11 月 1
日抵印，参观、考察了 8 个从事杂交水稻研究的试验站和
中心。由北部到东部再往南部，走遍了大半个印度，给我
留下很深感受。一句话，印度总的说来要比我国富。虽然
有不少很穷的人，但占大多数的中产阶级的生活水平大大
高于我们。

关于杂交水稻，该国有一个五年研究发展计划，预算
经费高达 430 万美元（其中联合国提供 300 万美元）。经
过近几年来的研究，有很大进展，估计三四年内杂交水稻
可在生产上推广应用。Dr Ish Kumar（你一定还记得他）
自始至终一直陪同我考察、访问。他是全国协作网的组织
者和协调人，水平高、能力强，对工作极端负责，而且为
人很好。

今天结束了我的咨询任务（但提交给 FAO 的报告尚
未写），明天参加在此举行的 "Rice Research—New Fron-
tier" 学术讨论会（由 S.M. Swaminathan 发起和主持），为
期 4 天。我将在会上作 "两系杂交水稻研究进展" 的报

告。库西和费马尼今天也来了，我们在一起共进晚餐。借此机会，我向库西提出了你希望在取得博士学位后继续在 IRRI 做两年的博士后研究工作。他当即回答说，根据 IRRI 的规定，这是不允许的，必须要回到自己的国家工作 2—3 年后才能申请。鉴于他的态度很断然，所以我就不好再进言了。

关于第二届杂交水稻国际学术讨论会，今晚与 Lampe 初步交换了意见。看来该会要无限期向后推，很可能告吹。看来，他对我国只向 IRRI 拿材料而不提供材料很不满意，这是问题的症结所在。

我定于（11 月）20 日离印经香港回国，22—30 日在南宁开会，12 月上旬还要在上海开会，中旬才能回长沙，真是够忙的！余再谈。

祝身体健康

袁隆平

90.11.14 晚于海得拉巴

袁隆平心中一直在考虑怎么样将杂交水稻推向全世界，造福世界人民。1986 年 10 月首届杂交水稻国际学术讨论会成功地在中国湖南长沙举办后，按照会上商定的，以后每隔 4 年举办一届，但到了 1990 年底，还没有国家和国际机构愿意承办第 2 届杂交水稻国际学术研讨会。国际水稻所是主办者之一，原来打算举办。从袁隆平写给我的信来看，他本人在印度直接找时任国际水稻所所长朗皮博士，商议了此事。

袁隆平分析，国际水稻所认为中国只从他们那里拿种质资源材料，即水稻育种材料和原始稻种资源，而不提供材料，他们不满意，这是问题的症结所在。其实，事情并非如此。从表面上看，当时中国还没有很好地协调各省份、各单位统一向国际水稻所索要稻种资源材料。而国际水稻所的政策是，要者不拒，他们都免费提供，因为他们本来就是一个世界级非营利性公益组织，收集和保存的也是世界各国免费提供的稻种资源材料。

就在 1990 年 11 月 22 日，中国农业部一位副部长和几位司局级领导到访国际水稻所时，我的硕士生导师、从台湾地区来的张德慈博士负责接待这个代表团，我参加陪见。张德慈博士是世界著名水稻遗传学家、稻种资源研究领域的顶级专家，他在介绍情况时说，中国已经给了国际水稻所 1 万多份稻种资源，其中由中国农科院提供的就有 7500 多份。

我比较了解国际水稻所的"内情"，这要回到 1988 年 11 月 8 日，我刚刚从国内到国际水稻所，在导师费马尼博士手下攻读博士学位。原来，我想到库西博士手下读博士，谁知国际水稻所没有通过我本人和袁隆平，就将我放到了费马尼博士手下。原因很清楚：我到费马尼博士手下，可以加强他的科研力量；国际水稻所也想利用我，作为与中国在杂交水稻方面开展合作的一条重要渠道。

我在 1988 年 10 月 23 日从北京乘坐菲律宾航空公司的飞机，经停厦门到达马尼拉，来国际水稻所攻读博士学位。11 月 8 日早上，费马尼博士找我谈了约两个小时。他说，国际水稻所的杂交水稻研究计划至今未能成功，主要还是因为不育系不稳定。他问我为什么中国的杂交水稻不育系那么稳定，并希望我在这几年能帮他培育出稳定的不育系。当时，中国已经向美国圆环种子公司和菲律宾卡捷尔公司转让了杂交水稻技术。费马尼就问我要这两家公司包销的 14 个国家的名称，并提供中国与这两家公司所签合同文本。

其实，这还不是主要的。费马尼是印度人，他很想把印度的杂交水稻搞成功。印度的水稻种植面积历来都比中国大，但由于单位面积产量低得多，所以总产量历来都是中国的高。如果印度有了杂交水稻，就有可能缩小这个差距，甚至超过中国。印度人也很聪明，尤其是费马尼是锡克族人，是印度人中最聪明能干的，头脑也很发达，他就想到要利用袁隆平为印度的杂交水稻提供帮助。他主张通过联合国粮农组织（FAO）让袁隆平和其他中国专家到印度去指导。这样，中国就没有拒绝的理由，钱也不要印度出。在这样的背景下，袁隆平答应了，这才有了后来我们多次去印度指导的事。

其实，袁隆平也不笨。他一贯的宗旨就是通过各种渠道将杂交水稻技术推向全球，造福全人类。我们国家也非常支持他的这个想法。他考虑到去印度进行指导，肯定要组成团队，就想到了我，可以作为他的助手，负责同印方打交道，并撰写各种报告，特别是上交给联合国粮农组织的总结报告。我比他小 18 岁。他当时 60 出头，国内任务繁重，不可能在印度待很长时间。后来证明了这一点，袁隆平在国外每次一般只待几天，最多几个星期。

还要一个助手主要做田间工作，要熟悉田间操作。袁隆平想到了他的一个得力助手，就是他夫人邓则的侄子邓小林。邓小林除了不太会英语之外，其余的都可以，还会做饭。袁隆平就是吃不惯印度饭，所以，基本上由邓小林掌勺。我们在印度确实避免了天天吃咖喱味道的饭，只要不到印度外地出差，我们每天都能吃到湖南口味的饭菜，辣椒是少不了的。袁隆平用人不避亲，但他一直没有任人唯亲，包括他的儿子们。

事前，袁隆平与我沟通过，问我愿不愿意和他一起到印度去当联合国粮农组织的顾问，指导印度的杂交水稻研发工作。我欣然答应，这是因为可以跟他学习很多东西，还可以提高自己的能力，收入也颇丰，何乐而不为？1991 年 10 月 24 日，我收到袁隆平寄来的联合国粮农组织相关表格，为我们在 1992 年去印度做准备。我填好以后，于第二天就寄往印度。那边要由联合国粮农组织驻印度办事处来处理，而不是国际水稻所或中国方面。

这是我们提前一年就策划的事情。1992 年，袁隆平带我和邓小林去了一次印度之后，1993 年就是我和邓小林去。袁隆平因为国内的两系杂交稻、亚种间杂种优势利用和超高产育种任务很重，印度这边也没有太多需要他做的事，我们的主帅留在印度，是很不合算的。

这里要提到的是，他担心的第 2 届国际杂交水稻学术研讨会，最后还是在 1992 年于国际水稻所召开了，但打了很

Participants of the Second International Symposium on Hybrid Rice
International Rice Research Institute, P.O.Box 933, Manila, Philippines
April 21-25, 1992

这是 1992 年 4 月 21—25 日在国际水稻研究所召开的第 2 届国际杂交水稻学术研讨会参会人员合影。袁隆平作为大会主席之一，坐在前排中间（前排左八）。他的右边是时任国际水稻研究所所长、德国人朗皮（前排左七）。

大的折扣，不是单独举行的，而是与 1992 年度国际水稻会议一起召开。我参加了这次会议，并作了大会发言。袁隆平是大会主席之一，作了主旨发言。参加会议的不到 80 人，规模比第 1 届小多了。

12. 袁隆平与张德慈

这里要提到的是，国际水稻所与中国大陆的合作中，身为中国人的几位台湾地区科学家对大陆的帮助非常大，他们血浓于水的爱国之情处处可见。当初，我们这些从大陆去国际水稻所参加短期培训、工作或攻读学位的，都特别喜欢到他们手下，因为语言和情感相通。他们也喜欢我们在手下，因为我们做事认真、听话，也便于交流。我的硕士生导师张德慈博士是上海人，由中央大学毕业，1949 年随家人去了台湾。继而，他又去美国深造，拿到美国康奈尔大学的博士学位，此后应聘去了国际水稻所。

在张德慈手下读硕士的好几位是大陆来的，如上海农科院来的褚启人、浙江农科院来的汤圣祥、中科院遗传所来的潘永保，我是从湖南农科院来的。在他手下做访问学者的有从中国农业大学来的张文绪，后来还有从中国水稻研究所来的罗利军。罗利军是搞稻种资源研究的，还获得了 2020 年度国家科技进步奖一等奖。

讲实话，张德慈刚开始很瞧不起大陆来的人，他只对同为上海人的褚启人态度好一些。我们也有点怕他。张德慈戴着高度近视眼镜，不苟言笑，总是师道尊严的样子。他对我们的要求非常严格，包括做试验、为人处世。在批改我们的论文时，他更是严厉，常用中文批注：狗屁英文，稀里糊涂，要用脑子，重写！他真的是恨铁不成钢，希望我们都能成才，至少今后不丢他的脸。

张德慈其实是位传统的中国知识分子，对学生要求特别严。我们初来乍到时，因为不懂国外的规矩，经常被他教训。张德慈作为导师，逢年过节要请学生们家里吃饭。他的太太也是江浙人，很热情，又能干，做的饭菜特别好吃。一次，又是到他家吃饭，我们按时在国际水稻所的宿舍等着，因为以前几次不按时，被他教训过，长了记性，再也没有不按时。此前都是司机开车来接我们，可这次是张德慈亲自开车接。

他的车一停，我们几个人都挤到后排坐下，副驾位没有人。他开始"骂了"：我又不是你们的司机，你们要有人坐在我身边才礼貌。吃完饭，他安排司机送我们，我们有人"吸取教训"在副驾位坐下了。张德慈在旁边见了，又开"骂"：在菲律宾，司机是"下人"，你们怎么可以和他坐一起呢？

张德慈夫妇（前排右一、右二）与手下的中国研究生们（除了中间那位穿红色服装的斯里兰卡女学生）欢庆春节，左二是我

你们统统坐后面，下次记得啊！不过，等我们完成论文答辩、拿到学位之后，张德慈立马改变了对我们的态度，格外可亲、和蔼，真的像慈父一般，到后来，连称呼都变得非常亲和了。他称我"小毛"，再也不用"学隶"之类的称呼。

最为暖心的是，除了张德慈，国际水稻所还有其他几位台湾地区的学者，比如欧世璜、林克治。而马来西亚籍华人科学家苗东华博士，他是国际水稻所植保系主任、世界知名植物病理学家，普通话非常标准。他对大陆人也特别热情，多次到大陆访问、指导，对大陆水稻植保工作的支持特别大，我们都称他苗先生。张德慈帮助大陆建设了第一个现代化种质资源库，他退休后回到台湾，还经常来北京指导种质资源库建设。

袁隆平在国际水稻所时，与张德慈有很深的交情，经常从张德慈手上获得杂交水稻育种所需稻种资源材料。张德慈是胳膊肘往里拐的，对于袁隆平为祖国发展杂交水稻需要的育种材料，都是优先和特许的，因为国际水稻所所有对外提供的稻种资源种子材料，最后都要张德慈签字才允许发出。

袁隆平是一个麻将爱好者，这同他抽烟一样上瘾。当时在国际水稻所，有麻将的估计就张德慈这一家。他的夫人喜欢摸麻将，她又没有什么事做，是全职太太。张德慈也会打，但不上瘾。他做学问很认真，不会花很多时间打麻将，但逢年过节，还是要陪太太摸上几圈的。国际水稻所有从台湾地区来的短期学习、工作的学者，年长一点的大陆学者里面也有喜欢打麻将的。关键是张太太很专注那些会玩麻将的

"麻友"，如果要过把瘾，就把这些"麻友"找拢来，尤其是周末、节假日，有较多的机会。

只要有召唤，袁隆平是少不了去张德慈家里打打麻将的。在国际水稻所工作过的台湾人叶天勋，年龄比我大、比张德慈小，跟袁隆平差不多，他回忆了当年的一些情景。叶天勋也是在国际水稻所认识袁隆平的。后来，他来到大陆，在好几家跨国公司工作过，从事杂交水稻研发，最后是在德国拜耳公司设在天津的分公司负责中国大陆地区的水稻研发业务。

德国的赫斯特（Hoechst）公司，是法国罗素优克福公司的母公司，1979年要在菲律宾的国际水稻所旁建一个农业实验站，以水稻为主，还有一些实验计划需要与国际水稻所合作，于是从台湾地区招募了叶天勋。他在1980年以罗素优克福公司亚太区技术顾问身份，派驻菲律宾协助赫斯特公司。

叶天勋说，那时在国际水稻所工作的中国同胞大概有那么几类。第一类是国际水稻所的研究员，如欧世璜、张德慈、林克治。第二类是大陆来的访问学者，如袁隆平、杜正文等人。第三类是在国际水稻所攻读硕士学位的学生，如大陆来的杨聚宝、褚启人、毛昌祥等人，台湾来的侯福份、邱明德等人。而叶天勋属于第四类，是由企业派驻国际水稻所搞合作的。

叶天勋说，袁隆平每年来国际水稻所好几次，经常在图书馆与会议厅看到他的身影。国际水稻所每周四下午都有学术报告，都可以看到袁隆平。袁隆平当时的装束非常简单：脚踏拖鞋，穿土黄色短裤、的确良短袖上衣。他经常在田间工作。

有一次在张德慈家打麻将，那时三系杂交水稻已经配套成功，但在杂种优势与制种技术上还在继续攻关。牌桌上，袁隆平说他要接着搞两系杂交水稻，并向在座的大伙儿解释什么是两系法。当时，叶天勋对三系杂交水稻还很懵懂，两系杂交水稻对他来说更是天书。这时，张德慈发话了："老袁，你这一辈子能把三系杂交水稻弄清楚就已经了不起了，不要去弄什么两系杂交水稻啦。"

但是 8 年后，等叶天勋在 1988 年派驻天津的时候，三系杂交水稻的组合已经很多了，产量优势显现出来了，制种技术开发了，制种产量（每亩可达 350 公斤）也近乎常规水稻了。到了 2001 年，两系杂交水稻也有了，甚至有人开始在搞一系杂交水稻来固定杂种优势。

叶天勋在 2012 年从拜耳公司退休，2015 年举家返回台湾定居，在大陆工作的时间是 27 年，一直与杂交水稻有着密切关系。他曾经多次去长沙看望袁隆平，并在不同的大小会议上见面。2016 年 4 月，叶天勋还有幸在美国水稻技术公司褚启人博士安排下，到海南三亚再一次拜访袁隆平，向袁隆平讨教中国水稻库耗高达 13.5% 的问题。袁隆平表示，这是一个值得注意的问题。

时间回到 1987 年，当年 12 月，袁隆平收到英国朗克基金会发给他的一份传真，内容是要授予他 1988 年度的朗克奖，并邀请他和夫人邓则参加 1988 年 3 月在伦敦举行的颁奖仪式，朗克基金会提供他们往返机票和在伦敦的食宿费用。袁隆平同意了，因为我当时分管湖南杂交水稻研究中心的科研和外事工作，他要我来处理和安排后面所有的事情。长话短说，袁隆平、邓则夫妇参加了颁奖仪式，邓则还是第一次与袁隆平一起出国，并且是到遥远的英国。

这次朗克奖颁发给 3 位为世界农业发展作出杰出贡献的人。袁隆平之外，还有一位是我的硕士生导师张德慈；另外一位是美国人吉宁斯，早年在国际水稻所与张德慈一起，培育出世界上第一个矮秆高产水稻品种。袁隆平和吉宁斯博士推张德慈在颁奖仪式上致答谢词。袁隆平和张德慈都带了夫人，这是两位夫人首次见面。

在伦敦相遇之后，1988 年 5 月 29 日，张德慈写了封信给袁隆平，首先祝贺袁隆平在 1987 年 11 月获得联合国教科文组织颁发的科学奖。

张德慈对杂交水稻很关心，也很支持。在信的最后一段，他告诉袁隆平："上月，（日本）的 Ikehash（池桥宏）带来几个他的 widely compatible 亲本种子，月后（6 月）将下种繁殖，不知您对这套材料（是否）感兴趣？若是，可在秋间寄上。"当时，袁隆平和他的团队正在搞水稻籼粳亚种间杂交水稻配组，急需这种 widely compatible（广亲和）材料。袁隆平非常感谢张德慈的支持，因为我们直接找日本人要这类材料是很难的，通过国际水稻所这个"第三者"拿到，就方便多了。

AIR LETTER
AEROGRAMME
PANGHIMPAPAWID

隆平兄嫂

多谢您5月8日来信及在编辑摄照相片两张,非常高兴及感激。三所向在某一番更顺利的成绩谢谢,甚感荣幸。最近在 Hybrid Rice Newsletter 上见到 Unesco Science Award, 至为佩慰,特此仲贺。

不久前向兄要 Virmani 拟一将来办理 IRRI 培育杂交水稻种籽办法,他的方案中同意分给私人种籽公司,仿照印度 ICRISAT 办理 hybrid sorghum 之方法,弟已建议所方邀请有关国家人员先来商讨后再定案,大概会实行,希望年内可以见到您。

入年后仍是国事繁使多,加上所内拟 strategic plan 及新的 microcomputer 训练班,弟 get lab 相当忙。

您苗案中'87年杂交水稻尖普通改良种产量相差38%(比一般为多),是否因当年气候对杂交稻较有利?祈便中见示为祷(因10月中拟赴去澳州讨论 new agr. technology — farmers' benefit 这应是前印度所长爱呀呢一套,不知有何我者?)

有 Ikehol: 带来我们他 6S widely compatible 亲本种子,月后(6月)将下种繁殖,不知兄对此查林有兴趣? 若是,可在秋间寄上。

专此 并祝 近好

弟 张德慈 手于 5/29

张德慈（左）与我亲切交谈

　　袁隆平和张德慈都是我的导师，都是泰斗级的伟大科学家。虽然他们两人的学术风格有所不同，但他们都为全世界的水稻科研和发展作出了巨大贡献。我也从这两位导师身上学到了不少书本上学不到的东西，特别是他们的奉献精神。两位导师相继离世了，我只能经常缅怀他们，也尽可能地将他们的事迹和精神写下来，留给后人。

13. 年逾古稀，秒变骑士

袁隆平到菲律宾很多次，除了工作之外，他还喜欢"游山玩水"。菲律宾的山水没有什么特别吸引人的景点，但在国际水稻所附近，有几个一天时间可以打来回的旅游景点，如北山寒瀑布、大雅台火山岛、琅古拉省的琅古拉湖。要是节假日时间长，可以去菲律宾的避暑胜地碧瑶。再就是马尼拉的唐人街，也可以算得上我们中国人喜欢去的旅游点。这些地方，袁隆平都到过，倒不是他主动要去的，而是国际水稻所通常给在该所的所有外籍人员安排的景点就是这些。

20世纪八九十年代，我陪袁隆平去过其中的几个景点，可惜没有留下有关他的照片。进入21世纪，倒是留下了一些有关他的照片。有几次是我和夫人以及儿子一起，陪同他和邓则去游玩。

最值得回味的是袁隆平第一次骑马的故事。那是2001年袁隆平、邓则夫妇来菲律宾后，林育庆安排他们去一个旅游景点游玩，我们一家三口也陪同去了。那天，袁隆平和邓则兴致很高。林育庆将我们带到一个骑马游乐场，这里有许多训练有素的马

2001年9月3日，在菲律宾的一个避暑山庄，我的儿子毛大治帮70多岁的袁隆平爷爷拿衣服

我的夫人张孝续（左）陪着袁隆平夫人邓则（右），在菲律宾马尼拉唐人街坐马车

匹，供游人骑着沿附近划定的线路走几圈。这倒没有什么新奇的，许多国家的旅游景点都有骑马、骑骆驼、骑大象之类的项目，也不会有什么危险，因为这些动物都是经过训练、规规矩矩的。

问题是，当年的袁隆平已经年逾古稀，又从来没有骑过马。林育庆问袁隆平要不要骑马，也是随便问问，估计袁隆平会客气地谢绝，这样也是情理之中的事。谁知，袁隆平毫不犹豫地回答："让我试试。"这可有点让林育庆骑虎难下了。林育庆去收费处问了管理人员。他们是用菲律宾

这是袁隆平刚骑上马的时候，站在一旁的是我的儿子毛大治

当地语言"大噶乐"交谈的，我只懂得几句，意思是没有问题，但需要保护。

办好手续，我们在旁边看着，袁隆平倒是一点儿都不紧张。我儿子毛大治和菲律宾马夫把袁隆平扶上马。袁隆平手握缰绳，直起了背，挺起了胸，有点像那么回事了。我估计，他在调整心态，更加放松了。马夫要牵着另外一根缰绳，拉着马儿向前走，如同许多第一次骑马的游客那样，但被袁隆平谢绝了。从袁隆平的坐姿看，他确实很快就领悟到了骑马的要点：双脚踏入马鞍两边的脚扣，抓住缰绳，就稳住了身体和重心。马夫见状，估计没有问题，就放开了手里的缰绳。

马夫是专业的；马儿是训练过的，也是有工作经验的；关键是袁隆平这位新骑手，很稳重，胆子又大。这么一来，马夫的缰绳一松，马儿就知道可以走了，而且是慢慢地一步一步，给骑手一个适应的过程。等到这马儿与它背上的"新主人"磨合得比较好了，马儿的步伐也加快了。当然，马夫还是在不远处跟随着。马背上的袁隆平，变得更加神气了，不仅左顾右盼地与我们打招呼，还时不时拉拉缰绳，随着马儿的节奏，起伏着自己的身躯。最后几圈下来，他俨然是一位老骑手了。看到老爷子兴起，林育庆又加了钱，让袁隆平过足了瘾。

我跟随袁隆平多年，一起在国内外工作，对他的性格有所了解。他是一个不服输的人、一个敢于接受挑战的人，也是一个悟性很高的人，学习新事物非常快。记得他"学"踢踏舞，就是看人家跳，用自己那双踢地有声的旧皮鞋跟着节

从这两张照片看，谁都不会担心年逾古稀的袁隆平会从马上摔下来。他在马背上的笑容告诉大伙儿，他非常享受。

奏，很快就掌握了踢踏舞的要领，有声有色地跳起"袁氏踢踏舞"，两只手还前后摆动，非常协调。看来，袁隆平的大脑发达，小脑也发达，才使得他的动作很协调，学什么会什么，而且学得很快。他的最强项是游泳。那是需要大脑加小脑，全身协调，运动量、肺活量极大的运动。他到80多岁仍经常游泳，还参加"比赛"。

两个循环骑下来，袁隆平热得出了汗，脱掉了那件穿了多年的浅灰色休闲西装。他非常高兴，毕竟70多岁了，第一次骑马，不要别人扶，骑得很潇洒。骑马结束后，他边走边和毛大治聊天。袁隆平是看着毛大治长大的，他对毛大治一直很喜欢，总是叫毛大治为"鹤立鸡群"。这里有个故事，就是毛大治初中时与袁隆平的外侄孙女邓竹青是同班同学。毛大治在班上个子比较高，学习成绩也比较好，所以，班上同学叫他"鹤立鸡群"。中考时，毛大治考入重点学校长沙市一中，成了我的校友。

这次是毛大治时隔多年，也就是考上长沙市一中后，再次见到袁爷爷（他以前称呼袁隆平为袁伯伯的），而且是在异国他乡的菲律宾。毛大治告诉袁隆平，他在菲律宾大学攻读硕士学位的论文也是关于杂交水稻的，题目是《杂交水稻种子生产管理研究——以菲律宾内湖省圣克卢兹水稻种子促进项目为例》，实际上就是在 SL 公司的基地搞的项目。

袁隆平听了很高兴，鼓励毛大治今后要从事杂交水稻研究，子承父业，至少要搞农业科研工作。在袁隆平的鼓励下，毛大治顺利地获得了硕士学位；2002 年去了美国，在堪萨斯州立大学又读了一个硕士学位，然后在普度大学获得农业科学专业博士学位。毕业后，毛大治一直从事农业科研工作，没有辜负袁爷爷的期望。

骑完马我们到了 SL 公司一片丰收在望的杂交水稻田边。袁隆平拉着毛大治，以杂交水稻为背景，来了个爷孙合影。他俩同为本命年，一个72 岁，一个 24 岁。袁隆平古铜色的脸庞，显得格外精神和健康。毛大治也晒了热带的太阳，脸上显得油光光的。这张照片，被我和儿子一直珍藏着。我们全家非常感谢和缅怀袁隆平长期对我们一家人的关怀。

2001 年 9 月，我的儿子毛大治与袁隆平爷爷合影于菲律宾

14. 谦逊与原则

我与袁隆平打了几十年交道，确实觉得袁隆平是一个伟大而平凡的人。他贡献巨大，名声显赫，但一直非常谦逊、非常平易近人。他大事讲原则，小事讲风格。我遇到的几件事，就是这样。

袁隆平在 1979 年第一次到国际水稻所参加国际水稻会议时，国际水稻所要他写一篇介绍中国杂交水稻的文章，并在大会上作报告。我们国家在 1976 年全面推开杂交水稻，在国际上有了一些影响，可世界范围内，知道杂交水稻的人并不多，哪怕是在水稻科学领域。袁隆平是推动中国杂交水稻取得成功的旗手，这个报告由他来作，理所当然。

至于写这篇文章，论资料、数据、细节，袁隆平了如指掌。用英文来写，他简直就是易如反掌。袁隆平的英语顶呱呱，从小就学。他母亲华静的英语非常棒，打小就教孩子们英语。当然，袁隆平很忙，在写这篇文章的时候，我们这些下属都是要帮忙的，比如整理资料、打印等。

这篇文章题目的英文是"Hybrid Rice Breeding in China（中国的杂交水稻育种）"。可是，这篇文章出来后，第一作者居然是林世成，袁隆平把自己摆在了第二位。我当时想不明白是为什么。林世成当初是中国农科院作物育种栽培研究所水稻育种室主任，水稻育种只是粳稻的常规育种，与杂交水稻毫无关系。但是，林世成在国内水稻界威望很高，而且在国际水稻所与中国农科院建立正式合作关系后，代表中国任国际水稻所理事会理事。

那篇文章对第二作者袁隆平的英文注释是：Plant breeder and research fellow（植物育种者和研究员）。要知道，中国人把"研究员"译成"fellow"是很吃亏的。翻看英汉词典就可以知道，"fellow"主要的意思是"伙伴、同事、家伙、老朋友"等，在很靠后的词条中才有一个"（大学中的）研究员"的解释。可想而知，排在第二位的袁隆平只是一个来自中国省级农科院的育种者，和"research fellow"，谁都不会认为他是文章的主角。中国人把研究员普遍翻译成"fellow"，所以吃亏也非常普遍，还不如翻译成"教授"（professor）、"专家"（expert）、"科学家"（scientist）等为好。

这次国际水稻会议后，国际水稻所按惯例，于1980年出版了题为《水稻育种的创新成就》的论文集，在全球发行。这样一来，连同这篇文章，第一作者林世成声名鹊起，因为第一作者往往就是文章的主笔或成果的第一完成人，国内外就是这么一个潜规则。这证明，袁隆平很尊重林世成这样有威望的长者和曾经帮助过他的资深专家。

还有一个例子就是，我国乃至世界上第一本系统介绍杂交水稻技术的图书《杂交水稻育种栽培学》，于1988年由湖南科技出版社出版发行这本书由袁隆平主编。他把基本没有参加编写工作的陈洪新放到了编著人员名单中，还将陈老（我们都称陈洪新为陈老，他活到了100岁，是当时的全国杂交水稻顾问组组长）作为共同主编放在了第二位，而不是副主编啊！这件事也很受人称赞，说明袁隆平是"喝水不忘开井人"的德高望重的科学家。

倒是有件事，牵涉到了我。世界知名的德国 springer-verlarg 出版农业领域的主编、印度人 Bajaj 博士，因为看过林世成、袁隆平联名发表的那篇文章，就写了封信给林世成，要他和袁隆平写一篇《中国杂交水稻》。这个题目很大，不只限于杂交水稻育种，还要写其他相关技术、管理工作等内容。

1988 年 4 月 23 日，林世成、吉棣夫妇写给袁隆平的信

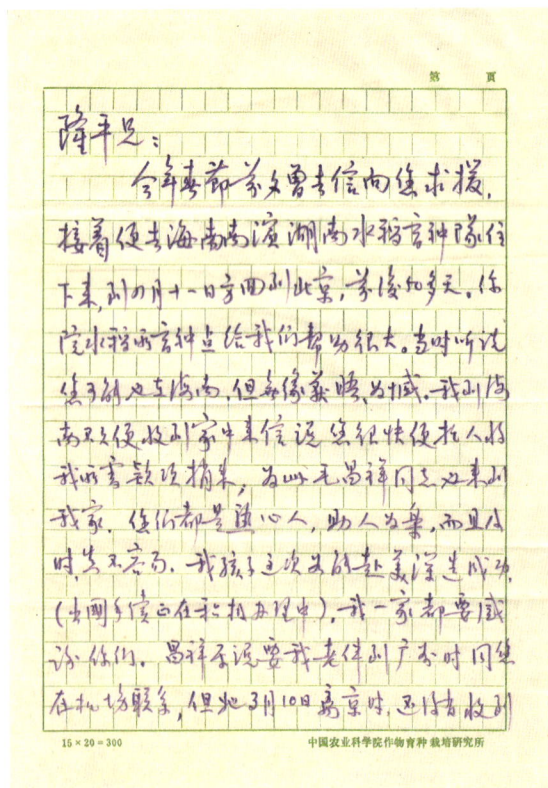

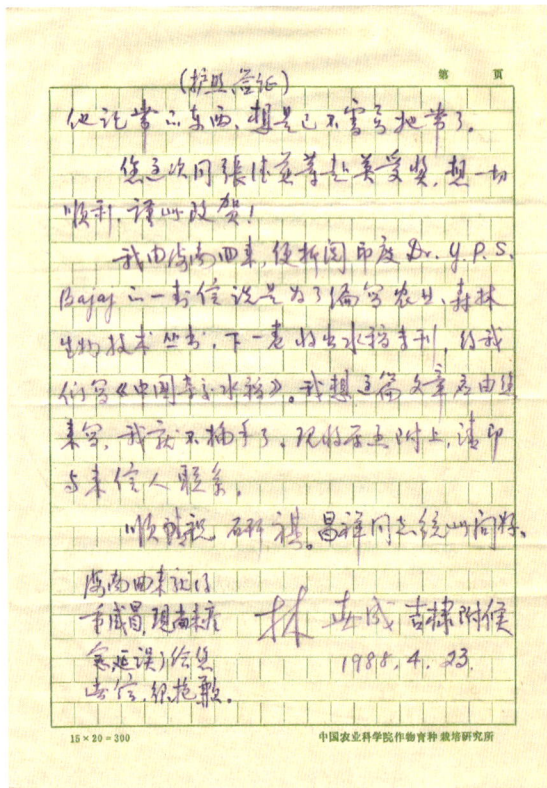

这是林世成、吉棣夫妇在 1988 年 4 月 23 日写给袁隆平的信。在信的第二页，林世成就袁隆平和张德慈一起在英国伦敦获得朗克奖表示祝贺。接下来，他写道："我由海南回来，便拆阅印度 Dr.Y.P.S. Bajaj 的一封信，说是为了编写农业、森林、生物技术丛书，下一卷将出水稻专刊，约我们写《中国杂交水稻》。我想这篇文章应由您来写，我就不插手了。现将原函附上，请即与来信人联系。"

袁隆平收到这封信后，连同林世成附的信函，一并交给了我。他说自己实在太忙没有时间写，提出要我来写。当然是他的名字放在前面，我的名字也加上。我参阅了他写的有关文章，也参考了其他人写的文章，还有我掌握的数据、资料，终于完稿了。我请袁隆平审稿，他仔细看了，指出要修改的地方。这样，我把文稿发给 Bajaj 博士，在 1991 年正式出版了。

这之前，我按照林世成转来的信件上面的地址，与 Bajaj 博士进行了联系，他给我回了信。我则在与袁隆平多次商讨之后，于 1988 年 5 月 14 日 给 Bajaj

这是 1988 年 5 月 14 日，我写给 Bajaj 博士的信，告知收到了他的来信

14 May, 1988

Dear Dr.Y.P.S.Bajaj,

This is to acknowledge receipt of your letter dated Feb. 22, 1988. But this letter we received was passed to us by Dr.Lin Shih-Cheng. Before we didn't get the same letter from you. We are glad to accept your invitation to write this article on Hybrid Rice in China requested in your letter. Because Dr.Lin does not want to be the co-author he mentioned in his letter, so that Professor Yuan Long-Ping has nominated me as his co-author to complete this article on time. On behalf of Professor Yuan, I will continuously contact with you. Herewith a list of some papers published outside China wroten by me which I will send the reprint copies to you next time if it is needed.

With best regards and looking forward hearing from you.

Sincerely yours
In professor Yuan's name
Mao Chang-Xiang

Senior Rice Breeder
Deputy Director
Hunan Hybrid Rice Research Center
Changsha, Hunan, China

May 24, 1988

Dr Mao Chang Xiang
Deputy Director
Human Hybrid Rice Centre
Changsha, Hunan
China

BIOTECHNOLOGY IN AGRICULTURE AND FORESTRY

Dear Dr Mao

I am glad to note your willingness to contribute an article on HYBRID RICE for the above mentioned series. This will be a general article primarily based on your published/unpublished work. The prospects of hybrid rice in countries other than China may be discussed in detail.

Two copies of the manuscript (about 20 typed pages, along with data/figs/black and white photographs of the field grown rice may be submitted by SEPTEMBER 1, 1988.

For general format/typing etc kindly follow

Reinert J and Bajaj YPS (1977) : Applied and fundamental aspects of plant cell, tissue and organ culture. Springer Verlag, Berlin Heidelberg New York.

Thanking you and with best wishes.

Sincerely yours

(Professor Dr Y P S Bajaj)
Editor Biotechnology Series
A-137 New Friends Colony
New Delhi 110065, INDIA

BY AIR MAIL

Registered

Dr Mao Chang Xiang
Deputy Director
Human Hybrid Rice Research Station
Changsha, Hunan
China

PROFESSOR Dr. Y. P. S. BAJAJ
A-137, New Friends Colony
sw Delhi-110065,
NDIA

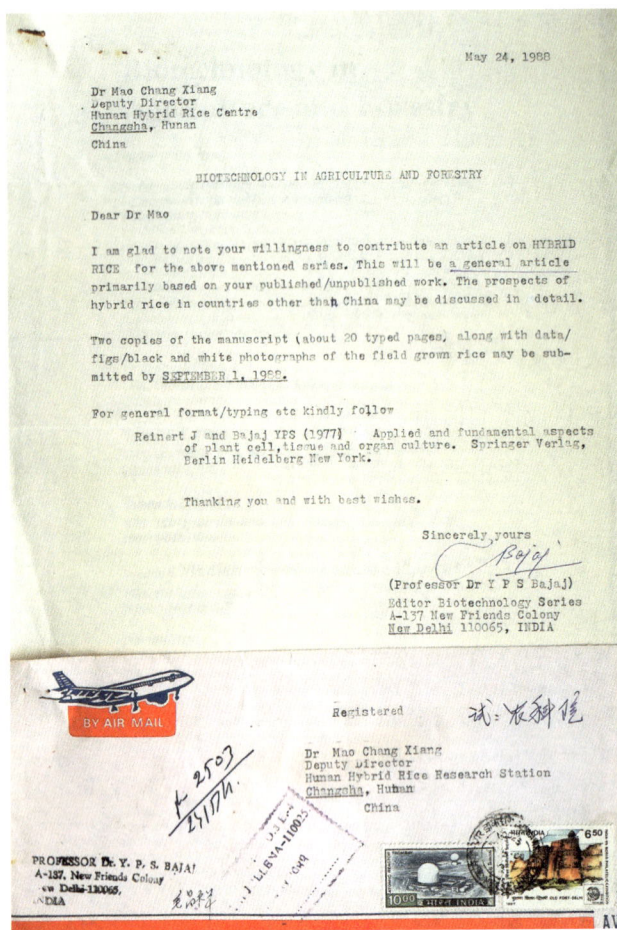

这是 Bajaj 博士于 1988 年 5 月 24 日写给我的信。从信封和邮票看、这封信是从印度寄出的。

博士回了信。随后，他在 5 月 24 日给我写了信。

1994 年 5 月，袁隆平在为我破格晋升研究员一事写的《建议信》中提到我："昌祥同志天资聪明，加上学习努力，因此学识渊博且水平较高……在国内和国际刊物上发表过数十篇文章。其中特别是德国 Springer-verlarg 出版社（世界上在农业生物界最权威的出版社）于 1991 年出版的'*Biotechnology in Agriculture and Forestry 14. Rice*'一书中，刊载了他与我合写的'Hybrid Rice in China'一章（他系主笔，我只部分参与）"。

但是，对于有些问题，袁隆平非常讲原则。比如他在 1988 年 12 月 22 日写给我的一封信，全文如下：

昌祥：你好！

谢谢你托康院长送来的两条香烟，现有几件事要请你帮忙和代办：

湖南杂交水稻研究中心

建议信

毛昌祥同志从85年至今担任我的副主任，协助我管会所科研达22年，协助管理全国籼杂水稻攻关了室。88年我派他到国际水稻研究所菲律宾大学攻读博士学位。94年获回国，为我注第一位在职的留学博士。

昌祥同志天资聪明，加上勤努力，因此专业知识渊博且水平很高。他已先后三次获科研成果奖，其中西农业部科技进步一等奖。92-93年两度被联合国报发组织聘为技术顾问，赴印度指导发展籼杂水稻。在国内外诸学会

湖南杂交水稻研究中心

次，在国内和国际刊物上发表数十篇文章。尤其到交流出国Springer-Verlarg出版社（这是世界上农业生物学界最权威之出版社）于91年出版的《Bio-Technology in Agri. and Forestry 14. Rice Ⅱ》一书中，刊载了他与我合写的《Hybrid Rice》一章（他主笔之章，我从旁参与）。此外，还与他合办，成功地组织了首次籼杂水稻国际学术讨论会和二次籼杂水稻国际培训班。

鉴于毛昌祥博士具有很高的学识与业务水平和突出的科研管理工作成绩，本人特建议将他破格晋升科研究员。

李翠萍 94.5.13.

1. 费马尼来电说，威优46是国际水稻所和南朝鲜选育的，此说欠妥。他为什么要把我国排除在外？黎垣庆对此很气愤。他写了一个威优46的选育情况，请向费马尼解释。我认为，威优46应该是中国、国际水稻所、南朝鲜三家合作选育成功的，并以我方为主。

2. 关于国际水稻所要我们提供威优46种子一事，我们正在请示农业部，俟部同意后，才能办理。

3. 朱全仁同志为中心的建设操劳多年，成绩很大，可他家里至今仍一穷二白。我有意资助他外汇买一部18吋

1994 年 5 月 13 日，袁隆平为我破格晋升研究员一事写的《建议信》

彩电，但缺乏指标，不知你能帮忙否？此事我曾与小张讲过，大概她已写信转告你了。如你有为难之处，那就算了。

4. 前次来信，你说你的研究课题尚未决定。但我仍认为，选择"亚种间杂种优势"方面的为上策。

中心一切工作运转正常，你的夫人和小孩人事安好。余再谈。

顺祝

新年快乐

袁隆平

88.12.22

1988 年 12 月 22 日，
袁隆平从国内写给我的信

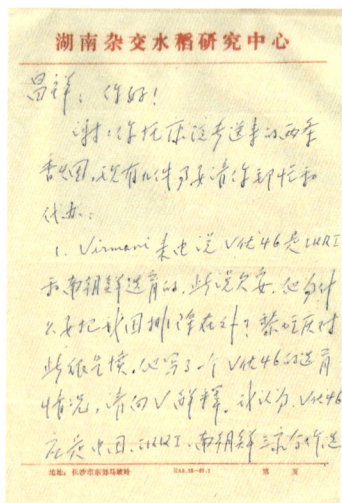

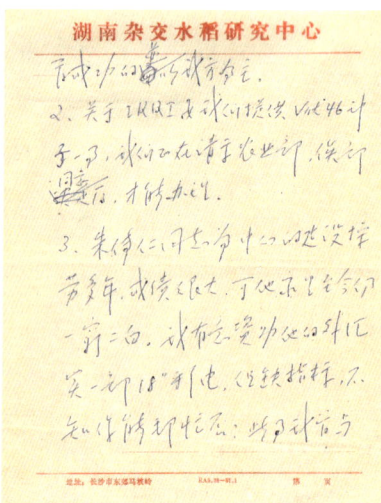

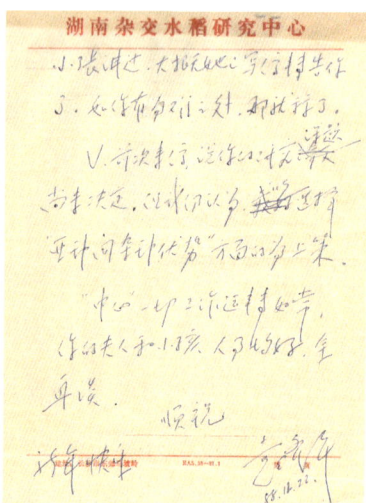

这封信是袁隆平从国内写给我。当时，我在菲律宾国际水稻所攻读博士学位。信中一个重点，就是袁隆平对我的

导师费马尼博士有意见，认为他将杂交水稻品种威优46认定为国际水稻所和韩国一起选育的，而把中国排除在外，这种做法不妥。袁隆平认为，威优46应该是包括中国在内三方合作的产物，并且以中方为主。我向费马尼博士进行了解释，他最后纠正了错误。这反映出袁隆平坚持原则、秉持正义的精神。

二、在印度繁忙的日日夜夜

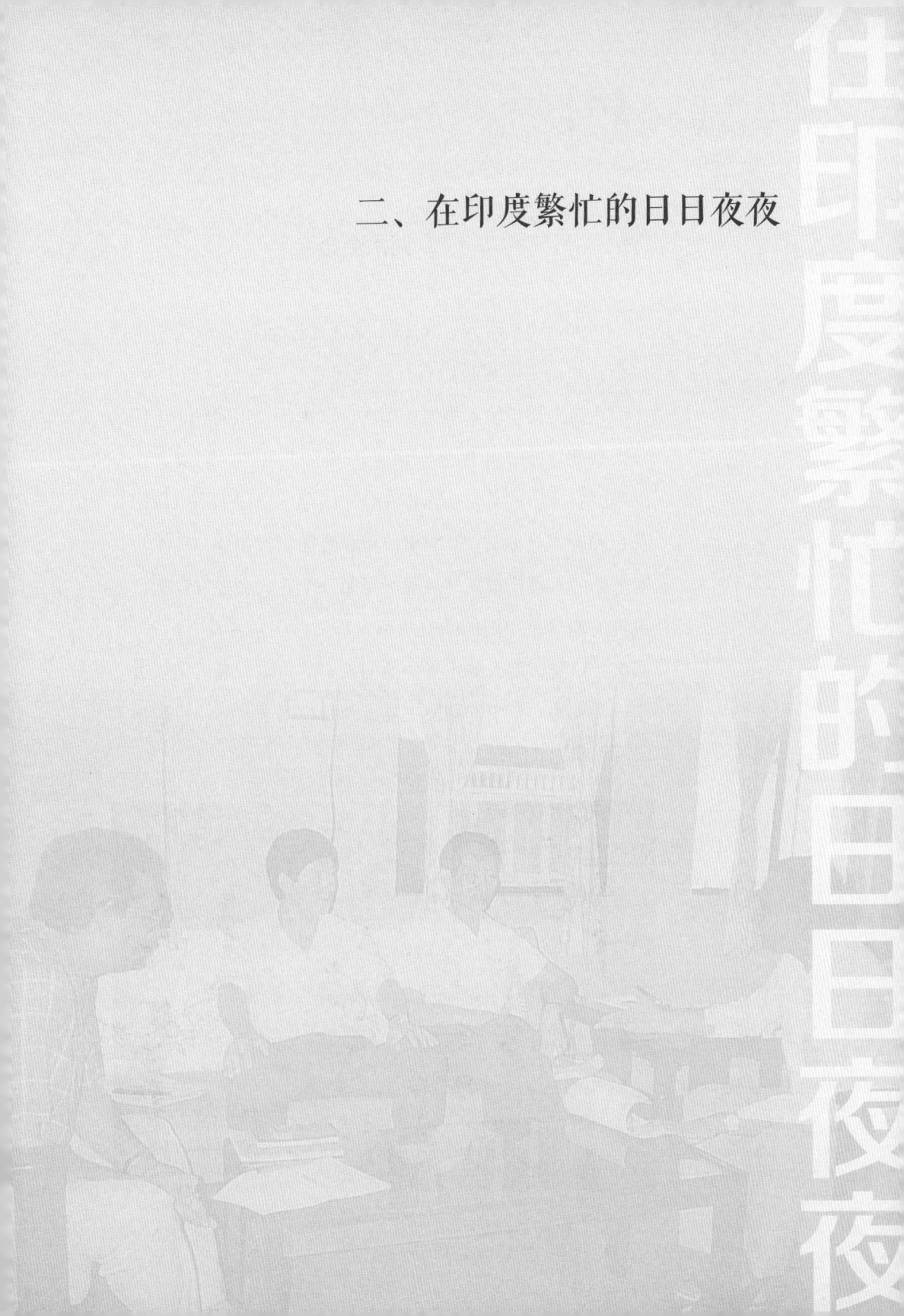

1. 两次参会

　　1996 年 11 月 14—16 日，第 3 届国际杂交水稻学术研讨会在印度的海得拉巴召开。我和袁隆平一起参加了会议，并都在会上作了学术报告。那次会议由于费用问题，中国的参会代表不多。印度是东道主，参会人员多。那次会议是由印度农业研究委员会（ICAR）、国际水稻研究所（IRRI）、联合国开发计划署（UNDP）和联合国粮农组织（FAO）共同举办的，规格很高。袁隆平是第三个在大会上发言的，他报告的题目是中国的杂交水稻育种。中国学者发言的很少。那次会议是印度人的主场，他们发言的也多。最后编辑进会议论文集的文章中，即使主要成绩是中国学者的，也被挂了印度人作为共同作者。

1996 年 11 月，我们在印度参加第 3 届国际杂交水稻学术研讨会，右起：谢华安、袁隆平和我

这里要特别提到中国科学院院士谢华安，他是福建农科院从事杂交水稻研究的领军人物。他培育的杂交水稻组合汕优 63，是我国杂交水稻品种中推广种植面积最大的，没有之一，最高年份达到 1 亿亩以上，可以说贡献非常之大。他参评中国工程院院士时，由于水稻特别是杂交水稻方面的院士名额有限，后来被评选为中国科学院院士，这是一个很特殊的例子。

袁隆平和谢华安一直是亲密的战友，经常一起出席国内外与杂交水稻、农业发展、粮食安全有关的会议。谢华安为我国杂交水稻的发展作出了巨大贡献。在袁隆平去世后，现在国内杂交水稻方面的领军人物，就是谢华安等几位院士了。

到了 2012 年 9 月，第 6 届国际杂交水稻学术研讨会在印度的海得拉巴召开。时年 83 岁的袁隆平作为会议主席团成员之一，参加了会议。这是继 1992 年到印度指导杂交水稻技术、1996 年参加第 3 届国际杂交水稻学术研讨会之后，袁隆平第三次来到海得拉巴。

这样一来，中国的湖南长沙和印度的海得拉巴都是先后举办过两届杂交水稻国际会议的城市。长沙举办了 1986 年首届和 2008 年第 5 届，海得拉巴举办了 1996 年第 3 届和 2012 年第 6 届。海得拉巴作为印度第六大城市，还是小有名气的。

第 6 届国际杂交水稻学术研讨会的宗旨是：国营企业和私营企业合作，共同发展杂交水稻（Public-Private Partnership for Hybrid Rice）。杂交水稻发展到 21 世纪初，私营公司在全球杂交水稻发展中占的比重越来越大，杂交水稻在很多国家已经获得成功，政府支持的力度有所下降。所以，这次会议呼吁全球的政府部门和私营企业、机构联合起来，共同发展杂交水稻，使杂交水稻获得新的发展，比如中国引领的超级杂交水稻（超高产水稻）、一些国家由三系杂交水稻向两系杂交水稻发展等。

第 5 届国际杂交水稻学术研讨会后，国际水稻所杂交水稻首席科学家费马尼博士退休，中国科学家谢放鸣博士接替费马尼博士，成为国际水稻所杂交水稻首席科学家。谢放鸣是袁隆平早年带的硕士生，后来，袁隆平推荐他赴美国攻读博士学位。在美国得克萨斯州农工大学获得博士学位后，谢放鸣留在美国水稻技术公司从事杂交水稻育种工作多年，后来通过国际应聘，到国际水稻所担任杂交水稻首席科学家。也许是国际水稻所受到谢放鸣博士的影响，开始把重点转向私营企业，成立了联合全球杂交水稻私营企业和机构，也有国家机构参加的全球杂交水稻联盟。

第 6 届国际杂交水稻学术研讨会主席台上的 10 位主持人，从左至右是：印度的马斯博士、孟加拉国的哈克博士、印度的冉嘎斯瓦米教授、中国的袁隆平院士、印度的希蒂克博士、美籍华人谢放鸣博士、印度的巴瓦利先生、菲律宾华人林育庆先生、印度的伊希·库玛博士、中国的程式华研究员。还是印度人占了多数，毕竟他们这次是东道主。代表中国参加会议的只有袁隆平和程式华两人，袁隆平是中国国家杂交水稻工程技术研究中心主任，程式华是中国水稻研究所所长。谢放鸣代表国际水稻所，他是美国籍。林育庆是SL公司的老总。这样，国营企业与私营企业合作的局面就很明显了。以前5届杂交水稻国际会议的主席台上，基本上没有私营企业的人。而这次，主席台上有好几个是私营公司的人。

第6届国际杂交水稻学术研讨会主席台上的10位主持人，左四是袁隆平

没过几年，谢放鸣博士在国际水稻所的任期满了，他到中国加盟袁隆平农业高科技股份有限公司（"隆平高科"），担任负责海外研发工作的副总裁。在新冠疫情依然严重的2021年，他回到了美国。他的前任费马尼博士退休后也去了美国，定居于美国得克萨斯州的达拉斯，安享晚年。

作为"杂交水稻之父"的袁隆平，他的地位无人撼动，他还是最受欢迎并得到大家尊重、爱戴的人。在第6届国际杂交水稻学术研讨会上，仍是他第一个作主旨报告，题目是"中国的超级杂交水稻育种",依然是热门话题。他的报告得到了热烈的掌声,也被许多代表提问,他都一一作了回答。

袁隆平在第6届国际杂交水稻学术研讨会上作主旨报告

第6届国际杂交水稻学术研讨会期间,袁隆平与印度杂交水稻私营公司的员工合影留念

第 6 届国际杂交水稻学术研讨会为了提升私营公司的影响力，特意安排参会代表到私营公司参观杂交水稻的大面积丰产栽培和制种试验。袁隆平看到大面积丰收在望的杂交水稻特别高兴，不断地向他人讲起 1990 年他第一次来印度做咨询工作、1992 年到印度指导杂交水稻技术的事。时隔 20 多年，印度的杂交水稻发展得这么快，离不开当年袁隆平和他的助手们在印度辛勤劳动、精心地无私指导。印度作为世界第二人口大国、第一水稻种植大国，依靠杂交水稻，不但能养活印度人民，还有大米出口到世界各地，近年来更成为世界第一大米出口国，袁隆平功不可没。

第 7 届国际杂交水稻学术研讨会于 2018 年 3 月在印度尼西亚巴厘岛举办。袁隆平没有参加这次会议，主要是因为年事已高。他自己很想参加，但考虑到自己的身体状况，去

在这张 13 人拍摄的第 7 届国际杂交水稻学术研讨会主席团成员合影中，只有马国辉（左二）一个中国人。大多数是东道主印度尼西亚的人员，其次是印度人，包括西迪克博士（左五）和阿里博士（左一）父子。西迪克博士曾任印度农业科学院副院长，是印度杂交水稻项目负责人。他的儿子阿里博士继谢放鸣之后，担任国际水稻研究所杂交水稻首席科学家。西迪克博士左边的都是印度尼西亚人，其中有印度尼西亚水稻研究所所长。

印尼开会路途远，时间需要好几天，就委派时任国家杂交水稻工程技术研究中心副主任马国辉参加会议。马国辉也是会议主席团成员之一。这次会议的宗旨是：在变化的气候条件下发展杂交水稻，确保粮食安全。

随着"杂交水稻之父"袁隆平于 2021 年 5 月 22 日去世，加上中国杂交水稻研发工作步入"夕阳时期"，没有太多的新东西产生，难免使中国在杂交水稻国际舞台上失去席位和分量。这是要引起我们重视的事。

2. 20 年后回故地

2012 年 9 月，袁隆平出席第 6 届国际杂交水稻学术研讨会。这是时隔 20 年后，袁隆平又一次来到海得拉巴。会议期间，袁隆平再次去了 1992 年工作过的地方。

1992 年 10 月，袁隆平（前排左四）和我（前排右一）在印度第一个杂交水稻实验室前、与印度同事们合影

2019 年 10 月，我（右二）再次来到印度这个杂交水稻实验室

2019 年 10 月 23 日，我重访袁隆平 1992 年在印度工作时住的招待所房间

我虽说没有随袁隆平一起到印度参加第 6 届国际杂交水稻学术研讨会，但在 2019 年来印度为国际水稻所举办的杂交水稻制种技术培训班上课，被安排去海得拉巴回访，到了田间，看了当年居住的招待所、工作的实验室，见到了曾一起工作的几位印度同行。

大家很高兴地回忆起当初的一些事情，也谈到 2012 年 9 月袁隆平再次到来的情景。袁隆平印象最深的是，他和我居住的招待所没有什么改变。2019 年，我也特地看了住过的房间，唯一的变化是，木制房门改成了铝合金玻璃推拉门。

触景生情，看到我们当年居住的房间，我回忆起当时的情景：袁隆平的房间里，每天早上，他带来的收音机都在播报新闻，有时是中文，有时是英文。起床后不久，招待所的厨师就会把一杯热乎乎的印度奶茶送到我们房间。奶茶提神，好喝，有咖啡，还加牛奶和糖。袁隆平和我们都喜欢喝，只是他要少放点糖。

不敢恭维的是，20 多年后，印度这个水稻研究所没有什么大的进步，反而显得有些破旧，设备、设施很少有新的，建筑物还是原先那样。到他们试验田看到的是远远落后于我们的样子：道路依然坑坑洼洼；水渠弯弯曲曲，多年失修，到处漏水；田间的试验也比较粗放。在田里工作的还是浑身晒得黝黑的老太婆和老头们，也许他们的年纪并不太大，但看上去很显老的样子。

1992 年和 1993 年，我两次去印度，感到他们整体上不比当时的中国差。但是，时间过去了二三十年了，中国发展得很快。现在再作比较，印度比我们差远了。在我工作的广西农科院，每年都有好几个从印度来的研究生、博士后。他们都对中国的发展赞不绝口，有的还希望留下来在中国工作。

1992 年 11 月 7 日，我（第三排左）和袁隆平（第二排左二）、邓小林（第三排右）到印度泰米尔纳德邦农业大学冉嘎斯瓦米教授（第二排右二）家做客，他的生活条件比我们当时要好许多

究其主要原因，我个人认为，是我们国家改革开放以来，重视调动每个人的积极性，各层次的人都有发展、发财的机会。不论你是从事脑力劳动还是体力劳动，哪怕是在农村，在非常落后的地方，只要努力，就有可能致富。而在印度，没有事做的人太多了，但许多地方的街道脏兮兮的，没

有人打扫。

可能是种姓制度造成的。我记得在印度，种姓低的人很难翻身。我和袁隆平就遇见过，低种姓的人在高种姓的人跟前，都要离得远远的，生怕惹着碰着。我们刚到印度时，招待所的管理员叫阿恰鲁罗。他是中上种姓的，一天到晚不怎么做事，总是吩咐几个工人做。那几个工人几乎像奴隶，只做事，很少吭声。有几次，阿恰鲁罗对我们滔滔不绝地讲起他的"高贵种姓和家族显赫历史"，还掏出藏在内衣里的一块木牌子显示给我们看，那是祖传的种姓标识。这是典型的唯出身论。

袁隆平也曾深有感触地说，幸亏我们国家搞了改革开放，解放了大家的思想。每个中国人都能当家做主人，发挥自己的聪明才智，国家才能发展得这么快。他说，在开始研究杂交水稻的时候，他也遇到了很大的阻力，也是等级制作祟。有人说袁隆平作为一个中专农校的老师，搞什么科研？把书教好，就不错了。袁隆平和夫人邓则都因为出身不好受到打击，但得益于少数看得远的领导干部极力支持，所以，安江农校那个地方也能出世界顶级科学家。

在全印度水稻研究所，袁隆平遇到了 20 年前一起工作的几位印度朋友。这些人在学术上没有什么大的进步，反而成了年轻人发展的阻力。我在 2019 年也见到了他们，他们当然很高兴又与我们见面。但是，他们大多数还是坐在办公室，喝着咖啡，无聊地看着报纸或手机，养得白白胖胖。他们去田间依旧前呼后拥的，年轻人跟在他们后面。他们照样不怎么下田，而是站在田埂上指指画画。

记得我们刚来的时候，他们根本就瞧不起我们几个中国人。当时，我们自己提出不住宾馆，要住招待所；不要司机接送，每天骑自行车去试验田；到了田间，脱掉鞋子就下田，取样观察、作记录。我们的研究文章、学术报告没有什么华丽的辞藻，也不很长。另外，我们的英语没有他们溜。他们是不怎么待见我们的。

中国在过去二三十年里不断进步、快速发展，自己往往不觉得，但跟别人一比，就知道我们的国家前进了，速度还那么快！

3. 入乡随俗有点难

1992 年 8 月，联合国粮农组织聘请袁隆平、我还有邓小林 3 人，作为杂交水稻技术顾问，到印度指导杂交水稻技术，袁隆平是组长。我们三人可以说是当时的最佳组合。袁隆平被称为杂交水稻研发鼻祖，绝对是技术权威。邓小林是袁隆平夫人邓则的侄儿，又是在田间搞杂交水稻育种、繁殖制种的能手，技术熟练，还会做饭。他一直在袁隆平身边搞育种工作，最开始是学员，后来才转正，现在已经是研究员，到过许多国家指导杂交水稻技术。我则有一个博士头衔，英语也可以，同看重学历的印度人打交道还管用。我从 1985 年起就一直在袁隆平手下，当湖南杂交水稻研究中心分管科研、外事工作的副主任，搞文秘工作和对外沟通，完全可以胜任。

我和邓小林于 1992 年 8 月 23 日至 11 月 25 日在印度工作。袁隆平则因为国内工作忙，10 月 22 日晚上才到印度。他在印度只待到 11 月 13 日就回国了，实际上在印度只有 20 多天。他给我们带来了几封家信。真可谓"家书值万金"，我们一口气看完，乐在不言中。这是我和邓小林第一次去印度。1993 年，我们俩又去了一次。因为国内有重要的事要处理，袁隆平没有与我们同行，而是过了一段时间才去。他在印度也没有待很长时间，先于我们回国。

我们在印度进行技术指导的驻地，是印度中南部安得拉邦的海得拉巴。我们是作为联合国粮农组织聘请的顾问，到印度指导杂交水稻技术，按规定可以住在海得拉巴市内的宾馆，每天由全印度水稻研究协调中心派车接送上下班。

但是，我们考虑到如果驻地离试验田近，对我们的技术指导工作有好处，于是主动提出，住在研究所的招待所，只要求他们提供 3 部单车作为交通工具。研究所很快为我们买了 3 部载重型的自行车，类似于我们国家那个时候的"永久"牌自行车，但没有我们的自行车舒服，主要是车座的减震弹簧太硬，加上他们的道路不平，坑坑洼洼多，我们每天往返田间和研究所，最吃亏的要算屁股了。

我们所在的全印度水稻研究协调中心（Directorate of Rice Research, DRR），是印度农业研究委员会下属的几个主要农作物协调中心之一，位于海得拉巴市郊区。而印度农业研究委员会相当于我国的中国农科院。

1992 年 9 月，我在全印度水稻研究协调中心大门口留影

全印度水稻研究协调中心里面的范围很大，四周都是围墙，只有一个大门，当时设有门卫；还有一个后门，通向水稻试验田。围墙里面是研究所的各个系部、实验室，行政楼离大门不远。这里环境不错，种满了树木花草，鸟语花香的。最逗人喜爱的是随处可见的松鼠，它们一点儿都不怕人，在地上跑、树上爬，毛茸茸的尾巴摆动起来十分可爱。

我们就住在研究所的招待所，实际上是研究所培训部的学员宿舍，办公也在住的房间里。我和袁隆平打隔壁住，房子和设施非常简陋。进门的左边或右边是卫生间，安有抽水马桶，还有电热水器，可是都坏了。要洗澡，得到厨房用大铁锅烧，然后由工人送来或自己去提。

房间里摆了一张单人床，挂着粉红色的尼龙蚊帐。蚊帐必须用夹子夹住，免得蚊子在我们睡觉之前"潜伏"进去，痛饮我们中国人送来的"匈奴血"。房顶安有一个小电风扇，但由于停电的次数多，我们还是靠带去的蒲扇。靠床放着一张书桌，办公、写字就用它。正面和侧面墙上各安着一盏日光灯。侧面墙上那盏日光灯下有一面镜子，我们"朝服衣冠"就靠这面镜子。每个房间里只有两张椅子、一个茶几，人多时，只能坐在床上。

1992年，袁隆平和我们在印度住的房间就是这样，这是我在房间里工作的情景。

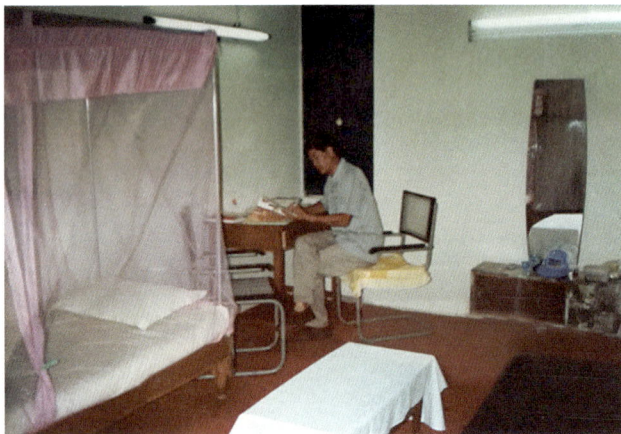

对着床是一扇窗户，没有玻璃，而是木头百叶窗。打开窗子，通明透亮，光线可以进来，但蚊子、苍蝇、乌鸦、麻雀等也能进来；而关上窗子，室内就暗暗的了，透过百叶窗射进来的光线只能让你可以看见地面。袁隆平最怕苍蝇、蚊子，所以常关上窗户，开着灯在里面看书、写东西。他又抽烟，因此，他房里的烟味很重。

房间里好在有电插头。袁隆平离不开喝开水，他从国内带来简单的电热水器，用口杯打一杯自来水，把电热水器放进杯子里，插到电源上，10 多分钟，水就烧开了。我们从国内带来的电器不能直接插到印度通用的插座上，还得用一个转换器，将电插脚的方向来个 180 度转变才行。问题是，那个时候在印度，停电是常事，也不预先通知，这给我们带来了许多不便。

1992—1993 年，我们在印度的时候，房间里没有电话，也没有电视。整个招待所只有一台电视机，摆在会客室，还锁在一个木制的箱子里，由专人保管，打开锁才能看电视，电视节目只有 2 套。由于我们是外国专家，对我们放心，管理员就把木箱子的钥匙交给了我们。我们看电视的次数不多，因为电视节目包括新闻都是用当地语言播放。有短时间的英语节目，我们掌握好时间，专门收看英语节目，特别是国际新闻，其中最关注的还是关于中国的新闻。

袁隆平对时事很关心，他带着一个"索尼"牌 9 波段短波收音机，是一位日本朋友送给他的，收音效果非常好。他主要听新闻节目，一有重要消息，马上告诉我。他比我们先回国，怕我们寂寞，走的时候就把这台收音机送给了我。我将这台收音机珍藏了多年，尽管音量调节钮坏了，不能再用，也舍不得丢掉。这是袁隆平给我的一份珍贵礼物，也是我们在印度共事的纪念品。

在袁隆平来印度之前，我和邓小林被安排去印度杂交水稻研究协作网的各个研究所巡回指导，基本上是在外面跑，由一个退了休的姓辛格的老头陪着。他是锡克族人，头上缠着很长的头巾，典型的印度人模样。另外，还有一个搞农业经济专业的印度中年学者与我们一起，他专门作杂交水稻农业经济学方面的调研，他的调研结果总是显示搞杂交水稻划不来。

为什么我们喜欢吃印度的早餐呢？首先是我们不要很早就起来自己做早饭，可以多睡会儿觉。其次是我们都喜欢早餐的食品。不管在印度哪里，每天都是如此：早上 6 点钟左右，有人轻轻敲门，叫声"Sir, Tea"，就把一杯浓香的水牛奶奶茶送进房间，放在床头的茶几上。等我们睁开眼睛喝下去，不烫不凉正好，还蛮有回味的，既卫生又营养。

我们去的研究所，都安排我们住招待所，早餐一般就在招待所的餐厅吃。大清早，一大锅叫"普里"的油炸饼就已经准备好了，冒着热气和香味。"普里"如巴掌大小，用油炸后是双层的，里面空心。还有"荞巴蒂"，这是烤的饼，稍大一些，有点像我们的烧饼。另外是"朵沙""约嘎"，就是酸奶。袁隆平有肠胃敏感的毛病，如果吃了不干净、有细菌的食物，一定会拉肚子。所以，他比较喜欢吃油炸食品，因为比较安全。我在早上能吃 10 多个"普里"，顶到中午都不觉得肚子饿。那段时间，整个招待所只有我们三个人就餐。

由于我和邓小林还要按原计划继续考察印度南部的几个地方，分手后，袁隆平由印方人员陪同去了海得拉巴。我们再次会合时，已是 1992 年 10 月 26 日上午 10 点左右，这一天可以算是我们三人幸福的聚会。因为我们都吃不惯印度带咖喱味的饭菜，已经许多时日没有吃家乡口味了，袁隆平马上要邓小林掌厨，我们自己动手做午餐。

虽然准备的时间仓促，食材也不齐备，但邓小林手艺不错，几道带辣味的湖南家乡菜很快就做出来，光是香气就把我们熏醉了，味道嘛，美极啦！我们三个人狼吞虎咽，饱餐一顿。从那以后，只要有条件，我们都自己做饭。按照我们的要求，由招待所的工人帮我们买回原材料。唯独早餐，由他们做好我们吃。

令我们不太习惯的是，在印度（后来知道，还有些国家也是一样），左手与右手的地位、作用大不一样，一定要特别小心。与人握手，用右手；给人礼物，用右手；抓饭，肯定也用右手！用左手是犯忌，皆源于印度人洗屁股时用左手。印度的厕所都安装有高压水龙头，是在便后用来冲洗屁股的。当时，在印度各地飞机场的卫生间，我们都能见到里面放有接水的塑料的或瓦制罐子，那是便后洗屁股时接水用的。其他的，我们都可以慢慢适应，唯独这一点，我们尤其是袁隆平接受不了。我们出钱，叫招待所的人去买卫生纸。他们告知，附近没有卖的，到市内的高级超市也许才能买到。最后，还是买到了几筒进口卫生纸，价格很贵。不管怎样，算是解决了我们最大的"难题"。

后来，我们慢慢了解并习惯了许多当地风俗，不过，有时候也会忘记。我们知道，在印度，司机是不能与坐车的人一起同桌吃饭的。在印度，袁隆平还按照国内的习惯，总是喜欢给司机递烟。印度司机都不敢接，有的躲闪到一边去了。

有一次，我们三人乘车外出，到了吃饭的时间，袁隆平叫司机一起来吃饭。司机见没有其他印度人相随，就勉强和我们一起吃了。我当时看得出，他吃起来实在是不自在。全印度水稻研究协调中心的人不好直接向袁隆平说，一般只对我讲。我只好常常提醒袁隆平，如果有印方人员尤其是高层人员在场，要避免不必要的尴尬。

一次，一位印度官员请我们吃饭。袁隆平吃不惯印度饭菜，提出要找一家中国餐馆吃中餐。于是，印方人员带我们到市内一家估计是由西藏人开的叫"饭碗"（Rice Bowl）的中餐厅吃晚饭。这家餐馆内外的布置充满藏族特色，墙上挂着唐卡、藏刀、羊头等，点着酥油灯的神龛上供奉着一尊神像。几个身着藏族服装的青年男女侍者，为客人们端菜送饭。我们那次吃的中国菜，实际上是四川风味为主的菜肴，袁隆平还是很满意的。

我们在印度，还遇到过一些"险情"。例如有一次，我们正在招待所会客室房间里看电视，忽然看到地上有一条一米多长的蛇向我们爬来。我们都非常紧张，又不敢动，只好大声呼叫招待所的管理员，幸好那天管理员在办公室，他跑出来一看，也吓住了。他告诉我们，这是眼镜蛇，很危险，切记不能惹怒它，否则，它会主动攻击你的。他要我们把双脚慢慢缩到椅子上，不要动，让毒蛇自己爬出去。后来，眼镜蛇慢慢爬出去了。袁隆平和邓小林都很紧张，我也吓得出了身冷汗。

　　招待所管理员使我们躲过了毒蛇的攻击，很是骄傲、自豪。我们也确实很感谢他，给了他从中国带的小礼物，也给了他点小费。他更是高兴，感到很了不起，见人就讲中国专家给了他礼物、他如何如何救了我们的性命。我们问他，为什么招待所发现有蛇，又不把蛇打死呢？他说，蛇是神的化身，还可以吃老鼠。不过，我们把见到眼镜蛇的事告诉研究所所长西蒂克博士之后，他考虑到我们的安全，就叫了捕蛇专家来，花了好大的气力，才把那条一米多长的眼镜蛇抓住了，但并没有弄死它，据说后来卖给了耍蛇的艺人。我们在印度首都新德里游玩时，就见过舞蛇者，玩的就是眼镜蛇。随着舞蛇人的笛声，眼镜蛇翩翩起舞，舞蛇人的技艺真的高超。

4. 家访与做客

到印度待过一些时日的人一定会与我们有同感，那就是印度的节假日真多。除了全国统一的节假日外，不同的地方、不同的民族、不同的宗教都有一些他们特有的节假日。一放假，住在全印度水稻研究协调中心的我们几个中国专家就只好想法子打发时间。我们有了自行车，行动方便多了。我们打发时间的主要方式之一，就是骑自行车去全印度水稻研究协调中心的试验田，看田里的稻子，特别是我们最宠爱的杂交水稻。除了去田间，我们有时也骑车到附近的地方看看，开开眼界，了解印度百姓的生活状况。

在印度，英国殖民统治期间留下的种姓等级制是很严厉的，至今还有很坏的影响。为我们做饭的厨工桑格里亚属于地位很低的人，几乎很少看到有身份的印度人理睬他。可是，他对我们很好，服务很周到。袁先生和我都对他很满意。桑格里亚也是平日，特别是节假日与我们接触最多的印度人。双方有了感情，就平等了。有一天又放假了，那天天气蛮好，我们事先跟桑格里亚讲了一下，要到他家去看看。吃过早餐，桑格里亚收拾完毕，我们就骑着自行车，由他带路，径直去他家，就是附近不远的一个贫民窟。

那天，从未穿过鞋子的桑格里亚穿了一双很旧的皮凉鞋，还有一身不太新但洗得很干净的白色衣裤，骑着自行车在前面带路，我们跟在他后面。每过一段时间，他都回头看看，怕我们跟不上他。10分钟左右，我们来到了一个小村镇，这里都是矮矮的房子，各家各户外面都打扫得干干净净。门前的地面上用不同的颜料，画上了美丽的图案，门口还摆着鲜花，一看就知道是进行节日祭祀之类的活动。

到了桑格里亚家门口，他的妻子和几个孩子早就在等候我们，隔壁左右的邻居也都跑了出来看热闹。桑格里亚显得格外的自豪，我们从来没有看到他这么扬眉吐气的样子。像他这种地位的人，只怕做梦也梦不到我们这些外国专家会到他家来。他家很穷，但周围比他家穷的更多。他把我们请进那矮小的屋子里，尽管在我们来之前，他们进行了整理和布置，可仍然简陋和破旧不堪。他的妻子为我们泡了奶茶，还准备了一些印度点心。我们将在当地买的一些糖果、食品，还有一点从中国带来的工艺品，连同一些钱送给他们。这些都是袁隆平提议，由我去办的。袁隆平喜欢施舍穷人，有一次在新德里给一个乞讨者钱，结果惹来了一大群讨钱的人。当时陪同的马斯博士告诉我们，不要随便施舍讨钱的人，施舍了一个会引来一大群，让你脱不了身。

我们在桑格里亚家没有多坐，因为语言不通，围观的人也越来越多。我带了照相机，为桑格里亚全家照了一张合影，这是他们家第一次照合影。后来，我洗印了照片给桑格

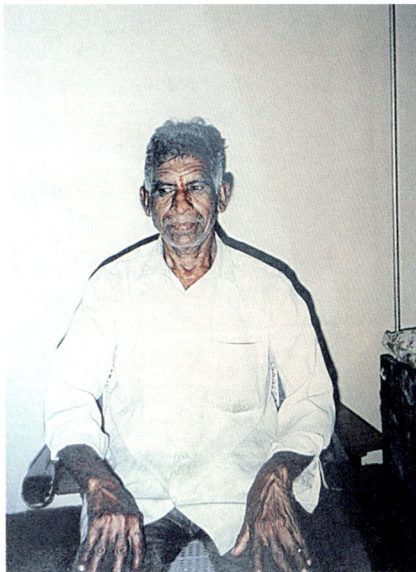

这就是每天为我们做饭的印度厨师桑格里亚，当年刚满50岁，但看上去显老

129

里亚时，他激动得亲吻了手上的照片好几下。

我们离开时，桑格里亚和他的妻子双手合十，不断地说着"丹尼尔蒂""丹尼尔蒂"，就是谢谢的意思。我们叫桑格里亚带我们到村子里转了一圈。村民们都以好奇的眼神望着我们，也向桑格里亚投来羡慕的目光。此时的桑格里亚昂首挺胸，神气地骑着他的破自行车，不时向别人打招呼，也忘了回头看我们了。有几次是我们按了车铃，他才慢下来等我们。他高兴，我们也高兴，那一整天，我们的心情都特别愉快。他把我们送回招待所，又继续为我们做午餐去了。

印度人一般都很好客，我们被邀请参加过穆斯林的婚礼，到一般印度人家吃饭，或是去餐馆吃饭，都留下了美好的印象。其中印象特别深的，要算是泰米尔纳德邦农业大学的冉嘎斯瓦米教授邀请我们到他家做客。那是 1992 年 11 月 7 日中午，他们家早就做好了准备，全家几代人都回到家里

1992 年 11 月 7 日，我（前排右一）和袁隆平（前排左二）应邀拜访冉嘎斯瓦米教授（后排左三）的家，并与他全家人合影

等着我们。他家自己盖了三层楼房，还有车库，买的是印度生产的"大使"牌小轿车，房前屋后都有小花圃。

一进冉嘎斯瓦米先生家，他的夫人首先走出来，双手合十迎接我们。她是一位典型的印度老太太，身披色彩艳丽的裟丽，手上和脚上戴满了五颜六色的镯子，还有一对镶了宝石的金耳环，两眉之间点着深红色的珠印，非常慈祥的样子。

我们也学会了一点简单的礼节手势，回了礼。冉嘎斯瓦米先生让我们进屋参观，里面干干净净的，摆放着印度传统的器具、工艺品，还摆了几件他刚从中国带回来的中国工艺品。房间不少，住人为主，只是面积都不大。我们看完房间布局，就坐了下来。主人特意播放从中国带回的音乐舞蹈录像，更使我们有了回家的感觉。他家的孩子们都很可爱，也很懂礼貌。临别时，我们和冉嘎斯瓦米先生全家在他家门口合影留念。

我们问冉嘎斯瓦米先生，这样的家境在印度算是很普遍吗？他说大都是这样。当时，我们就私下议论说，我们中国的教授、专家们还没有达到这样的生活水平。冉嘎斯瓦米几个月前去了中国，在我们湖南杂交水稻研究中心接受短期培训，对中国的情况还是了解的。

在印度，很少有公家请客吃饭的，都是以私人名义请，钱也是自己掏。在袁隆平快要回国前，印度的多位朋友接二连三请我们到家里或是到餐馆吃饭，可能考虑到我们吃不惯印度饭菜，大多是安排到餐馆或当地稀少的中餐馆。

比如我们的老朋友伊希·库玛博士，就在 1992 年 11 月 8 日晚上，我们飞回海得拉巴后，请我们去一家名叫海京酒店的中餐馆，与他请的两位联合国粮农组织官员一起吃晚餐。

11 月 10 日，也就是袁隆平回国的前一天，全印度水稻研究协调中心所长西迪克博士邀请我们 3 人到他家里去做客，算是给袁隆平践行。在印度，一个国家级研究所的所长，是由国家提供官邸的。谁当所长，谁就搬进去住；前任要搬出去，自己找房子住。另外，还派荷枪实弹的警卫人员负责保安，并配有勤务员和司机，坐的当然是公车。我们在西迪克家第一次见到这种场面，觉得有点过于威严，但是印度人习惯得很。

我们还应邀参加了一次穆斯林的婚礼。那是 1992 年 10 月 30 日，头天一直与我们对接的伊利亚斯邀请我们在次日晚上参加他侄女的婚礼。他要我们几个中国人去，也是出于"撑面子"的目的。我们问，要准备什么东西？有什么规矩和讲究？伊利亚斯说，什么都不要带。讲实在的，我和邓小林兴趣不大，倒是袁隆平兴趣很高。他说，要看看穆斯林的婚礼是什么样子，长长见识也好。

第二天晚上，有车来接我们，开到海得拉巴市内一家很大的酒店，可能是专门为穆斯林举行各种礼仪的地方。那里搭着很大的棚子，里里外外装饰得富丽堂皇，比我们国内的场所要大得多，有上百人参加。也许伊利亚斯的侄女和男友有富豪背景吧，连西迪克所长也来了。

我们参加了婚礼的全过程。袁隆平特别来劲，他一直很精神，边看边和我们交谈，对一些细节看得很仔细，还与他在别处看到的情景作比较。我们也注意到，西迪克所长一家都是穆斯林教徒，包括他的儿子阿里博士，他与同是穆斯林的伊利亚斯的关系非常密切。伊利亚斯能请到西迪克所长参加他侄女的婚礼，也是一种"面子"吧。给我的印象是，穆斯林的婚礼很隆重，但不喧哗。

5. 专程拜访

1992 年 10—11 月，袁隆平在印度工作的时间不长。他向联合国粮农组织提出，要去拜访号称"印度杂交水稻之父"的斯瓦米纳森博士，商讨在整个印度发展杂交水稻的想法。斯瓦米纳森博士曾担任印度农业部部长和国际水稻研究所所长，是印度早期从事水稻杂种优势利用研究的领军人物。他还是世界粮食奖获得者，印度获得这个奖项的只有他和库西博士。联合国粮农组织同意了，并作了安排，提供往返机票和费用。

20 世纪 80 年代初，我和袁隆平都在国际水稻所，我攻读硕士学位，袁隆平做访问学者。那时，我们就与斯瓦米纳森所长认识，并成为好朋友。袁隆平的"杂交水稻之父"头

1981 年，在国际水稻研究所学习和工作的几位中国湖南农业科学院科研人员，与斯瓦米纳森所长合影，右起：田际榕、袁隆平、斯瓦米纳森、蒋稚龙、我

衔，就是斯瓦米纳森所长在 1982 年召开的国际水稻学术报告会上向参会者提出的，并被世界水稻界接受。后来，在筹办首届杂交水稻国际学术讨论会时，由于他的鼎力支持，得以成功举办。斯瓦米纳森博士还率团参加了于 1986 年 10 月 6 日在中国湖南长沙开幕的这次世界水稻界里程碑式的国际会议。

从国际水稻所所长任上退下来后，斯瓦米纳森博士回到印度，继续从事水稻方面的研究。他专门成立了斯瓦米纳森研究基金，并设立了一个生物技术村项目，目的是为印度聚集和培养一批从事生物技术研究的高端人才。

1992 年 11 月 6 日这天，袁隆平和我、邓小林共 3 人，清早 7 点左右从全印度水稻研究协调中心驻地出发，搭乘早上 8 点 40 分的飞机，从海得拉巴飞到印度第四大城市马德拉斯（现在改名为金奈）。上午 11 点，我们准时到达目的地。袁隆平和我都与斯瓦米纳森博士有很深的交情，我们在菲律宾和中国多次见过面，但在印度见面还是第一次。

因为行程安排得很紧，我们下飞机后，直接驱车来到斯瓦米纳森博士工作的斯瓦米纳森研究中心。斯瓦米纳森博士是个大忙人，虽然早就知道我们要来，也很期待我们，但这天不巧，他还是需要外出开会。他安排手下的 10 余名研究人员与我们进行了学术交流，实际上是由袁隆平作关于杂交水稻研究的学术报告，然后展开讨论。

中餐过后不久，下午 1 点左右，斯瓦米纳森博士赶回来和我们见面。他见到我们特别高兴，同袁隆平拥抱后，又亲切地问我的情况，他还记得我的名字。斯瓦米纳森博士饶有兴趣地带我们参观了他的生物工程实验室，介绍研究新成果。他想留我们住一天，但我们已经买了下午2点40分去科因巴托的机票，只好向斯瓦米纳森博士告辞。

1992年11月6日，我（后排左一）和袁隆平（前排左四）、邓小林（前排左一）与斯瓦米纳森研究基金会的印度科学家及管理人员合影

1992年11月6日，我们与印度年轻的科学家们座谈

为了这次访问，我们提前做了充分准备。特别是袁隆平，他在全印度水稻研究协调中心的住所里加班加点准备讨论提纲。他深知斯瓦米纳森的"厉害"，手下一定都是高水平的科研人员和学者。在 11 月 6 日上午的会面和座谈会上，主要是袁隆平与他们座谈、交流，我则认真地做记录，因为这是联合国粮农组织批准和安排的活动，最后都要在任务总结报告（Mission Report）中写出来汇报上去的。邓小林则负责拍照。

在与斯瓦米纳森博士讨论印度杂交水稻的发展设想时，他非常谦逊，总是说印度要按照中国的经验，重视国家层面的支持，组织好全国大协作。他说，要以袁隆平的意见为主，希望袁隆平做印度杂交水稻发展工作的总顾问，也希望能有更多的印度科技人员到中国去培训。对这点建议，我们非常支持，随后，大量印度学者被派到中国进行培训。主要是在袁隆平为主任的湖南杂交水稻研究中心（后来也称国家杂交水稻工程技术研究中心）进行培训，主要的组织工作由我负责。

我本人直到现在，还积极参与印度发展杂交水稻的一些活动。例如，2019 年 10 月，我到印度为国际水稻所组织的杂交水稻制种技术国际培训班讲课。后来因为新冠肺炎疫情，我没有办法出国，但也为中国商务部组织的线上国际培训讲课。其中，2021 年 11 月底至 12 月初，我在位于湖南长沙的袁隆平农业高科技股份有限公司总部，为印度全国近 60 名科技人员、院校教师连续授课 4 天，讲授的都是与水稻有

2019 年 10 月 22 日，我在印度讲课时，再次见到当年在全印度水稻研究协调中心当所长的西迪克博士（中）和他的儿子阿里博士（左）

2021 年 11 月 29 日，我在中国商务部委托袁隆平农业高科技股份有限公司举办的线上国际培训班专门为印度设立的印度水稻增产技术培训班上讲课

关的题目。

袁隆平虽然离开我们了，可是，他开创的杂交水稻事业，已经在世界各地开花结果。我们与印度人民的友谊也得到发扬光大，而且还在继续发展。斯瓦米纳森博士与袁隆平的深情厚谊、老一辈中印科学家的友好合作，已经传承到了年轻一代。中国和印度都是世界人口大国与水稻大国。为了中印两国人民的友谊和粮食安全，我们要继承好袁隆平精神，共享水稻发展的经验。我相信，袁隆平生前同印度科学家们建立的友谊与合作关系，一定会世世代代传承下去。

6. 夜路赶飞机

我们在印度的工作倒不是特别累，就是下田看实验材料。骑自行车有利健康；饭吃现成的，对印度饭菜的咖喱味也能慢慢适应。问题是，一到印度外地出差，总有一些意想不到的事经常发生，需要我们改变计划。

记得 1992 年 11 月 2 日，晚上 9 点半，我、袁隆平还有邓小林，由伊利亚斯和马斯陪同，一起坐全印度水稻研究协调中心派的车去海得拉巴火车站，准备搭乘火车前往安得拉邦的另一个城市马卢特鲁。我们到达火车站广场时，感到情况有点异常，那里没有几个旅客。进入车站后，看到一列火车停在站台旁，车头上、车厢内外都是人，还有人扒在车门上。月台上有人来回走动，也有人在指手画脚，不知道喊着什么。爬到车上的人，有的拿着旗帜，有的拿着棍棒、农具，看上去大多是农民。

伊利亚斯和马斯打听后告诉我们：火车停开，我们走不成了！火车停开的原因是，有一群当地农民，要乘火车去首都新德里示威。在这种情况下，伊利亚斯和马斯只好快快地领着我们赶快离开车站，回到我们在全印度水稻研究协调中心的驻地。返回的路上，伊利亚斯和马斯告诉我们，在印度经常可以看到类似的情况。

还有一次，我们乘坐的汽车在经常要通过的一个路段突然被拦住，并且有人命令我们的司机改道而行。原来，这个地段附近有一个人被打死了，当地人设立路障阻塞交通进行抗议示威。我们只好绕远路，总算还是到了目的地。

问题最为严重的要算是 1992 年 11 月 7 日在泰米尔纳德邦的科因巴托。我们结束了在泰米尔纳德邦农业大学的参访后，下午 3 点多，冉嘎斯瓦米先生陪同我们到了科因巴托机场，准备搭乘经转班加罗尔回海得拉巴的班机。到了机场才知道，这趟航班已经取消，而且接连 3 天没有去海得拉巴的航班，真是无奈。据说，也是罢工造成的。

我们非常着急。冉嘎斯瓦米先生比我们更着急，当时看见他的额头上都冒汗了。然而，他不停地对我们说：不要着急，没有问题，我会帮你们解决的。他让我们坐在候机室里，自己东奔西跑地忙乎了 20 多分钟，走到我们面前说：我算了一下时间，你们可以乘出租车从这里赶到班加罗尔，路上走六七个小时，再从那里乘飞机回海得拉巴。班加罗尔的飞机航班多些，也没有停航。

袁隆平一听，有些为难，因为要坐出租车走六七个小时，怕不安全，还怕路上延误。正当他和我还有邓小林用中文商量如何办时，冉嘎斯瓦米先生说不要紧，我陪你们去。这下好了，我们就比较放心了，反正没有别的办法可以选择。不过，冉嘎斯瓦米先生是来送我们的，身上什么也没带，不要说钱，就是衣物和洗漱用品也没有。我们想让他回去，我们自己走，但又不敢。考虑到袁隆平的安全，我只得说："好，就这样！"袁隆平用中文对我们说："只要安全，他的一切费用，我们负担。"

冉嘎斯瓦米先生招手叫来一辆出租车，当时停在那儿的出租车也没有几辆。他用当地话跟司机讲了些什么之后，叫我们上车。这辆出租车很旧，前后座位的垫子有几处已经破烂。座位也不宽，后排坐两个像我和邓小林这样高个子的人就满了，还要加上袁隆平，实在是很挤。但没有办法，为了袁隆平的安全，就请他坐在中间，我和邓小林坐在他的两边。冉嘎斯瓦米先生坐在司机旁边的位子上。我还特意记下了车牌号——TMO 3731，以防万一。冉嘎斯瓦米先生让车先开到他家，匆匆忙忙拿了洗漱用品、换洗衣物和钱后，就直往班加罗尔方向开去。

出发时，我看了一下手表，快下午6点了，天渐渐黑了。为了安全，我把车门扣死，同时一直要冉嘎斯瓦米先生叫司机不要开得太快。车在路面状况较差的路段上行驶时，我们就像在坐蹦蹦车。灰尘也大，我们在车里明显感到鼻子灌进了灰尘。

印度的汽车是右驾驶。我坐在袁隆平左边，左手紧紧抓住车门把手，使身体尽量往左边靠，不要挤着坐在中间的袁隆平。邓小林坐在袁隆平右边，和我一样，也尽量多给袁隆平一点空间。三个人的腿都长时间弯曲着，想动一动都很费力。幸好是11月份了，晚上天气凉快，挤在一起也不热。起初，大家都提着神，连眼睛都不敢眨。过了没有多久，袁隆平实在累了，先打起了瞌睡。后来，我们也困得迷迷糊糊了。

不知什么时候，车在路边停了下来，我们都下了车。一看表，快晚上 11 点钟了。司机熟练地在路旁撒完了尿。我们也憋急了，看看没有妇女在旁边，也如此这般。冉嘎斯瓦米先生在路边的茶摊上点了几杯热奶茶和点心，要我们坐下休息休息，喝点茶解解困。袁隆平的第一件事就是从口袋里拿出香烟，点上火猛抽起来。他对口渴的耐受性比别人都强，唯独烟瘾难熬。也可能是不渴，但更可能是怕不卫生，袁隆平没有喝奶茶。我们喝完奶茶，袁隆平抽完烟，大家伸展伸展手脚，舒服了很多。

车继续在夜色中前行。为了不打瞌睡，我们在车里不断交谈。突然间，一个急刹车，由于没有安全带，我们的身体都冲离座位，我和邓小林差点儿没碰伤头。我们都本能地扶住了袁隆平，他说没事，我们才放心。原来，司机看到路上有一头行走的牛，他踩了急刹车。在印度，牛被当作神受到尊敬和保护。哪怕是在大城市的主要街道上，只要牛在行走，所有的车辆都要为它让路，伤了牛是犯大罪的。

透过车窗，看到沿途的灯光越来越多，路面状况也好了许多，估计是到了城市附近。又前行了一段路，车拐了几个弯之后停了下来。冉嘎斯瓦米先生说到了班加罗尔，我们要住在这里等到天亮，再去机场。我们下了车，看了一下表，已经是 11 月 8 日凌晨 2 点 43 分。我们被带进一家小旅馆，我和冉嘎斯瓦米先生去办理住宿手续，袁隆平和邓小林两人坐在一旁休息、等候。袁隆平如获大赦，立刻抽起烟来，他看上去疲倦得很。

办好入住手续，我们以为冉嘎斯瓦米先生会随出租车回科因巴托，他却坚持要将我们安全地送到海得拉巴，我们真的是很感动。我们给出租车司机付了钱，由于手头的印度卢比不够，就付了些美元给他。他高兴得要命，双手合十，额头都扣到了大拇指尖上，咕咕噜噜地说了些估计是感谢的话，高兴而去。冉嘎斯瓦米先生告诉我们，这个司机说："碰上菩萨了啊！从来没有开过路这么远的车，也从来没有得过这么多钱，还有美元！"美元在印度是很吃香的硬通货币。正因为美元在印度难得到手，我们每次去印度的银行拿美元换卢比，都要花费很长时间。

袁隆平住进楼上的一个单间。没有单间了，我和邓小林就住楼下的一个双人间。冉嘎斯瓦米先生要我们不用管他，他自有安排。我们实在太困了，就顾不上他了，也许他根本没有在房间睡。我们各自稍稍洗漱了一下，倒在床上就进入了梦乡。

早上天刚亮，我们就被冉嘎斯瓦米先生叫醒，一看表，才 6 点 40 分，只睡了 3 个小时。我们实在不想起床，但为了赶飞机，只好爬起来。洗漱完毕，我们才发现，3 个人脸上都有不少蚊子叮咬过的红点子，奇怪的是倒不怎么痒。这家小旅馆的房间都没有安纱窗，让印度蚊子饱尝了中国人的味道，还是我们自己送上门来的。要是从唐三藏一行到印度取经算起，事隔千年，我们可以算得上中国又一批到印度来喂蚊子的好心人。不同的是，唐僧他们是来取经的，而我们是来传授杂交水稻技术的。

吃过早点，我们来到机场，说明原因，我们 3 人的机票

1992 年 11 月 8 日，
我们精疲力竭的一行人终
于抵达印度海得拉巴机场

改签了航班。冉嘎斯瓦米先生要自己掏钱买机票，袁隆平坚决不同意。他说哪有这种道理。还是我们为冉嘎斯瓦米先生买了机票。经过我们说明情况，后来联合国粮农组织同意给报销了。

我们在海得拉巴机场刚下飞机，从停机坪走向航站楼，让邓小林以飞机为背景，拍了这张珍贵的照片。袁隆平双手提着轻便一点的塑料袋，是因为邓小林要为我们拍照，临时要他提着。肚腩有点大的冉嘎斯瓦米先生提着他的行李，旁边是他在飞机上遇到的以前的一名学生。我走在最右边。我们总算安全地回到了海得拉巴，但已经疲惫不堪了。

下午回到海得拉巴的驻地，我们都美美地睡了一个好觉。我还在朦胧之中，听到有人敲门，打开门一看是袁隆平。他一边抽着烟，一边对我说："小毛，刚才有人来通知，今晚上，'精怪'请我们吃饭。他等一下会开车来接我们。"袁隆平说的"精怪"，是指曾经在中国参加过杂交水稻技术培训的印度人伊希·库玛博士。凡是头脑灵活、精明的人，袁隆平都喜欢侃称为"精怪"，这是褒义。伊希·库玛博士确实很精明能干，他是被袁隆平定名为"精怪"的唯一的印度人。

7. 访问泰米尔纳德邦农业大学

访问印度南部的泰米尔纳德邦农业大学，是我们在印度调研工作的一部分，被紧凑地安排在专程拜访位于马德拉斯的斯瓦米纳森研究基金会之后。我和邓小林跟着袁隆平，于1992年11月6日下午5点，到达泰米尔纳德邦的科因巴托机场。来机场迎接我们的是泰米尔纳德邦农业大学的两位教授，一位是Vaidynathan博士，还有一位是Rao博士，他们都认识袁隆平。1990年，袁隆平第一次到印度做咨询、调研时，就专程到访过泰米尔纳德邦农业大学，在学校作了学术报告，还在校园里植下一棵友谊树作纪念。

我们向两位教授介绍了这次来调研的目的。在印度两系法杂交水稻育种研究方面，泰米尔邦农业大学生物技术研究室主任冉嘎斯瓦米教授带领的团队最为突出。我们要看他们的杂交水稻育种材料，特别是温敏核不育系材料。两位教授告诉我们，大部分育种材料已经收割了，但专门留下两个两系法不育系等我们来看。但是，冉嘎斯瓦米教授正在外地出差，很晚才能回来。第二天，他会接待我们。

我们住进泰米尔邦农业大学的招待所后，袁隆平提出想吃中餐。校方就派车送我们去了一家酒店，说是"中餐"，其实是咖喱味较轻的印度餐。从清早六七点到晚上六七点，10多个小时，飞了印度4个城市（海得拉巴、马德拉斯、班加罗尔和科因巴托），我们确实很疲倦了。回到招待所的房间，袁隆平已经不停地打哈欠，猛抽了一支烟后，躺到床上，一会儿就呼噜呼噜了。那一晚，我们又免费请印度蚊子吃了一顿"中餐"，正宗的中餐，没有咖喱味。

印度人早晨上班都比较迟，加上考虑到我们头一天太累了，第二天，也就是 1992 年 11 月 7 日上午 9 点半，冉嘎斯瓦米教授先带领我们参观生物技术研究室的几间实验室，然后详细介绍了他们培育的温敏核不育系的情况。那是在 1991 年 9 月水稻开花的时候，发现了 7 株不育材料。到下一季节，这 7 份材料里，6 份变成了可育，只有 1 份不育。

1992 年 11 月 7 日上午 10 点 45 分，我们被安排会见泰米尔纳德邦农业大学副校长 Jayaraj 博士，和他一起喝了咖啡，还吃了一些饼干、糕点，算是茶歇和"打腰餐"。双方交谈了很多，但以这位副校长介绍学校的情况为主。我们早就习惯了印度三餐饭比我们国内三餐饭都要迟一两个小时。尤其是我，有点低血糖，所以，口袋里总是装着几颗水果糖，关键的时候，避着别人，悄悄塞一颗到口里。而袁隆平就是光明正大地靠抽烟提神，从不躲着谁、避着谁。校方领导与我们一起吃午餐，还是印度风味。我已经适应了，大口吃着。袁隆平和邓小林还是有点为难，但为了有体力，也就勉为其难了，他们倒是吃了不少水果。我看在眼里，叹息和庆幸他俩没有我的适应性强。这也是袁隆平称我为"Big Eater"（大吃货）的原因之一。

接下来是到田间参观，我们要实打实地看他们的两系不育系材料。这些都要写进我们的任务总结报告，向联合国粮农组织汇报，来不得半点虚假。从中午 12 点到下午两点半，我们一直在建立于 1912 年的水稻育种站考察，这是印度最早的水稻育种站。

我们来到种有他们认为是温敏核不育系的试验田。

1992 年 11 月 7 日，袁隆平带领我们到印度泰米尔纳德邦农业大学指导时与冉嘎斯瓦米教授（左二）在校园合影，最右边是邓小林，最左边是我

1992 年 11 月 7 日，袁隆平（前排右五）蹲在试验田边，仔细观察印度科研工作者选育出来的两系不育系材料，并与印度专家进行商讨，前排左四是冉嘎斯瓦米教授，前排右三是我

袁隆平弯下腰，蹲在田埂边，把每一株苗都看过后，摇摇头说，这些都不是真正的温敏核不育系材料。这使得蹲在袁隆平身边的冉嘎斯瓦米教授有点难堪。袁隆平建议采取分期播种的方法，再观察一次，仔细评价这些材料。

在田间看了之后是座谈交流，座谈会在一棵老芒果树下进行。大家围坐在一张简单的桌子旁，上面铺着桌布，摆着插在实验室三角玻璃瓶里的几朵鲜花，印度人喜欢鲜花。育种站到处都有椰子树，他们摘了一些嫩椰子果，在上端砍了个口子，里面插进吸管，喝起来非常可口解渴。在随后的座谈中，袁隆平指出了印方技术上的问题，印度专家们认真地记录着。当我们要离开时，他们拿来一本贵宾签到簿，要我们签字留言。袁隆平写了之后，要我和邓小林也写几句。我们没有推脱，就写了几句。

20 年后，也就是 2012 年，泰米尔纳德邦农业大学水稻

1992 年 11 月 7 日，我们来到印度南部的泰米尔纳德邦农业大学，指导该校水稻育种人员的杂交水稻技术。有趣的是，照片最右边，随性的袁隆平在座谈会时将一只脚放在椅子上（照片由邓小林拍摄）。

育种站举办成立 100 周年庆典时，邀请袁隆平和我参加他们的庆祝活动。袁隆平当时去不了，就写了一封贺信，让我带过去。我国云南农业大学稻作所所长陈丽娟博士也应邀参加了庆典。

袁隆平贺信的内容是：

值此泰米尔纳德邦农业大学水稻育种站 100 周年庆典和水稻科学与展望国际研讨会在印度泰米尔纳德邦科因巴托市泰米尔纳德邦农业大学举办之际，我谨表示最热烈的祝贺。

中国国家杂交水稻工程技术

研究中心主任袁隆平

2012 年 1 月 1 日

2012 年 1 月 1 日，袁隆平写给印度泰米尔纳德邦农业大学，祝贺该校水稻育种站建站 100 周年的贺信

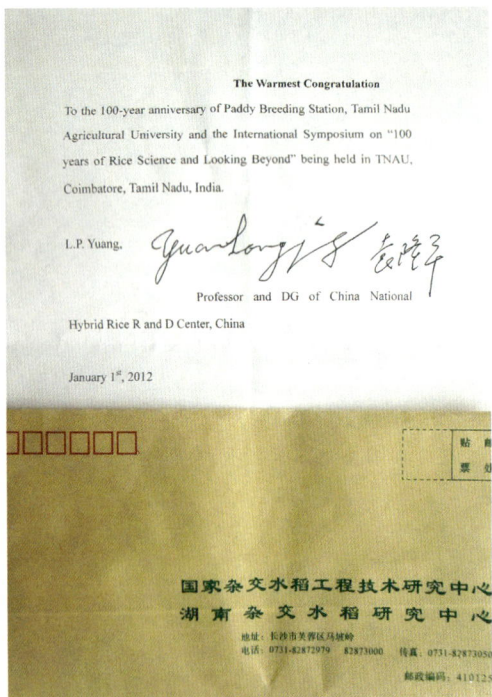

我们又到了这个水稻育种站。当年接待过我们，后来到中国进行培训，已经古稀之年但还没有退休的冉嘎斯瓦米教授，拿来水稻育种站的贵宾签到簿（第一卷，1929—1997 年），从上面找到了 1992 年 11 月 7 日袁隆平以中国湖南杂交水稻研究中心主任身份写下的留言，内容是："在你们的杂交水稻研究项目中，必须注意亲本材料的纯度。"

　　现在看来，当时袁隆平是一点儿也没有客气，直截了当地给出了他的意见。我和邓小林的留言就客气些。我的留言意思是这样的："印度历史最悠久的水稻育种站不仅具有常规水稻，也具有杂交水稻育种的极好条件。我们希望你们的项目获得成功，致以良好的祝愿！"

这是记录着1992年11月7日袁隆平留言的贵宾签到簿和袁隆平的英文留言内容

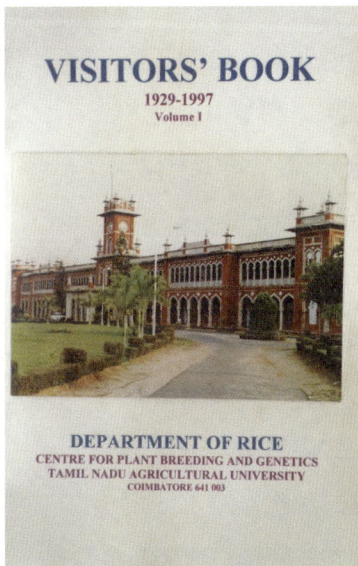

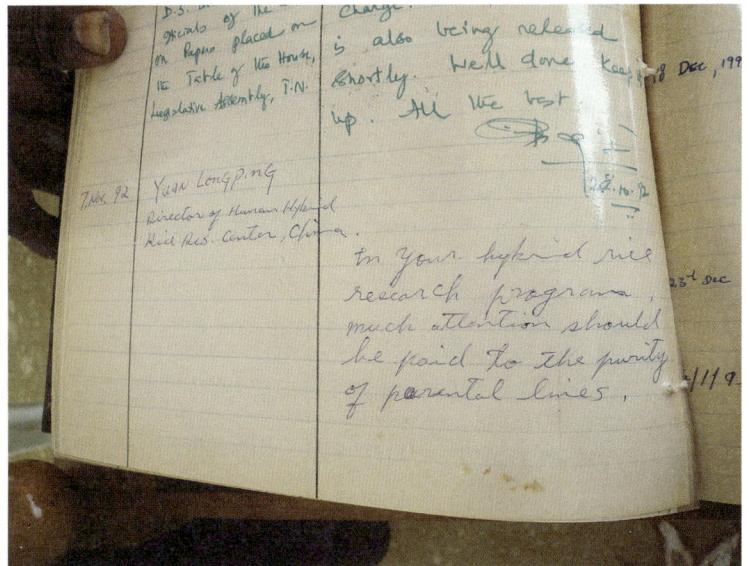

8. 繁忙的日日夜夜

1992 年 10 月去印度执行联合国粮农组织技术顾问任务时，袁隆平已经 63 岁了。要是一般的职工早就退休了，他却好像才开始参加工作一样。袁隆平一直没有退休，直到 2021 年 92 岁时离世，整整多干了 30 多年工作。他能坚持工作，工作效率还一直很高，贡献又那么大，精神力量是一方面，体力也是他的强项。他看上去精瘦精瘦的，但身体没有大毛病。这得益于他从小就注意体育锻炼，尤其是游泳、打气排球等全身运动。

在印度的 20 多天时间，我再次看到他应对繁忙工作的精神和能力。袁隆平平日吃得不多，见我吃得多，就给我取了个外号叫"Big Eater"，翻译成当今时尚用语，可以说是"大吃货"。可是，"吃货"是指爱吃、贪吃，但不一定吃得很多。而我是只讲数量、不讲质量和花样的"吃货"。袁隆平为什么能这样吃苦耐劳呢？我认为，抽烟是一种提神的方法，对他很有效。他还有一个"特异功能"，就是会睡觉，累了就睡，立马能睡着，所以，精力、体力恢复得快。

再一个就是劳逸结合。袁隆平有时间就休息，随性娱乐，下象棋、打麻将都是他的最爱。还有就是袁隆平一直保持着好奇心，见到新鲜东西，就想看个究竟。我们在印度各种活动的安排都是满满的，还经常有"插曲"，有的需要加班加点才能完成，但他应对自如。袁隆平有个诀窍，就是放手让下属去做，只看结果，不管过程；非原则性的事情，能交差就可以。我作为他的助手，对这一点体会最深。

在我们3人中，分工是这样的：袁隆平对接印方高层，印度杂交水稻项目的负责人。具体讲，就是时任全印度水稻研究协调中心所长西迪克博士，以及联合国粮农组织负责官员。我则对接印方负责项目实施的两位主要助手——伊利亚斯和马斯先生。他们主要协助西迪克所长。我协助袁隆平，包括文秘、对外联络、组织技术培训活动等工作。邓小林主要对接全印度水稻研究协调中心具体搞育种和制种工作的技术人员，指导他们如何操作，并负责拍照、在生活上照顾袁隆平。

西迪克所长按照已经拟好的方案，征求我们的意见。袁隆平是首席专家、顾问组组长。他们两人的发言，基本上是要记录下来的。伊利亚斯记录的内容，最后要写进项目执

1992年10月28日，在装有窗式空调的全印度水稻研究协调中心所长办公室，我们第一次与印方项目负责人西迪克进行交谈，商议工作方案、行动计划，右起：西迪克、袁隆平、我、伊利亚斯

行方案等文件。我则必须将会谈的情况记录下来，写进我们向联合国粮农组织提交的英文任务总结报告，格式是规定好的"八股式"，一般分为：导言（Introduction）、顾问活动（Consultancy activities）、主要发现（Main findings）、建议（Recommendations）、致谢（Acknowledgement）、附件（Appendixes）。

其中的顾问活动要把每一个细节都记录在案，何时何地做何事、与何人会面或打交道、有什么结果等，都要写在报告里。对我来说，最难的是把印度的地名、人名记下来。因为不是文字交流，都是说英语，印度英语还难懂，所以，我必须在每天晚上将一天的记录进行整理，遇到搞不清楚的地名、人名或特殊的事情，在第二天或后面的时间问清楚。袁隆平是不需要做这些事情的，他也不要我当翻译。邓小林刚开始的时候英语很差，我要给他当翻译。

与西迪克所长商讨后，在伊利亚斯的办公室，我们开始制定具体活动安排，很详细地讨论每一天的工作计划，右起：袁隆平、马斯、伊利亚斯、我

到田间去，有的时候是我们3个人骑着自行车去专门的试验田，进行观察、调查。大多数时间是印度人跟着我们，我们在田间实地指导他们如何操作。我们还为印方开办了全国性的培训班，学员来自印度全国各地，他们吃住在招待所，一般是两三天时间办一期培训班。这几天，

招待所就热闹起来了，登门找我们的也不少。当然，他们主要是找袁隆平，有时一直搞到很晚。袁隆平总是很耐心地指导他们。另外，也有很多的合影、签名等活动。

袁隆平经常"人在曹营心在汉"，除了搞好对印度杂交水稻项目的指导工作，他还要处理国内发来的一些信息，作出决定，反馈回去。与国内、与湖南杂交水稻研究中心进行联系都是我的任务，因为我是中心分管科研和外事工作的副主任。最后作决定的，还是袁隆平。记得1992年10月31日上午，我收到中心负责与我联系的李继明发来的电传，告知中心这几天收到了一些特急电传、电报，有的来自美国，有的来自泰国，要请示袁隆平。我立马告诉了袁隆平，他要李继明马上将这些急件用传真发过来。袁隆平和我在印度处理湖南杂交水稻研究中心的事情，已是常态。

最使我难忘的是，我们在印度还多次讨论两系法杂交水稻的发展策略。那个时候正是袁隆平提出的两系杂交水稻战略的攻关期，需要使一些策略更加具体。例如，1992年10月27日上午，我们3人讨论了两系法杂交水稻发展计划，袁隆平要我作记录。因为当天下午与伊利亚斯等人一起去了一家叫 Biogene Farm 的公司，参观他们的杂交水稻种植田，我们的讨论只好在晚上继续。

晚上，我们在袁隆平的卧室里，讨论如何发展亚种间杂交水稻。我仍作记录。袁隆平提出几点意见：（1）应该将广亲和基因转到欧洲南部或高纬度地区的高原粳稻里去，或者转育到我国台湾地区以及长江流域的粳稻里面，而不是转到

典型的日本粳稻里面。籼、粳交的优势主要表现在上述粳稻与籼稻的杂交上。（2）转育成功之后具有广亲和基因的粳稻应用作恢复系，原因是，这类粳稻开花较迟，花粉量比日本粳稻大。最佳的遗传工具是结合粳质、籼核、广亲和基因以及温敏核不育为一体，称为"四合一"。（3）籼、粳品种的亲和性可分为 A、B、C、D 四等。A：有主有次（1 个主基因，1—2 个次基因）；B：有主无次（1 个主基因）；C：有次无主（1—2 个次要基因）；D：无主无次（什么都没有）。这是后来一直指导我国亚种间杂交水稻发展的策略。

袁隆平因为还有许多重要的事要做，他提出提前离开印度回国的要求，联合国粮农组织同意了。他于 1992 年 11 月 11 日下午坐飞机回国。在提前离开印度的前几天，他更忙了，时间安排几乎是以小时计算。翻开我当年的记录本，请大家看看在 1992 年 11 月 9—11 日，不到 72 小时里，袁隆平和我们都做了些什么。

1992—11—09，星期一：由 DRR 组织的印度杂交水稻全国协作组会议在 DRR 召开，袁隆平和我们都应邀参加。来自印度全国 11 个杂交水稻研发中心（所、站）的十多位技术负责人到会，主要是商讨下一个季度的工作，由 DRR 的西迪克所长主持。从意大利罗马联合国粮农组织总部来的 M.Scaillet 博士，由 V. Kumar 先生陪同，专门来参加这次会议。在大会开始前，西迪克所长、袁隆平以及两位联合国粮农组织官员专门在一起进行了会谈。

我在下午的大会继续讨论时，播放了我们准备好了的幻灯片，介绍中国的杂交水稻情况，大家很感兴趣。接着，由冉嘎斯瓦米教授和 Vijaya Kumar 博士分别介绍了在中国和国际水稻所接受培训的情况。大家对在中国的培训满意，但是对在国际水稻所的培训不满意，主要是没有学到东西，对费马尼博士的意见最大。晚上，我为袁隆平起草 Mission Report（总结报告），因为他回国之前要向联合国粮农组织驻印度(新德里）办事处递交打印好的报告。

1992—11—10，星期二：上午，我们 3 人分开活动。上午 10 点至下午 4 点多，袁隆平被邀请去 ICRISAT（国际半干旱作物研究所，是与国际水稻所平行的一个国际农业科研机构，位于印度的海得拉巴附近），参观和作学术报告，西迪克所长陪同前往，午餐也是在那里吃的。我则是陪同冉嘎斯瓦米教授，还有新德里来的 Zaman 博士，到田间参观我们的试验。上午，邓小林到我们的繁殖制种试验田除杂，这是一件细心而辛苦的工作，要在烈日下，在水田里来回仔细检查每一株稻苗。

下午，我把为袁隆平写好的任务报告草稿，交 Ilyas 先生修改并打印。还给我的助手李继明写信，告知一些要办的事情，因为我在湖南杂交水稻研究中心分管的事，要进行安排。我写这封信，是要袁隆平主任回国时，带交给李继明。晚上，西迪克所长请我们到他家做客吃晚餐。

1992—11—11，星期三：上午，袁隆平在西迪克所长的办公室里，接受 United News of India（相当于我们中国的新华社）一位记者的采访；接着，与 Dr. U. R. Murty, Director of National Research Center of Sorghum of India（印度国家高粱研究中心所长梅迪博士），交谈了高粱的两系法育种、无融合生殖技术等问题。我一直陪着袁老师。下午，我们还驱车去参观了这个高粱研究中心，因为不远，

1992 年 11 月 11 日，我们在海得拉巴野生动物园合影，右起：袁隆平、我、伊利亚斯

也只是礼节性地匆匆忙忙参观了一下。顺路，加上还有点时间，Ilyas 先生带我们去附近的海得拉巴野生动物园，第一次看到了白老虎和狮虎兽，就是狮子与老虎杂交的后代。

下午 4 点多，回到了 DRR，其实也是有意安排的。DRR 的人做好了一切准备，等着袁隆平为新落成的印度第一个杂交水稻国家实验室剪彩。当然是"杂交水稻之父"袁隆平教授来剪裁最为隆重、合适，西迪克所长主持仪式。袁隆平拿起了剪刀，将挂有鲜花的彩带剪断之际，印度杂交水稻国家实验室正式运行。这也是个具有历史意义的事件，被载入了印度乃至世界杂交水稻发展史。

印度杂交水稻国家实验室剪彩活动结束后，稍事休息，袁隆平于下午 5 点半准时离开 DRR，前往机场。他先到新德里，向 FAO（联合国粮农组织）作汇报、提交总结报告，然后再飞回国内。就在袁隆平动身前，Ilyas 先生交给我几份打印好并装订得很精致的 Mission Report（总结报告），其中两份交给了袁隆平，他要在新德里交给联合国粮农组织办事处。我保留了两份，要带回国内存档。送袁隆平去机场的有 Ilyas、Math、我和邓小林 4 人。而在招待所门口，西

1992 年 11 月 11 日，袁隆平微笑着为印度杂交水稻国家实验室剪彩，西迪克所长（右一）在一旁笑得合不拢嘴

迪克所长和全所几十人一起欢送袁隆平。

袁隆平这位来自中国的国际主义战士、杂交水稻天使，向大家挥手告别，场面非常动人。那位天天为我们做饭、送奶茶的桑格里亚，在离人群较远的地方，挥手目送袁隆平离开，袁隆平也向他挥手示意。这个细节被我看到了。

三、中缅胞波情谊谱新篇

1. 再次相逢在昆明

　　水稻是缅甸的主要粮食作物，种植面积不小，还略有出口，但单产很低。为了提高缅甸的水稻产量，并考虑到该国毒品鸦片的替代种植问题，联合国粮农组织决定在缅甸发展杂交水稻。1996 年，设立了代号为 TCP/MYA/9612 的杂交水稻项目，邀请中国专家进行技术指导。中国专家组的组长（Team Leader）是袁隆平，我是副组长，组员是湖南杂交水稻研究中心的郭名奇和邓应德两位专家。我们去缅甸的主要任务是指导缅甸全国的杂交水稻项目，包括国家杂交水稻项目的设立，研发队伍的建立，设备设施的购置，人员的培训，田间指导包括育种、繁殖、制种等各项技术，并提供一些中国的育种材料在缅甸试验种植。

　　我从 1997 年到 1999 年，一共去缅甸执行了 4 次由联合国粮农组织安排的杂交水稻技术指导任务。其中，1997 年 3 月 22 日至 4 月 5 日、1998 年 4 月 29 日至 5 月 8 日，是我和袁隆平一起去的；其余两次由我负责，带郭名奇和邓应德去缅甸执行任务。这都是我已经离开湖南杂交水稻研究中心到广西农科院工作之后的事。

　　1996 年，我已调离湖南杂交水稻研究中心，到广西农科院杂交水稻研究中心任副主任。1997 年三四月间，袁隆平和我作为联合国粮农组织聘请的顾问，去缅甸指导该国杂交水稻发展计划，先去进行考察，了解情况后，再制定详细的计划。缅甸在昆明设有领事馆，又有缅甸国际航空公司的班机往返昆明与仰光之间。1997 年 3 月 18 日，我和袁隆平通过电话约定，在 3 月 21 日到昆明会合，搭乘第二天中午的缅甸航班飞仰光。

在广西南宁，无法办理去缅甸的签证，我必须先去北京办好签证，没有签证就无法购买机票。我一直等到 3 月 19 日下午 5 点半，才拿到公务护照，于是坐当天晚上从南宁飞北京的飞机，第二天匆匆忙忙办妥了签证。幸亏联合国粮农组织驻北京办事处大力协助，否则，这么短的时间是办不成的。好在那个时候坐飞机的人不多，我于 3 月 20 日买了机票，在 3 月 21 日晚上，带着所有行李从北京飞到了昆明，下飞机后坐出租车直奔茶花宾馆。袁隆平是由长沙飞昆明，比我早到，一直在酒店大堂等着我。他身边的烟灰缸里已经有好几个烟头，这告诉我，他已经等我很久了。

我到酒店时，时间已经很晚了。由于我们俩又是很长时间没有见面了，袁隆平高兴得不得了；我也很亢奋，一点儿不觉得累。年近古稀的袁隆平不停地抽着烟，精神很好。我们两人几乎聊了整整一个晚上，没有主题，什么都聊，一直到拂晓时分。

第二天临近中午，我们拎着简单的行李到了昆明机场。虽说昆明四季如春，但 3 月的春城还是略有寒意。我们都穿着毛衣，外面穿着上下颜色不一、不成套的西装，里面打着领带。袁隆平那件灰白颜色的西装，还是 10 年前，我和他一起在长沙买的。毕竟是到国外当专家，还是作为联合国粮农组织的专家，我们算是比较注意形象啦。我们的行李主要装的是夏天的衣服，缅甸这段时间很热。等我们回国时，国内也会开始热起来。袁隆平的行李箱中，除了衣服，就是几条香烟。他的格言是："人马未动，烟草随行；遇到饥渴，抽烟提神。"

1997 年 3 月 22 日，我和袁隆平带着行李在昆明机场合影

除了我和袁隆平是很久之后又重逢，云南水稻界的同人与他们心目中的偶像袁隆平，也愉快地重逢了。云南农科院搞水稻研究的杨怀礼、蒋志农等几位专家，同袁隆平都是深交。在杂交水稻研究早期，袁隆平经常到云南去交流，经过昆明去元江坝子搞繁种。杨怀礼他们知道袁隆平要经昆明去缅甸，就在 3 月 22 日上午，先到茶花宾馆接我们，然后一起去机场，在机场与我们合影留念，送我们上飞机。

到了 1998 年四五月间，我和袁隆平再次去缅甸。这次是在第一次考察的基础上，进行技术层面的指导，并与缅方一起制定缅甸研发杂交水稻的中期计划。我们又是先约好分别从各自所在城市出发，到昆明会合。1998年4月29日，我们还是在茶花宾馆相会，还是坐与第一次相同的航班，搭乘缅甸航空公司的飞机飞缅甸首都仰光。

这次到昆明机场来送行的，是云南农业大学稻作研究所的几位大专家。其中有滇型杂交水稻创始人李铮友教授，他在1983—1988年当过云南省副省长，又在1992—1995年担任云南省科协主席，与袁隆平是亲密战友。此外，还有时任云南农业大学稻作研究所所长师常俊教授等人。最后，少不了集体合影留念。

1997年3月22日，云南省农业科学院的水稻专家在昆明机场为我们送行，左一是杨怀礼，左二是袁隆平，右二是蒋志农，右一是我

这种迎来送往，都是简单并充满友情的，袁隆平很高兴。而那种大操大办、仪式感很强的接待，袁隆平主观上是不想参加的。对于这一点，他向我讲过多次。尤其是我在他身边做副手的时候，他反复强调："小毛，我们尽量少惹这种事，少参加或不参加这种场合。我不会讲话，也不习惯应酬这些，因为很花精力和时间。"

这次，我和袁隆平吸取第一次的教训，提前一天到了昆明，两人有更多的时间交谈。谁知，得到了消息的李铮友，考虑到袁隆平是在任的湖南省政协副主席，就告知了云南省政协。云南省政协在 1998 年 4 月 28 日晚上，将袁隆平和我接到昆明滇池旁的一家酒店，当然还有李铮友等人，举行了一个颇为隆重的欢迎与欢送仪式。我记得，云南省政协的领导讲了话，袁隆平也致了答词。云南省政协送给我们的礼物是一幅滇池大观楼的长联——以铜质法蓝瓷为衬托的工艺品，包装也很考究。其实，这些都是李铮友的一片苦心，也是可以理解的。袁隆平当然还是很高兴，但回到茶花宾馆后对我说："小毛，李铮友教授太客气了，惊动了官方，我认为没有必要。"

到了第二年，也就是 1999 年的 10 月，袁隆平要到越南去访问并指导杂交水稻技术，与我事先约好在南宁机场见一面。10 月 4 日这天，他单独一人从长沙飞到南宁，在机场等我。我带着老婆、儿子，让单位的司机李伟芬开车，赶到南宁吴墟机场。当时，我是广西农科院水稻研究所所长。我们一家与袁隆平见了面，非常高兴。大家一起在机场餐厅吃

1999 年 10 月 4 日，我一家三口在南宁机场餐厅陪袁隆平吃午餐

午餐，四菜一汤吃得舒舒服服。袁隆平说，就这样最好。假如那天我把袁隆平过境南宁去越南的事，告知广西农科院的领导，官方的接待会非常隆重；要是报告给广西壮族自治区政府，接待的规格一定会更高。

当年，袁隆平刚从湖南安江农业学校调往长沙，在1984年担任湖南杂交水稻研究中心主任。他由于一直是偏远山区农校的教员，几乎没有与政府高官打交道的经验。记得那是1984年8月18日，湖南杂交水稻研究中心成立刚刚两个月，我才从菲律宾硕士毕业回国，就被袁隆平要到手下，做他的主任助理兼办公室主任。袁隆平带着我到湖南省政府找时任省长刘正，要他批500万元为新成立的湖南杂交水稻

1999年10月4日，吃过午饭，袁隆平就要登机了，我请司机李伟芬为我们拍了一张合影

研究中心建办公大楼、买仪器设备等。那个时候，500 万元经费是要省长批的，结果只批了 11.5 万元。袁隆平回来后对我说："我不会说话，叫你陪我找省长，就是要你为我壮胆、出主意。这次只批了 11.5 万元，只怪我不会讲话。"

不过到了后来，袁隆平的地位、声望越来越高，党和国家领导人多次接见他，他与外国国家元首、政府首脑和部长们见面已是家常便饭。尽管如此，他还是不喜欢那些繁文缛节。

2. 第一次踏上缅甸国土

缅甸是我国的友好邻邦，山水相连，一衣带水。中缅两国人民有着几千年的胞波情谊。新中国成立以后，中国领导人多次访问缅甸。缅甸也是一个历史悠久的文明古国，旧称"洪沙瓦底"，1044 年形成统一国家后，经历了蒲甘王朝、东吁王朝和贡榜王朝 3 个封建王朝。1825 年、1852 年、1885 年，英国先后发动 3 次侵缅战争并占领了缅甸。1886 年，英国将缅甸划为英属印度的一个省。

1948 年 1 月 4 日，缅甸脱离英联邦宣布独立。所以，每年的 1 月 4 日，是缅甸的独立日。2005 年，缅甸政府将首都从最大城市仰光迁至内比都（前称彬马那）。缅甸是一个地地道道的农业国，从事农业的人口超过 60%，经济不发达。缅甸与中国、印度、泰国、老挝、孟加拉国接壤。

1997 年 3 月 22 日，星期六，我们乘坐缅甸国际航空公司的 UB272 航班到达仰光机场，第一次踏上缅甸这个神秘的国度。仰光机场很小，设施也很一般。按照入关时缅方发的一张小纸条，每位入境者必须兑换 200 美元的缅币，兑换比率为 1 美元兑换 6 缅元。另外，还要求把手机放在海关，等离开缅甸时再还给本人。我们都乖乖地照办了。

等我们出了机场，见到来接我们的联合国粮农组织驻缅甸办事处工作人员吴祚温先生。他告诉我们，其实可以不在机场兑换缅币，在外面兑换，要高出很多倍。手机只要取出电池，带进海关也没问题，反正在缅甸也打不成手机，这个国家管得特严。

在缅甸首都仰光，我和袁隆平被联合国粮农组织驻缅甸办事处安排住进一个叫 ARNANDA INN 的两层楼别墅式私人旅馆，它位于仰光市的学院大道。按缅语发音，老板是一个叫吴吉明的印度移民。这个家庭型客栈，条件绝不比任何五星级大宾馆差。房间很大，家具都是用名贵木材做的，24小时有热水，还有空调、冰箱、电视机。可以收看几家外国电视台的电视节目，在缅甸这个管制严格的国家，这可是特殊的。这家旅店更大的优点是，服务非常周到。客人想吃什么饭菜，只要市场上买得到原料，老板娘和她那几位能干的女儿就会给你做好，还包洗衣服。另外，发传真、打国际长途电话、买邮票发信，在这个旅店里都可以完成。

袁隆平最满意的是，在这里吃得卫生，饭菜口味也不错。房价并不贵，包早餐和洗衣服，每晚才 22 美元。后来，我每次来仰光都住这里，一直是这个价钱。几年下来，我还和吴吉明一家成了朋友。我有时带点儿中国的小礼物送给他们，他们高兴得不得了。

这家旅店离昂山素季的住所不远，直线距离不到 300 米。我们进出这个旅店，经常可以看到缅甸军警在附近巡逻，通往昂山素季住所的路口，还设有路障。从我们住的房间可以隐隐约约看见那里面的动静。从旅店出门往右拐，不远就是仰光市的一条主要街道。离十字路口不远，有一家名为福山饭店的中餐馆，从外面看，很像一座中国寺院，袁隆平和我一起到这里吃过几次中国餐。

非常幸运的是，这家旅店当时还住着几个中国人。他们是到缅甸实施工程任务的技术人员，对仰光的情况比较熟悉。后来，他们成了我们的朋友和向导，带我们到附近的唐人街、海边、旅游点去观光和购物。尽管当时袁隆平的名气还不是很大，但他们都知道袁隆平是"杂交水稻之父"，争相与他合影留念。

中国古话说"在家靠父母，在外靠朋友"，在缅甸这异国他乡，一下子遇到一群中国老乡，格外有亲切感。在仰光，我们得到他们很多帮助；后来到了项目执行地，也得到一些华裔、华侨的帮助，很是感人。我们刚住进旅店，晚上也没有什么事要做，几位中国小伙子就带我们去了仰光的"中国城"。从旅店步行走小路，很快就到了"中国城"。它

1997年3月，袁隆平（左三）和我（右二）在缅甸首都仰光与住在同一家旅店的中国工程队技术人员合影

离海边不远，夜晚很热闹，有点光怪陆离的。有许多店铺除了挂缅语招牌，还有中文标识。因为刚到缅甸，需要早点休息，我们随便逛了一下，就回旅店了。

联合国粮农组织驻缅甸办事处约我和袁隆平在 3 月 24 日上午去他们那里，商讨如何开展工作，他们会派车来接我们。3 月 23 日是星期天，法定假日。那几个中国老乡陪同我们去了仰光大金塔，还有其他几个旅游景点。袁隆平的兴致很高，哪怕从国内出发到缅甸后一直没有很好休息也不在乎，他对"忙里偷闲，游山玩水"乐而不疲。

我们来到仰光后的第三天，是到联合国粮农组织驻缅甸办事处以及缅甸农业和灌溉部去会见官员，讨论如何进行技术指导，并办理有关手续。第四天，即 3 月 25 日，缅甸中央农业研究所水稻系一位名叫朵金丹媛（在缅甸称呼妇

1997 年 3 月 24 日上午，在联合国粮农组织驻缅甸办事处，袁隆平（左三）和我（左二）与办事处代表以及负责接待我们的缅方人员合影，右二为朵金丹媛，右一为吴明安

女，都要在她们名字前面加一个"朵"字）的女士，以及一位叫吴明安（这个"吴"，不是他的姓，而是对年长或有地位的男士的尊称）的男士，陪我们去缅甸中央农业研究所（Central Agricultural Research Institute，CARI）。这个研究所，设在缅甸中部山区小城彬马那附近一个叫叶津的小镇上。从仰光去那儿，交通工具只有火车和汽车，我们被安排坐火车去。

这里要介绍一下，从位于叶津的缅甸中央农科所专程到首都仰光来接我们的两位人员的情况。那位苗条的中年女士，叫朵金丹嫒，时任缅甸中央农科所水稻系主任。我和她以前就认识。1981—1984 年，我们同在菲律宾的国际水稻研究所攻读硕士学位。吴明安在美国获得硕士学位，在缅甸算是高层次人才了。

3. 火车"蹦床"到天亮

1997 年 3 月 25 日下午 4 点多，联合国粮农组织驻缅甸办事处派车，把袁隆平、我还有吴明安、朵金丹娅 4 人送到了仰光火车站，搭乘由仰光开往缅甸第二大城市曼德勒（又叫瓦城）的一趟车。联合国粮农组织为我们买了最好的车票——硬卧车票，因为在缅甸没有软卧。下了汽车，吴明安帮袁隆平提行李。我自己提着行李，还不时关照着袁隆平，怕有什么事情发生，好在仰光的社会治安还不错。仰光火车站不大，倒也干净，只是什么东西都显得很陈旧。

火车在晚上 7 点开车，离开车还有 10 多分钟，我们已进了站台。袁隆平抽着烟跟吴明安用英语聊着，得知吴明安也从事水稻育种研究，但对杂交水稻技术还是刚刚听说。我边参加聊天，边好奇地看着眼前的一切，因为是第一次来到缅甸，又是第一次坐他们的火车，确实有点新奇感。站台上停着的这列火车，车头是中国制造的东风型内燃机车，看上去还蛮新，与后面挂的破旧车厢很不相称。缅甸的铁路是在英国殖民时期修建的，直到今天还是 1 米宽的窄轨。

袁隆平抽完烟，我们开始上车。卧铺在中间几节车厢，吴明安告诉我们，这是为了安全。我们原以为他会和我们在同一个车厢，他却说，按他的等级只能坐硬座。他叮嘱我们要注意安全，就匆匆去了他的车厢。

我们这个卧铺格子里只有上下两个铺，小桌子旁边有两张可以放下来的座位，看来应该是条件最好的卧铺了。肯定是让袁隆平睡下铺，我睡上铺。晚上可以把格子门扣上，别人进不来，比较安全。车开之前，袁隆平又抽了支烟，他还将头探出车窗，仔细地看着车站的景物。

火车开动了，在仰光附近，行进得还平稳，车速不快，只是有点摇之晃之。咕咚咕咚很有节奏的响声，使我们仿佛又回到了当年在国内坐蒸汽火车的时代。离仰光越远，火车颠簸得越厉害，有时简直是在蹦跳着前进。开了没有多久，就在一个小站停下来让车。我们把头伸出窗外，看到铁轨竟磨损得非常厉害，许多枕木已经烂了或缺了，枕木的道砟也很少。因为是单线，火车一路上几乎见站都要停，等对面来的车开过去再继续前行。我透过窗子，看了几次对面的列车驶过，只见车轮下面的铁轨都在上下弹跳。

天渐渐黑了下来，我们的肚子也饿了。我们吃着从国内带来的饼干，喝着已泡好的茶水充饥。外面慢慢地什么也看不见了。我们觉得，躺在卧铺上还不如坐着舒服，干脆就坐在活动座位上聊天。我问道，缅甸的铁路、火车怎么还这么落后？袁隆平说，关键还是政府领导不力、经济落后的原因。这和新中国成立前的火车差不多。他说，他年轻的时候坐过。袁隆平还告诉我，他父亲在民国时期曾是平汉铁路局的一个小官员，相当于办公室里管总务的。我笑着对袁隆平说："您这个在国内肯定要坐软卧的人，今天在缅甸坐这种'蹦蹦车'，他们还说是最好的待遇，实在是委屈您了。"他说："这算什么？印度的国父'圣雄'甘地坐火车还坐三等车厢哩！有记者问甘地为什么要坐三等车厢，他风趣地回答因为没有四等车厢可坐。这说明，甘地这个人很体察民情，所以受人民爱戴。"

后来实在累了，袁隆平躺到铺上，不知不觉就入睡了。不管车如何晃、如何蹦，他都在睡着。他身上盖的毯子几次掉下来，我就为他捡起盖上。我没有爬到上铺去睡，上去睡肯定很危险，难免摔下来。我就坐到位子上，同时也关照着袁隆平。我知道自己的责任。袁隆平已经是六十七八岁的人了，更是国宝级的人物啊！此时此刻，不能让他有任何的危险。

火车继续前行，我也越来越困倦了，但不敢大意，尽量撑着眼皮。每次火车拐弯或是颠簸时，袁隆平的身子就在铺上晃来晃去。好在活动座位离他睡的下铺很近，我把手伸过去就能扶住他，防备他摔下来，因为我是有责任的啊！

我的脑海里不时浮现 1992 年和 1993 年我与袁隆平在印度时那些艰辛的日子。他冒着酷暑烈日，也冒着被蚊虫、毒蛇咬的危险，在印度的田间、乡村指导杂交水稻技术。如今，他来到缅甸，又要面对新的艰辛。

为了让袁隆平睡觉时不受影响，我关闭了车厢里的灯。每当车在小站停下来让车时，借着透过车窗照在袁隆平脸上的灯光，我看到他睡得香甜的样子，心里怪不是滋味的。这个半蜷着身子熟睡的，竟是世界知名、许多国家的元首和政府首脑接见过、获得许多国际大奖的"杂交水稻之父"袁隆平。他比我大 18 岁，称得上是我父辈的人。他这么有

声望，既不缺钱，也不缺舒适的生活和工作条件，不是为了
实现自己的诺言——让杂交水稻造福于全人类，他有必要来
受这种罪吗？这不是崇高的国际主义精神又是什么？这不是
伟大的奉献精神又是什么？想着想着，我的眼眶湿了，眼睛
朦了。人们每当从电视上、报纸上看到袁隆平，看到的都是
他的荣誉，可又有谁知这些荣誉后面有多少艰辛！袁隆平真
的是既伟大又平凡。

到下半夜，我也越来越撑不住了。不知什么时候，等我
睁开眼睛，看到身上盖了一床毯子。袁隆平已坐起来，在一
个劲儿地抽烟。我问："袁老师，你为什么不睡了？"他说：
"我被蹦醒来，也睡不着了。你睡吧。"我也醒过来了，没有
再睡，一直和袁隆平坐着聊天，也谈到了如何把在缅甸的技

1997 年 3 月 26 日，
我（右一）和袁隆平（左
三）到了缅甸中央农业研
究所，在大门口照了一张
合影，留下了永恒的记录

术顾问任务完成好。袁隆平分析得很有道理，他认为缅甸本身的技术力量比印度差得太远。我们帮助印度取得了成功，但要在缅甸取得成功难度会更大。

3月26日，天刚麻麻亮，早上6点左右，火车在彬马那站停了下来。这是一个位于仰光与曼德勒之间的小城市，缅甸中央农业研究所就在离这个城市十几公里的叶津镇。我们的技术顾问工作主要在这里进行。吴明安很快来到我们的车厢接了行李。缅甸中央农业研究所派了一辆面包车等在车站外面。经过20多分钟，我们终于到了它的招待所，被安排住下来。我和袁隆平两人的房间打隔壁。缅方陪同人员要我们先休息，并告知：上午，研究所的领导来见我们；下午，缅甸农业与灌溉部部长会来研究所，将接见我们。

4. 回程之路也艰辛

记得 1997 年 3 月 26 日清晨，我们从仰光到达叶津时，袁隆平就对我讲过："小毛，我们下次不要再坐火车了，太难受了，也危险。"到了 4 月 1 日，当我们要从叶津回到仰光时，缅甸中央农业研究所派了一辆日本产的 7 座越野车送我们回仰光。这辆车是他们所里最好的车了，司机也不错，技术很过硬。我和袁隆平坐在驾驶席后面一排；前面是司机和吴明安；后排坐 3 位女士——朵金丹嫂、朵孟妹和朵亭甜蜜，估计是搭便车去仰光。小汽车灵活方便，也肯定比坐火车舒适、安全些，可一路上还是经历了别样的辛苦。我们从缅甸中央农业研究所出发，沿南北国道干线公路朝着首都仰光方向一直往南开。从叶津到仰光不到 400 公里的路程，我们走了整整一天。

袁隆平建议不坐火车，也是有道理的，确实危险性很大。1998 年，我们这个 4 人专家组中的邓应德在坐火车返回仰光时，半路上火车被炸，几节车厢翻到了路旁，还有人死伤，所幸的是邓应德没有受伤。后来，他一提起这件事，就后怕不已，只说再也不想去缅甸了，更不敢在缅甸坐火车。

由叶津到仰光的公路也是以前英国人统治时期修的，往北经过曼德勒可以一直通到中缅边境。路面不宽，多年失修，坑坑洼洼，两旁都是几十年或上百年的大树。两辆车会车时要减速不说，过桥更是要等很久，因为几乎沿途的每一座桥都窄得只能让一部车通过，一个方向的车过完，才放另一方向的车过。桥两头负责放车的人扬着红、绿旗子互通信号。车过桥时，速度受到严格限制。桥大多是在1942—1945年建的。我们的车慢慢通过时，我清楚地看到桥的钢梁上用英文刻写的修建年代。桥也年久失修，锈蚀得很厉害。有不少桥加了一些支架，防止垮塌。沿途一些地方正在修补柏油路面，因为三四月份，是这里最热的季节，又是旱季，是修补公路的最佳季节。这使得我们的车走走停停，走不多远就要堵一段车。

看他们修补路面实在原始、落后：工人们用废汽油桶将柏油烧融化，用铁瓢舀出滚烫的柏油浇在要填补的地方。几个打赤脚的妇女和儿童，用头顶着小竹筐，里面装着一满筐碎石，倒在浇了柏油的地方。一个男工用一块不大的石头敲一敲、压一压，搞得平整一点，就这么慢慢地干着。快到仰光时，才见路上有一台中国上海制造的压路机在工作，算是最先进的了。

每年三四月间，是缅甸的盛夏，烈日当头，气温高达40多摄氏度。我们走了一上午，好不容易熬到吃中饭的时候。要找一间像样的、卫生一点的餐馆都难，更不用说中餐馆了，无奈在一个小排档前停了车。小车的空调有毛病，我和袁隆平坐在后排，热得几乎受不了，有时只好打开车窗透透气。口也干得不行，带的茶水早就喝完了。

下车后，我们先揩干汗，想找点开水喝。缅甸人习惯喝凉水，几乎家家户户都有盛凉水的瓦罐，里面的水很清凉好喝。我已经喝习惯了，没有什么问题，所以，我跑到小排档的厨房里舀了一瓢，喝了个精光痛快底朝天。可袁隆平有过敏性胃肠炎，只好叫小排档临时烧了点开水给他喝。吃饭时，还是老规矩，每盘菜最上面和最下面的，袁隆平都不吃，他只吃中间的。我们为他要了几份现炒的菜和一碟油炸花生米，他把花生米的皮去了才吃，又香又卫生。走之前，我们又把路上喝的茶泡上。不用说，餐费又是袁隆平付的。

在缅甸期间，几乎每次在餐馆吃饭，都是我们中国专家付钱。这是因为，缅甸科技人员私人是根本请不起客的，一个正教授级别的，每月工资才相当于5美元左右。如果公家请客的话，钱不会很多，肯定吃不饱、吃不好。付钱之后的收据，我们一般都让陪同的缅甸人拿去报销，也许能让他们得点外快，养养家。

在我们就餐的小排档隔壁有一家米店，趁着饭后休息的时间，袁隆平饶有兴趣地走进这家米店，这是他在缅甸看过多次、多家米店后，又一次进米店。他对每样米都很认真地看，又放到鼻子下面闻闻，有时还问朵金丹娓和吴明安，这种米煮饭好不好吃、香不香等等。缅甸的米（粮）店有两种。一种像我们国家改革开放前的国营粮店，只按计划供应居民粮食。居民要凭粮本，按量购买。缅甸的公务人员，比如农业科研人员、学校教职工，都是吃政府统一供应的大米。这类大米加工粗糙，里面除了陈米、杂色米，还混有沙石，要小心地淘米除沙后才能煮饭吃。而我们饭后去的这家米店是私人粮店，米的种类较多，米质也较好，价格当然也高了许多。我们在饭店吃的米饭，都是用私人米店的米做的。

我们问吴明安和朵金丹娅，老百姓吃得起这些米吗？他们回答说，在缅甸，吃饭就是以米饭为主，而不是我们中国人"吃饭"的概念。我们吃饭，要有美味的菜肴下饭。他们也有下饭菜，但都是普通的咸菜、素菜，所以，对米饭的口味还是有要求的。他们公务人员也经常到私人店子买一些好米吃吃。

说是吃中饭，实际上已是下午三四点钟了。吃完饭，我们问陪同的吴明安，到仰光还有多远，要走多久。他说，走了还不到一半的路程，但还要走多久、什么时候到仰光，就说不准了。我和袁隆平重新钻进车里，一路上颠颠簸簸，又热又累。渐渐天黑了，车经过一些上不着村、下不着店的地段时，两边看去一片漆黑，心里真有点发怵。我们已听说，缅甸反政府武装经常伏击过路的车辆，特别是政府的车，这次我们该不会碰上吧。

到了离仰光不太远的一个城镇，实在饿了，司机也累了，我们找了一家饭店准备吃晚饭，一看表已是晚上9点多了。点了几份我们能接受的当地菜肴，凑合着吃了一餐晚饭。当地人晚餐吃得很迟，这是他们的传统习俗。我到印度、斯里兰卡等国工作时，了解到当地人晚餐也普遍吃得迟，吃完没有多久就睡觉了，这其实是一个不太好的饮食习惯。在那些国家，哪怕是穷人，大腹便便的人也很多，晚上吃了饭，没有运动，肚子里的食物消化不好，脂肪积累得多，结果，患心脏病的人很多。记得与我同在导师费马尼博士手下做研究的印度人中间，Prassad 和 Sharma 两位博士后，回到印度后没多久便因心脏病去世，年龄都不到 50 岁，挺可惜的。

　　夜深了，肚子填饱了，天气凉快多了，路上的车辆也多起来，路平坦了不少。离仰光越来越近，我心中自然增添了不少安全感。到了仰光后，车将我们送到 ARNANDA INN 旅店。按了门铃，吴吉明起来给我们开了门。等我们躺下熄灯睡觉时，已是凌晨 2 点多了。快 70 岁的袁隆平确实累了，第二天很晚才起床。我问他休息得如何，他说睡得很香，还做了梦，梦见坐的小车被劫持了。最后，他哈哈大笑说："只怪我们太紧张了，其实不管安全不安全，坐汽车都比坐火车舒服多了！"

5. 难得一见的缅甸农业部部长

我和袁隆平第一次到缅甸，很重要的一个任务就是要见到缅甸的农业部部长或其他能决策的高官，使缅甸政府重视杂交水稻，支持杂交水稻发展。杂交水稻在中国，以及后来在印度、越南等国成功推广的经验告诉我们，政府的支持十分关键。我国从中央到地方，各级政府特别是农业行政主管部门，都给予杂交水稻很大的支持。据我所知，我国的多位农业部部长、副部长多次会见过袁隆平，如杨立功、相重阳、何康、刘锡庚、洪绂曾、陈耀邦、杜青林、韩长赋等，对杂交水稻的发展给了很大支持。

我们到达仰光后的第三天，即 1997 年 3 月 24 日，星期一，就被联合国粮农组织驻缅甸办事处安排去缅甸农业与灌溉部同部长及有关官员见面。等我们驱车到了那里，被告知，部长先生有别的事忙去了，不能会见我们。我们只见到了农业服务司的司长。我们又被告知，部长过几天要到中部地区视察，会去缅甸中央农业研究所。那里是我们进行技术指导的驻地，所以，我们想，在那里也可以和部长会面。3月 26 日早上，我和袁隆平刚从仰光到达叶津的缅甸中央农科所就被告知，农业部部长会在下午来中央农业研究所，并要接见我们。难怪我们看到整个研究所打扫得干干净净，一些地方还挂了彩旗，保安人员也加强了巡逻。除了所领导外，一般的人只知道有政府要员来，但不知是谁。

　　我们在招待所的寝室里等着。三四月间，这里正是盛夏季节。房间里没有空调，只安了电扇，我们西装革履，身上、头上都出了汗。袁隆平和我虽然都是见过世面的人，但头一回要见一位少将军衔的农业部部长，多少还有点儿紧张，不知那位部长会是什么样子。等呀等，一直等到快吃晚饭了，还没有人来找我们。正纳闷儿，缅甸中央农业研究所所长杜昂博士进来了。他说，实在对不起，部长没有来，临时改变了行程，但有几位下属官员刚刚到。他坐在我们房里，与我们聊了一阵。杜昂是留学英国的博士，地位也算很高了，因为缅甸全国只有一个综合性农业研究所和一所农业大学，这两个单位都相当于副司级。

　　杜昂抱怨地告诉我们，那位少将军衔的农业部部长，根本就不懂农业，也不关心农业。他最大的爱好是敛财，到处收金坨子。杜昂说。这次，部长先生确实决定要来的，也说要接见中国专家，说不定又是谁在半路上用黄金把他请去了。缅甸中央农业研究所特意为这位部长准备的丰盛菜肴，也只好由我们和研究所各系、部的头头，还有部长的几个随从一起分享了。晚饭之后，我们还是向缅甸农业部部长的几个随从作了工作汇报。他们边打瞌睡边听我们汇报，我们也就只好长话短说了。

　　等到 1997 年 10 月，我带另外两位中国专家到缅甸第二次执行任务时，听说这位农业部部长已被撤职查办，因为贪得太多了，他在仰光富人区的别墅也被查抄。再等到 1998 年 5 月，我和袁隆平来缅甸第三次执行任务时，又听说这位部长已经死了，不知是自杀还是被处决。

随着缅甸在 1997 年 7 月加入东南亚国家联盟（ASEAN），这个国家的经济建设和民主化进程都有了很大发展。2002 年 9 月，我和袁隆平都去北京参加首届国际水稻大会，见到了来开会的杜昂，他已被提升到正司级，成为缅甸农业与灌溉部农业服务司的负责人了。

我和袁隆平第二次去缅甸是在 1998 年 4—5 月。那次，我们一到仰光，就去联合国粮农组织驻缅甸办事处报到并商议技术顾问任务有关事项，再次提出想见缅甸农业部部长，主要是与他面谈如何推进全国一盘棋的杂交水稻研发计划。那位农业部部长对杂交水稻比较重视，多次过问并到田间察看杂交水稻。

原本有机会见到这位农业部部长。在我们这次任务期间，联合国粮农组织与缅甸政府商议好了，定于 1998 年 5 月 11 日，召开缅甸首次全国杂交水稻技术专题讨论会。我们从中国飞抵仰光后，第一件事就是去联合国粮农组织驻缅甸办事处，商谈我们如何为这次会议做准备。袁隆平将在会上作主旨发言，介绍中国和世界的杂交水稻发展情况，我则介绍杂交水稻制种技术。

为了这次杂交水稻会议，缅甸方面一直在做准备。我们也被要求于 5 月 5 日，在仰光同联合国粮农组织总部来的官员阮文谷会面。他在联合国粮农组织是负责全球粮食作物的官员，原籍越南。我们与阮文谷在中国和其他国家见过几次面，都很熟悉了。他对杂交水稻非常支持，对袁隆平也很

1998 年 5 月，我们三人在缅甸仰光 ARNANDA INN 旅店见面时合影、中间是袁隆平，左为阮文谷

敬重。

阮文谷于 5 月 5 日上午到达仰光，也住在 ARNANDA INN 旅店。他是直接从意大利罗马飞过来的，联合国粮农组织的总部设在那里。我们一起先到联合国粮农组织驻缅甸办事处，接着到了缅甸农业与灌溉部计划司，参加下午 2 点半到 4 点的联席会议。专门讨论缅甸首次全国杂交水稻技术专题讨论会的事。参加会议的人员有缅甸农灌部农业计划司 3 人、农业服务司 2 人；联合国粮农组织 2 人；缅甸中央农科所 3 人，包括朵金丹嫂、吴明安；以及我和袁隆平两位中方专家。

会上，袁隆平提出，散会后马上与大家一起到缅甸中央农业发展和技术培训中心参观中国北京首放公司的杂交水稻

品种比较试验。阮文谷很支持。于是，安排了这项没有预先
列入议题的活动。缅甸农灌部计划司立刻安排好了车辆和司
机。缅甸农灌部离缅甸中央农业发展和技术培训中心不远，
到了那里，袁隆平很兴奋地给大家介绍田里的杂交水稻以及
测产的结果。一同来参观的缅甸官员们大多数没有亲眼见过
杂交水稻，这下，他们都相信杂交水稻能大幅度提高稻谷产
量。我真的非常佩服袁隆平能在关键时刻提出这么好的建议
并立即行动。

就在 5 月 5 日晚上，袁隆平接到国内发来的传真，要他
马上回国，参加重要活动。5 月 6 日，联合国粮农组织驻缅
甸办事处为他买好了当天下午回国的机票，我和缅甸中央农
科所的几位专家一起到机场为他送行。袁隆平的一些任务落
到了我身上，包括在缅甸首次全国杂交水稻技术专题讨论会
上代他作主旨发言。

1998 年 5 月 11 日，
在缅甸首次全国杂交水稻
技术专题讨论会上，缅甸
农业与灌溉部农业计划司
司长给我颁发纪念品

就是这么重要的缅甸首次全国杂交水稻技术专题讨论会，缅甸农业与灌溉部部长最后也没有参加。那天到会的最高级别官员是缅甸农灌部农业计划司司长，他还给我颁发了一份纪念品。这是我在缅甸见到的职务最高的官员。即使袁隆平不提前离开，参加这次会议，也见不到缅甸的农业部部长。

6. 游览两座大金塔

缅甸是一个佛教国家，全国各地只要是有人居住的地方，都可以看到佛塔和寺庙。我敢说，缅甸是世界上佛塔最多的国家，而许多人口较为集中的城镇都有大小不等的金塔。寺院里供奉着这样那样的菩萨。和尚穿褐红色的袈裟，与我们在中国寺庙里看到的差不多。尼姑则穿粉红色袈裟，比较鲜艳夺目，出门还常打着红红绿绿的纸伞。

我和袁隆平在 1997 年第一次去缅甸时，参观了两座有名的大金塔。第一座是仰光大金塔寺那座世界著名的大金塔，它的正式名称是施维达贡大金塔。第二座是具有现代风格的佛祖舍利塔，它由缅甸政府建成，用来供奉当年从中国迎请来的释迦牟尼佛牙舍利，气势恢宏。

仰光大金塔始建于 2500 多年前，据说上面的黄金已达

1997 年 3 月 23 日，我与袁隆平在缅甸仰光大金塔寺

17 吨，而且还在不断增加。塔高 100 米，是世界上最高的佛塔，又建在高处，很远就能看见，在太阳照射下金光灿灿，十分美丽壮观。每天到这里来的国内外游客和信众络绎不绝。每个人都要脱掉鞋子才能走进去。我和袁隆平由一位同住 ARNANDA INN 旅店的中国朋友陪着，去了仰光大金塔寺。我特意带了摄像机和照相机，还好，这些都允许带进去。

1997 年 3 月 23 日，按照当地习俗，我和袁隆平光着脚站在滚烫的地面，与施维达贡大金塔合影留念

　　缅甸当地人平日只穿拖鞋，哪怕上班都是这样。他们脱掉拖鞋就是赤脚一双。我和袁隆平脱了皮鞋还要脱掉袜子，把袜子塞进皮鞋，将鞋子摆放在大家都放鞋子的地方，再赤着脚往前走，走了一段路，开始上台阶，爬了几十级，到了大金塔所在的平台。太阳早把平台上铺的大理石晒烫了，我们一踏上去，就不由自主地跳起来，只好快步走，并选没有阳光照到的地方走。

　　大金塔在中心位置，四周有不少矮一点的塔，到处都是佛塔和菩萨。与中国的菩萨一样，这里的菩萨也是各司其职的。游客只是少数，大多是信士和香客，来求神拜佛的。他们找到自己要拜的菩萨，就很虔诚地敬拜起来。有一尊个头不大、小巧精致的白色玉佛十分慈悲可爱，有点像观世音菩萨，但陪同我们的中国朋友说，她不是观音，是专门保佑妇女生孩子的。求拜这尊菩萨的都是妇女，年轻的居多。她们从佛像旁的一个水池捧来泉水，浇到菩萨的头上和身上。

这张袁隆平单人照片背面写着：1997 年 3 月 23 日于缅甸仰光 Shwe Dagon Pagoda（施维达贡大金塔）

　　由于时间有限，我们只是粗略地把施维达贡大金塔这座世界知名、缅甸最大的金塔，以及它周边那些大大小小、金碧辉煌的塔楼看了一遍，要是仔细看，只怕几天时间都不够。袁隆平一直兴致勃勃，离开大金塔时，他对我说："小毛，下次我们再来！"我说："我一定陪你再来。"

　　1997 年 4 月 1 日，我们完成了在缅甸中央农科所的考察调研任务折回仰光。缅甸中央农科所的 3 位女士——朵金丹娅、朵孟妹、朵亭甜蜜，一路陪同我们。当天上午，我们乘坐的越野车路过一座很大的佛塔，从车上看去，造型新颖，而且很新。还是袁隆平发问："那边那座佛塔可以参观吗？"朵金丹娅说："当然可以。这座佛塔还是缅甸政府专门为了奉迎从中国来的释迦牟尼佛牙舍利建造的。"于是，她叫司机把车开到了佛塔附近。

我们下车后，先在佛塔前合影留念，有我和袁隆平两人的合影，也有我们请司机拍的我们 5 个人的合影。我至今都保存着这些照片。朵金丹娅告诉我们，从中国迎请来的释迦牟尼佛牙舍利已在这座佛塔里供奉了很长时间，缅甸全国的僧侣还有政府官员和老百姓都来瞻仰膜拜。我们看到，佛塔周围有许多游人和车辆，香火缭绕，诵经声不断。

1997 年 4 月 1 日，我和袁隆平与缅甸从事杂交水稻研究的三"朵"金花，在佛祖舍利塔前合影

193

我和袁隆平在佛祖舍利塔前合影，相片背面写着："1997.4.1. 袁隆平、毛昌祥执行 FAO 任务时在缅甸首都仰光"

这张袁隆平单人照片背面写着："1997.4.1. 于缅甸仰光，last"

在佛塔外面照完合影，袁隆平提出要到佛塔里面参观。我们买了门票，老规矩，进去是要脱掉鞋袜的。佛塔里面很大，几根巨大笔直的檀木大柱顶到了佛塔上部，檀木柱子的直径超过 1 米，上面雕刻有花纹，底座雕着莲花。佛塔里有好几尊菩萨像，朵金丹娅她们都讲得出菩萨的名字、各自分管的领域。她们每见到一尊菩萨，都要虔诚地双手合十，跪下去顶礼膜拜，口中还念念有词。我们跟着她们，也双手合十，在每个菩萨面前拜了几拜。袁隆平还要我为他拍在佛塔里的

照片。我给他拍了一张之后发现，一卷胶卷刚好拍完了，非常遗憾，只有一张袁隆平在佛塔里的单人照。

袁隆平不幸于 2021 年 5 月 22 日因病去世。如今看到这张照片，我觉得他已经变成这座大金塔里面一尊新的菩萨。他造福了世界人民，也造福了缅甸人民。我们怀念他、祭奠他，我们心中永远有他。而他的心中，也永远有世界上以稻米为生的人民。袁隆平大爱无疆，是一位真正博爱人间的佛菩萨。

2019 年 11 月，我又到了缅甸，还是在缅甸的杂交水稻培训班上课。任务由中国商务部下达，委托湖南隆平高科国际培训学院举办，我是这个培训学院的在册培训教师。缅甸政府于 2005 年迁都内比都，后来在内比都市中心建了一座高达上百米的巨大金塔。相对于仰光大金塔，这座大金塔被

2019 年 11 月 8 日，我在内比都大金塔前留影。右图是塔里供奉的 4 尊玉佛之一，价值连城。

称为内比都大金塔，也被称为内比都和平塔。它是仿照仰光大金塔建造的。

讲课结束后，我特意让在当地从事杂交水稻制种工作的安徽隆平高科公司的范昌飞，带我到内比都大金塔观光。我向他讲起当年与袁隆平到缅甸工作的情况，还有游览仰光大金塔的情况，一切都历历在目。

写到这里，我又想起1997年同袁隆平一起在缅甸仰光瞻仰大金塔的情景。现在，袁隆平已经成了中国人心中的菩萨，我们永远祭奠和怀念他。

7. 考察调研，掌握情况

我和袁隆平在缅甸中央农业研究所（CARI）的主要任务是：与研究所的领导和技术人员广泛交流，了解情况，制定方案和计划。时间安排是很紧的。1997 年 3 月 26 日，我们在抵达缅甸中央农科所的当天上午 9 点 20 分，会见了所长杜昂，他是玉米育种专家。另外，还有几位副所长参加。

上午的会见和交流倒是很简单，没有太多仪式感，直截了当。在日本援助的种子库的一间会议室，大家围着由几张条桌拼起来、上面盖着白色桌布的会议桌，基本上是圆桌会议形式。杜昂致欢迎词，袁隆平作了发言。杜昂介绍了整个缅甸中央农科所的情况。它与我们省级农科院的框架差不多，以作物为主分成不同的研究团队，水稻研究是一个大的团队。

大家都讲英语，没有翻译。缅甸人懂英语的很多，在座的大多数又有海外留学经历。在缅甸，人才非常稀缺。许多男性做和尚、当僧侣。女性虽然受教育的机会也不多，但是比男性多。再加上缅甸是军人执政，男性从军、从政的多，从事科研工作的精英就很少很少了。

我们初来乍到，也不好发表什么意见，只是强调愿意尽最大的努力，帮助缅甸发展杂交水稻。其实，从某种角度来说，缅甸生产的稻谷还是能够满足他们的国内需求的，所以，对发展杂交水稻没有紧迫感。一直到现在，杂交水稻种

1997 年 3 月 26 日上午，我和袁隆平与缅甸中央农业研究所的领导班子进行交流

植的面积在缅甸还是不大。在缅甸从事杂交水稻研发的都是国外的一些种业公司，如中国的隆平高科、新加坡的金种子等，它们在缅甸育种、繁种、制种，卖种。

当天下午则是听取他们杂交水稻小组的汇报，先后一共有 15 位从事水稻研究的人员参加。由于基本上才开始接触杂交水稻，也没有太多实践经验，所以，缅方人员谈不出什么名堂。我和袁隆平介绍了很多情况，有中国的，也有其他国家的，坚定他们发展杂交水稻的信心，并答应在后面的日子里向他们传授杂交水稻技术。

考虑到方便从事水稻研究的人员参加，下午的座谈会就在我们住的招待所的饭堂里举行。也是把条桌拼起来，盖上白桌布，围着桌子坐下来随便谈，比比画画都可以。袁隆平最喜欢这种形式，大家无拘无束，可以问任何问题。袁隆平很耐心地回答和解释缅方人员提出的各种问题，可以说，这

1997 年 3 月 26 日下午，我和袁隆平与缅甸的水稻科技人员交流

是杂交水稻泰斗与刚入门的徒子徒孙们的对话、交流。我非常敬佩袁隆平的敬业精神，为了杂交水稻造福世界人民、造福缅甸人民，他真的是兢兢业业、鞠躬尽瘁啊！

就在 3 月 26 日晚上，缅甸农业与灌溉部农业服务司的司长吴胜文博士在招待所会见了我们。这是袁隆平在缅甸见

1997 年 3 月 26 日晚上，由缅甸中央农业研究所所长杜昂（左一）陪同，缅甸农业与灌溉部农业服务司司长吴胜文（右二）会见了我和袁隆平。交谈之中，他对杂交水稻发展计划很感兴趣，表示会给予积极支持。

到的职务最高的官员。吴胜文也不是特意来见我们，而是到缅甸中央农科所出差，顺便会见了我们。

第二天，也就是 3 月 27 日，是缅甸的建军节。在缅甸，由于军人执政，建军节是很重要的节日，有一些庆祝活动，缅甸中央农科所的领导不能陪我们。早餐过后，大概 7 点半吧，负责水稻项目的几位女士领着我们到他们的试验田看育种材料，其中就有品种比较试验。袁隆平看得很仔细、认真，还不时问一些问题。这些女孩子们一一回答，但她们只知其然，不知其所以然，毕竟在杂交水稻方面还没有什么经验。

来缅甸之前，我和袁隆平在 1992 年去过印度。这时，看到缅甸这个品种比较试验里，有一个印度品种 6201。它是由印度 Pro-Agro 种子公司的伊希库·玛团队育成的，我们在印度见过多次，印象很深刻。它在印度很多地方都高产，在目前这个品比试验里，也还是表现不错的。我和袁隆平都认为，对缅甸这个市场，中国和印度都在争抢。缅甸与印度、中国都接壤，自然生态也有相似的地方。

看完田间，我们来到水稻分部的办公室，与朵金丹娥、吴明安、朵琪琪、朵孟妹，还有从另外分部来的两位女士，一起坐下来讨论我们的工作计划。说是"讨论"，实际上，大家都只听袁隆平提建议，他们只作记录。我也是只管记录，因为最后的工作总结和任务报告书要由我来完成，我必须每天都详细记录有关活动、有关人物、我们的建议等等。

午餐过后，稍事休息，我和袁隆平就开始各自准备在

3月28日下午的学术报告。那时的幻灯片是在国内做好的，因为没有电脑，不能随时增减内容。当时国内制作的幻灯片价格贵，质量也一般，内容是中文为主的通用型，对谁讲都可以用。我们在上午看了缅甸中央农科所试验田的情况，就要在本子上或纸上写好提纲，再结合通用型幻灯片的内容进行讲解。

袁隆平的报告题目是中国的杂交水稻，以讲杂交水稻技术为主，也讲杂交水稻在中国这么多年来的发展。这对袁隆平来讲，就如同给小学生上课。我的报告内容是杂交水稻种子生产，对于杂交水稻研究刚刚起步的缅甸来说，就很难直观地给听报告的人解释清楚了。

我们根据具体情况，在讨论工作计划的时候，就提出接下来如何对缅甸进行技术指导，包括尽快在缅甸开始杂交水稻制种技术实践。等到我和袁隆平在1998年四五月份，第二次（是我的第三次）到缅甸指导时，他们已开始做小面积制种试验了。

1997年3月28日下午，从2点半到5点，在缅甸中央农科所的礼堂（实际上是日本援助的种子库项目的大会议室）举行学术报告会。人到了很多，几乎座无虚席。也许这是缅方人员能听到的为数不多的外国专家的顶级学术报告了，秩序非常好。我们都是用英语讲，不要翻译。大家认真听，认真记录，但几乎没有人提问。倒是后来，我和袁隆平向他们提了一些浅显的问题，他们大多能回答，表明他们能听懂，不是语言沟通有什么问题，而是他们在杂交水稻研发方面还没有什么实践经验。总的来讲，双方都还满意，希望这是缅甸杂交水稻发展的一个"开幕式"吧！

帮助缅甸发展杂交水稻，首先要了解缅甸现有水稻品种的产量和品质。1997年3月29日上午，我和袁隆平去了彬马那，是由朵金丹娅和吴明安陪着去的。到了彬马那，就如同到了中国的一个小县城，到处都是小店铺。较大的集市叫作彬马那大市场，摊位很多，有批发，也有零售，算是当地较大的一个农副产品集散地。

袁隆平提议要去看看店子里卖的米是什么样子。我们在仰光时，也去街上看过米店。仰光的米店都是政府开，与我们国家实行粮食配给制时一样，城市居民、政府工作人员都是拿着粮本子到粮店买米。我们进粮店看了所卖的米，只有一个等级，比我们国内过去粮店卖的标三米还差，米里夹杂着没碾掉谷壳的稻谷和沙粒；米色也不好，有点像陈米。

在彬马那市场区，我们很快就找到了几家米店，其中一家为华人所开。这里卖的米与在仰光见到的米大不一样，店里有10多种米出售，有长粒型类似于泰国米的品种，也有很好的糯米、香米。袁隆平看得特别仔细，用手到米堆里撮了几把，又将下面的米翻上来，看了之后还问朵金丹娅，为什么这里的米比仰光粮店卖的米好这么多。回答是，这里的是自由市场私人米店，米好，价格也高许多。看上去，彬马那卖的米确实不错，新鲜、颜色洁白、油润发亮；用牙咬咬，蹦蹦响，有的还有香味。袁隆平又问了这些品种的产量。朵金丹娅告诉我们，这些米大多数是农民种了几十年、

1997 年 3 月，袁隆平仔细察看缅甸米店里不同的大米

上百年的老品种，产量非常低，所以价钱才贵。有钱人常到这里买些好米带到仰光。袁隆平告诉她，中国市场上的稻米质量普遍都比较好，价格也比较便宜，主要是因为推广了杂交水稻和其他优良品种。如果今后杂交水稻在缅甸试验推广成功，普通老百姓都可以吃到便宜的优质大米。

中午，我们找了一家叫爱心昂的中国餐馆，美美地吃了一顿中国饭菜。餐馆老板陈先生得知我们是中国来的农业专家，非常高兴，向我们介绍了彬马那的华人、华侨情况。他说，这里的华人、华侨没有仰光和曼德勒多，只有几百人，主要从事餐饮业或做小生意。他们生活在这里，虽说消息比较闭塞，但对中国的发展非常关心，祖国的成就使他们感到自豪和骄傲。我们吃完饭后，陈老板一开始不肯收我们钱。后来，他知道我们还会来，就约我们下次一定要到他

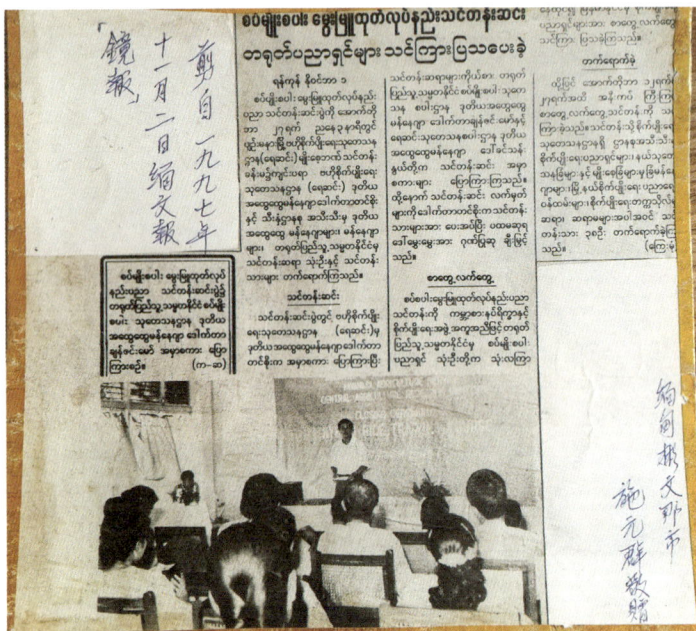

这是缅甸华侨送给我的 1997 年 11 月 2 日出版的缅甸《镜报》剪报，报道的是我们在缅甸培训学员的消息

这里来，他们华侨社团请我们吃饭。等到 1998 年我和郭名奇、邓应德再来彬马那，当地华人、华侨隆重地款待了我们一场。

缅甸的华人、华侨对祖国来的专家很热情。他们除了热情招待我们，还及时地将他们从报纸上知悉的关于我们在缅甸指导杂交水稻技术的消息到处传播，并把报纸上刊登的有关文章剪下来送给我们。这是缅甸一位姓施的老华侨送给我的剪报，是刊载在 1997 年 11 月 2 日出版的缅甸《镜报》上、我给缅甸学员上课的一张照片，附有文字说明。可惜是缅文，我不知道内容，肯定是正面的评论吧。

8.20 多年后再见面

2019 年 11 月，我受中国商务部委托，由隆平高科国际培训学院派遣到缅甸给杂交水稻技术培训班的学员讲课，又来到 20 多年前工作过的缅甸中央农科所。这里发生了很大的变化，成了首都圈地区，离首都内比都很近。我不再住缅甸中央农科所的招待所，而是被安排住在内比都的一家星级酒店，每天有车接送。

从飞机上就能看到内比都的城市面貌。政府部门的大楼宏伟显目，宽阔的道路规划有序。新建的寺庙到处可见，但都用上了现代的建筑材料，设计造型新颖靓丽。路边有了一些大型商业广告牌，店铺随处可见，内比都有了现代都市的感觉。

送我去缅甸中央农科所的车，先是走了很长几段现代、宽阔的马路，宽度有点像飞机跑道，非常平整，要是打仗，起降战斗机完全没有问题。快到缅甸中央农科所时，车子拐弯，驶上一条两旁都是生长了几十年、上百年的大树的道路，当时的记忆突然出现在眼前。对了，这就是当年我们走过的那条缅甸南北干线。路的两旁，没有太大变化，离缅甸中央农科所大门不远处，我看到了熟悉的大门。

不过，等车驶近大门时，我才发现，上面挂的牌子变为缅甸农业、畜牧和灌溉部农业研究司（Department of Agricultural Research under Ministry of Agriculture Livestock and Irrigation）。就是说，这里的行政级别升了，到了司局级。进到里面，道路拓宽了，沿路隔不远就有一块广告牌，宣传缅甸农业科研的新成果，包括新品种、新产品。

沿着主干道，经过两旁规划整齐的各种作物试验田，来到原先科研、行政办公楼集中的核心地带，变化更大了，几幢设计新颖的办公楼出现在我眼前。到了培训中心，也使我眼前一亮，不光培训中心现代、漂亮，里面的设备设施也现代化了许多。多媒体投影是讲课的主要方式。20多年前上课用的黑板，早已不见踪影。

在那里上课的10天时间，我慢慢与20多年前打过交道的人取得了联系。原先认识的人，大多退休了；没有退休的，都成了领导和骨干。首先，我遇到的是20多年前与我和袁隆平一起合过影的朵孟妹。她已经是一位处级领导了，职务相当于水稻研究所所长，配有专车。不过，这次培训不由她主管，而是培训部的人负责，但她一直关心培训工作的进展。我离开时，她还送了工艺品给我。

朵孟妹对我说，过几年，她就要退休了。她又说，她访问过中国，还见过袁隆平。朵孟妹还说，她已经告诉朵金丹娅关于我到缅甸来讲课的事。70多岁的朵金丹娅早已退休，住在老家曼德勒，由于行动不便，不能来与我相见，但她请朵孟妹向我问好。我也祝福她健康长寿。

我说，想见见以前认识的老朋友。朵孟妹就邀请了几位当时她的"闺蜜"，也是我和袁隆平当年在缅甸中央农科所工作时认识的几位女士，一起在附近一家中餐馆吃了一餐饭，陪同我的是安徽隆平高科种业有限公司的范昌飞。席间，我们谈笑风生。还有人开玩笑问我，朵孟妹当时喜欢的中国专家邓应德的情况。那时，我就听说邓应德也很喜欢朵孟妹。朵孟妹聪明漂亮，果不其然，她如今漂亮依旧，还当上了水稻研究所所长。

遗憾的是，这几位受教育程度很高，智商也高的缅甸女士，至今都还是单身。我为她们叹息，谁叫她们国家和尚太多？她们潜在的丈夫们不食人间烟火，待在寺庙里，最后即使成为高僧大德，也只是孑然一身，耽误的却是这些女孩子美好的青春。

见到或是打听到这些女孩子，我倒是想知道当时一直伴陪着我们的那位男士吴明安的下落。朵孟妹很快就帮我联

1997 年 3 月 31 日，我和袁隆平由缅甸水稻技术员朵孟妹（中）陪同，参观考察仰光附近的中央水稻模范农场

207

2019 年 11 月，我（左二）在缅甸农业、畜牧和灌溉部农业研究司，与 20 多年前一起工作过的缅甸朋友们合影，右二是朵孟妹

人已老，菜已黄，再次见面时，美女成了老姑娘。右一是朵孟妹，右二是范昌飞，右三是我（2019 年 11 月 9 日摄于缅甸）。

系上了吴明安。他不在叶津，而是在仰光，还在工作，不过已经跳槽到了私人公司，干得还不错。我估计的也是这样。吴明安是留美的硕士，人很聪明，又能干，肯学习，思想开放。缅甸已开始外向型发展，他这样的人，肯定搞得不错的。

我准备回国时，发现内比都只有飞昆明的航班，而仰光有直飞南宁的航班。我同隆平高科国际培训学院的主管联系后，他们同意，我就从内比都飞仰光，再从仰光转机南宁。我与吴明安联系，看能不能在仰光机场见一面。他非常高兴，答应准时在仰光国际机场与我会面。

2019年11月13日上午，我坐早班飞机从内比都到了仰光。在电话里，吴明安告诉我，他按照我的航班时间，早早地就开车到了仰光国际机场。我们互相报了一下位置，很快就在机场咖啡厅见面了。如今的仰光机场，不再愧对"国际"二字，到处都是大幅的商业广告，车来人往，一派繁忙景象。在见到吴明安之前，我还猜想，他现在该是一个什么样子。按年龄，他也六七十岁了，应该有了皱纹和白发，也许还戴着老花眼镜……

这张1997年3月拍摄的照片上，左二是朵金丹媛，左三是吴明安，接下来是袁隆平和我

我坐在咖啡厅正在遐想，听到一声熟悉且清亮的呼唤："Dr. Mao"（他们以前都称我为毛博士；称袁隆平为 Professor Yuan，即袁教授）。我转头一看，哈，还是当年的吴明安，只是显得更健硕、更有精气神。他的发际线更向上了些，额头更光亮了些，身高没有变，只是有点小发福，小肚腩看上去像有了几个月的"身孕"。其余的倒是没有什么变化，一无皱纹、二无白发，老花镜，他说还不用戴。

两人紧紧地握住了对方的手，都很有力。我们寒暄一阵之后，他问起了袁隆平，还有邓应德、郭明奇。我一一告诉了他们的近况，他要我见到他们时一一问候。当我问到他现在做什么事情时，吴明安掏出了一张名片递给我。上面写的是：他现在的职称是高级农艺师，在一个叫国际肥料发展中心的机构工作，总部设在美国的亚拉巴马州；缅甸分部设在仰光的眉扬功镇，专营肥料销售。见面是短暂的，友谊是永恒的。我终于见到了当年在一起工作的几位主要的缅甸朋友，足矣。我回国后，将这些消息告诉了袁隆平，他也非常高兴。

2019年11月13日上午，我在缅甸仰光国际机场与吴明安20多年后重逢

9.闲情逸致，以逸待劳

袁隆平的工作效率高，与他善于以逸待劳和有闲情逸致有关。大家都知道，他多才多艺，爱好很多。他是游泳健将、象棋高手，会拉小提琴，是麻将迷，能跳踢踏舞，会打气排球，还会唱英文歌、俄文歌，喜欢游览名胜古迹、了解风俗民情。总之，这些很难与他这位世界知名的科学家联系起来。

去缅甸指导杂交水稻技术，对袁隆平来说，是小菜一碟，易如反掌。让他这位杂交水稻泰斗来教缅甸杂交水稻技术方面的"小学生"，也许是考虑到缅甸是佛教国家，请来他这位"佛祖"，有如请释迦牟尼来弘法；否则，真的不用劳他大驾。

实际上，缅甸的杂交水稻事业刚刚起步，没有太多人对杂交水稻重视和感兴趣。袁隆平在缅甸，确实有点"遇冷"。他倒利用这个极好的机会，来一个以逸待劳，发挥一下闲情逸致。他几次对我说："小毛，杂交水稻的发展，不单是技术问题。我们国家幸亏有党和政府的大力支持、全国大协作，要不然，顶多也就像日本那样，只是一个技术突破，停留在论文和出版物上。"所以，他向我表示"我们到缅甸，不要寄太大的希望。这个国家，政府不重视杂交水稻，也没有强有力的研发力量。"

从某种程度上讲，袁隆平到缅甸做技术顾问，实际上是调养休息。他在国内实在太忙、太累，在缅甸的日子里，经常可以看到他显现疲态。在与缅方人员交流时，谈技术，对他而言，没有任何新东西，学员们提的问题，都非常简单。所以，在我与缅甸学员们交流时，他时常打瞌睡，闭目养神。实在困倦了，又要工作，他就猛抽烟。

1997年，我与缅甸水稻科技人员交流时，袁隆平闭目养神

袁隆平是一个工作效率很高，但又很随性的人。在一些场合，他有了"急需"就要解决，根本不在乎别人怎么看他。比如，与领导在一起，他会有点拘谨，但是，如果这时他腿上多年未愈的稻田皮炎发作了，奇痒难耐，他就情不自禁地卷起裤脚，用手去挠痒。

还出现过这样的情况：同级别很高的领导在一起交谈时，袁隆平的稻田皮炎发作了，他就顺手拔出服务员摆在他身边的热水瓶塞子，往自己腿上的痒处烫上一烫，再盖回去，过一会儿又拔出来烫一烫，反反复复。据他说，这样很舒服，可以止痒。我陪他的机会比较多，这种情况见到过好几次。有时候我悄悄提醒他，这开水是为领导和你沏茶用的。他就自我打趣地说："烧香摸屁股，搞惯了手脚，下不为例。"

有一次在菲律宾总统府，时任总统阿罗约接见袁隆平，他犯了烟瘾。阿罗约总统知道了，马上安排总统警卫队队长，端着烟灰缸，毕恭毕敬地在户外陪着袁隆平把烟抽完。

还有，就是袁隆平打麻将的时候，一有人来找他，哪怕是有点来头的人，他是不见的。记得我调到广西农科院后，广西农科院的院长李丁民带我们几位到三亚去看院里的杂交水稻育种材料，这里离袁隆平他们的实验基地不远。我们与他的秘书联系了，要去看望袁隆平，并参观湖南杂交水稻研究中心的育种材料。等我们到了那里，袁隆平正在打麻将，估计正是"战犹酣"的时候，他没有见我们。我倒是知道他的性格，可李丁民是杂交水稻界的老战友，还是广西农科院一院之长，手下几个人见了，很尴尬。当然，袁隆平还是见了我们，并交流了很久。

在缅甸，有两件事也是他的闲情逸致所致。一件是买表，另一件是写信。

买表：第一次技术顾问任务完成后回到仰光，准备回国前的一天傍晚，我和袁隆平抄近路从旅店到中国城溜达，看到一个小摊位卖日本产电子手表，很便宜，估计是走私货。袁隆平习惯性地朝手表摊儿走去，我也随他走过去。他选了一块女款卡西欧电子表，说是买给他夫人邓则。他又建议我买一块给我老婆，可我确实看不上眼。

不过，以往跟袁隆平上街，只要是他买了，又要我们陪同人员买的东西，我一定会"陪买"。但"陪买"的东西没有一样"长寿"，一般都是"便宜不是货"，质量比较差，用不了多久。

这时，我想到给在长沙一中读高中的儿子买一块也行，就选了一块大气一点的男士表。我又突然萌生一个想法，就对袁隆平说："我们的表各付各的钱，不过，以你的名义送给我儿子，以我的名义送给邓老师，要得不?"他想了想，说是个好主意。

袁隆平回来后在旅店特地写了一页纸的话，勉励我儿子。回国后，我连同手表和袁隆平的信给了我儿子，他高兴极了，连声说，手表不值钱，袁伯伯的信才珍贵。我又给了邓则手表，她也很高兴。这么一换，手表就增值了。不过，这两只表都没走多久，停了。

写信：袁隆平在 1964 年才结婚，当时他已经 33 岁了。他在《袁隆平自传》一书中谈到，之所以这么晚才结婚，是因为与现任妻子邓则结婚前谈过恋爱，但没成功。袁隆平的初恋，是他早年工作的安江农校对面黔阳一中的一位化学课老师。这所中学当时要开一门农业技术课，请袁隆平去代课。在这期间，袁隆平认识了这位女教师。他们在同一个教研组，才子与佳人，俊男伴靓女，日久便生情，谈了 3 年恋爱。后来，这位女老师突然与袁隆平分手，嫁给一个出身较好、在大学里当助教，又在长沙工作的男人。

对这件事，我之前一点儿也不知道。就在我们待在缅甸这家 ARNANDA INN 旅店，比较清闲的时候，袁隆平对我讲起了他的这段初恋之情。他说："小毛，我告诉你咯，我和邓则结婚之前，与一位老师谈过 3 年恋爱。我真的很喜欢她，她也喜欢我。她长得很漂亮，皮肤很白，身材也好，是一位才女。"我插嘴问道："那你们为什么冒（湖南方言，即'没有'）结婚呢？"他说："你听我讲完咯。她和我都出身不好。你晓得的，那个时候，两个人出身都不好，尤其是我的出身不好，对今后家庭的影响会很大。她在与那个人结婚之前，还是找我谈了她的想法。她怕今后政治上会受影响，就作出了政治上要求进步的选择，嫁给一个政治条件好的人。"

我听了有点惊讶，当然也有点生气，就对袁隆平说："我认为，她其实不是真的爱你啊！为了爱情，应该什么都可以抛弃。"袁隆平解释道："她是真的喜欢我，在结婚的头天晚上，还特意跑到安江农校来找我，但没找到，是老师们约我看电影去了。"袁隆平一再强调："实际上，她对我的感情是真挚的，只是出于当时社会状况的无奈。"他接着说："对这件事，我当时非常痛苦。我也很痴情，在她结婚后，还苦苦地等了她 3 年，希望奇迹发生，她能重新投入我的怀抱。后来，她生了小孩，我就彻底断了念头。"

想不到袁隆平有这么一段初恋，我很同情他，就问："邓老师晓得这件事吗？"他说："一直知道。"我又问："那你跟那个女老师还藕断丝连吗？"袁隆平抽了口烟，有点转败为胜的感觉，对我说："她后来一直很后悔，而且越到后来越后悔。她每每看到报纸上、电视里有我的报道，都不敢面对，常常掩面掉泪，甚至关掉电视。她还说过，她是一失足酿成了千古恨。"

我先评论了一句："她的虚荣心太重了！"袁隆平表示赞同。我又追问道："你们还常来往吗？"袁隆平又抽了几口烟，慢吞吞地对我说，刚开始还联系多一点，现在都老了，几乎没有往来了，只是偶尔给她写写信。

可能是触到了袁隆平这根敏感的神经，他突然很认真地对我说："小毛，我现在打算给她写封信，但信封由你来写，还得帮我寄出去。"我一口答应，立马就办。袁隆平回到他的房间，大约花了半个小时就写好了，是用旅店的信笺纸写的。当然，我没有看信的内容，估计至少也是酸甜苦辣五味杂陈吧。

我去要了信封，买了邮票，当着袁隆平的面，封好信封口。这时，我问他，地址如何写。袁隆平告诉我，寄湖南长沙中南工大子弟中学×××老师收。信封上，这次不是他的初恋熟悉的字迹，也许这是袁隆平想给他的初恋一个"惊讶"吧！可以想象到，他的初恋收到一封陌生人从国外寄来的信，肯定会揣摩半天，再战战兢兢地打开一看，哈哈，原来是"亲爱的他"。

我不敢留下什么记录，只是在我的小笔记本倒数第二页写了"×××中南工大子弟中学"11个字，保存至今。我以为古代的梁山伯与祝英台是虚构的，哈哈，袁隆平的初恋故事也有那么些色彩！

10. 目击生产金箔

在缅甸，我们每到一处寺庙、金塔参观，都可以见到有人用就地买的，或带来的一小片一小片金箔，很虔诚地往不同菩萨的身上、脸上贴。袁隆平和我都比较好奇，凑得很近地看了个仔细。薄如蝉翼的金箔一贴上去，用手指轻轻一摸一压，就看不出一点痕迹了，与佛像原来的金身融为一体。这样下去，菩萨身上的金箔肯定会越来越厚。

后来，我们到素有"黄金之都"之称的缅甸第二大城市、位于该国中部的曼德勒，有幸目睹了这种金箔的生产过程。那次，朵金丹媛陪我们去缅甸北部看杂交水稻示范种植，顺路去看缅甸一家大型国营农场，要经过曼德勒，她的家就在曼德勒市里的一条街上。到了曼德勒，朵金丹媛说，她想顺

1997 年，途经缅甸一个国营农场时，袁隆平（中）看他们种植的杂交玉米

便回家看看母亲，也请我们到她家坐坐。我们客随主便，反正就是玩玩看看，见见缅甸的"世面"。

虽然没有停留，只是穿城而过，但曼德勒给我的印象很深：城市紧凑，商业气息很浓。许多店铺都有中文招牌，城市里忙碌的人群中好像华侨、华裔较多。运货的车辆也较多。难怪有人称曼德勒是缅甸的"上海"。

我们的车在朵金丹娅家门口停了下来。我们跟着她进了一所看似普通民居的房子，这就是她的家。她的母亲快70岁了，身体干瘦，但还蛮精神。老人家让我们坐在外面的客厅，还泡了茶。可能是憋得太久，袁隆平坐在宽敞的客厅里开始抽烟。

里屋不时传来咚咚、咚咚有节奏的敲打声，我问朵金丹娅是在做什么。她以为我们早就知道，说这是在敲金箔。我说从来没有见过，她就带我走进里屋，其实是一间小作坊。

只见两个工人在聚精会神地用木锤子敲打一叠叠黄颜色的纸。朵金丹娅即兴给我们介绍起来：她家是祖传的制作金箔的匠人，父亲逝世后，母亲和哥哥继续做这一行当，还请了两个人帮工，基本上能养家糊口。作坊里有一台小天平、几把剪刀、几个木锤子和一叠叠四方形黄色皮纸（用棉花或其他纤维物做的纸），还有一些浸了油的硬壳纸。

她告诉我，首先将原料金，一般是纯度很高的金块在天平上称好，一定重量的黄金能敲出多少片什么规格的金箔都是确定了的。再把原料金放到两片硬壳油纸中间，用力用木槌均匀地敲打。黄金的延展性非常好，经过反复隔纸敲打，变得越来越薄。每换一次纸，就要用剪刀将越来越薄的金片裁成正方形，去掉的边角料又反复再用。一块 1 厘米见方的金片要敲到 100 平方厘米大小，然后再裁剪成 1 厘米见方的小片，放到两张硬壳油纸间再敲，又敲到 100 平方厘米大小，再裁剪成小块，反复敲，薄到几乎能透光的时候，把 1 寸见方的金箔放在天平上一称，达到规定的重量就行了。

金箔成品有几个不同的规格——2 寸见方、1 寸见方、1 厘米见方等。每张金箔都必须隔着一张纸，几十张一叠捆起来，很像一叠一叠的馄饨皮，扎好后用红色土纸包起来贴上标签，就可以出售了。朵

我和袁隆平在缅甸曼德勒附近的市场看农民卖蔬菜时，也买了一把当地的香菜

金丹娓家制作的金箔只批发，不零售。做零售买卖的小贩才一张一张地把金箔卖给拜菩萨的人。

朵金丹娓的母亲戴着老花眼镜，和我们打了一下招呼，又继续忙她的了。她不懂英语，我又不会讲缅语，我们之间也无话可谈。倒是朵金丹娓要我用手指触摸已是成品的金箔。哇！即便是完完全全粘到了手指上，也好像没有什么感觉，金箔真的是又薄又轻啊！后来，我在一份介绍缅甸的资

料中了解到，打造金箔是缅甸一项最古老而著名的手工业。在曼德勒，那里有东南亚唯一用手工打造的最薄金箔，被称为"世界上最薄也最值钱的金箔"。

我估计袁隆平抽完了烟，就请他快进来看打金箔。他慢吞吞地进到作坊里面一看，马上来精神了，看得很仔细，还问了一些问题，这也是他人生第一次看到打金箔。我对袁隆平说："你来试一试？"我只是这么说说，谁知道他的兴趣真来了，对朵金丹娓说："我可以捶吗？"朵金丹娓说当然可以。不过，她与一位工人用缅语交流了一下，请袁隆平到初步工序那里去捶。袁隆平很认真，卷起袖子，学着那位工人的架势，拿着木锤子，一下一下地敲打包夹着金片的黄色皮纸，慢慢地也像是那么回事了。大家夸他敲得不错，他像小孩子一样开心地笑了，毕竟这是他生平头一回尝试敲金箔啊。

我们对金箔有很浓厚的兴趣，到作坊里面将每道工序又看了一遍，也摸了不同厚度的金箔，真的很感叹缅甸人的工匠精神。古时候中国有"只要功夫深，铁杵磨成针"的说法。今天看到缅甸的工人能把黄金捶打得那么薄，简直无法形容，也没有办法测量金箔的厚度。不过，我想，要是用镀金的方法去给那么高大的塔身贴金，简直是不可能的。有了这么薄又延展自如的金箔，人们爬到塔上慢慢粘贴，确实还算方便可行。

我自然想到我国出土的三星堆文物中那些金箔面具，不也是用黄金慢慢敲打出来的吗？古代人确实聪明，但他们各处一方，交通又不方便，还隔着大海，是如何交流这些技艺的呢？是不是像我们这样当顾问，派出去传授黄金冶炼和制造技术呢？

我好奇地问朵金丹媛，有没有人从金塔或金菩萨身上刮黄金下来。她比我更感到奇怪地反问，你怎么问出这样的问题来呢？谁敢去偷金塔和菩萨身上的金子呢？那是要遭报应的！

可也是啊，如果能从金塔、金菩萨身上刮黄金，那又何劳缅甸那个少将农业部部长四处去捞金铊子哩！想必同样，从老百姓身上捞了钱财的人也该遭报应啊！

11. 再度去缅甸

我和袁隆平第二次去缅甸，是在 1998 年 4 月 29 日至 5 月 13 日。由于国内有事，袁隆平于 5 月 6 日中午回国，我则到 13 日才离开仰光。

1998 年 4 月 27 日早上，我从广西农科院坐公交车来到位于南宁火车站附近的民航售票站，从 8 点等到 10 点多，单位才派人从广西壮族自治区外事办取来我的护照。那个时候，国家工作人员的公务护照是保存在各级政府外事办的。当时的规定是，拿到护照才能购买国际航班的机票。我买好从南宁到昆明，再从昆明到仰光（4 月 29 日）的机票，打的去南宁机场。原定下午 1 点起飞的飞机延误到下午 6 点多才起飞，我赶到昆明，已是晚上 8 点多。

照片显示的日期是 1998 年 4 月 29 日。照片上，左三是袁隆平，左二是李铮友，右二是师常俊，右三是我。

我入住当时昆明市东风路 154 号的茶花宾馆 3 楼 214 号房间后，与云南农业大学的李铮友教授通了个电话，告诉他袁隆平在第二天到昆明。1997 年三四月间，我们第一次去缅甸路

过昆明时，没有告知李铮友，他有点生气。后来，李铮友一再要求我，下次路过昆明，一定要告诉他。

4月28日，袁隆平也到了昆明。这次不必到北京，而是在缅甸驻昆明总领事馆办签证，每人支付签证费435元人民币。这次是由云南农大的同行款待我们。签证要半天时间才能拿到，云南农大稻研究所所长师常俊，还有一位姓张的副所长，用车接我们到云南农大稻作所一起吃午餐，午休后参观了他们的稻作所。

晚上，李铮友接我们去滇池边的一家餐馆，晚餐由云南省政协一位姓张的副主席请客。宴会桌上，云南和湖南的两位政协副主席相邻而坐。袁隆平的另一边，是李铮友，他当过一段时间的云南省副省长。杂交水稻在我国获得成功之后，对杂交水稻作出过贡献的一些专家，被提升到较高行政职位的不在少数，但做到省级领导的极少，李铮友是其中之一。

回到茶花宾馆，已是很晚了。我和袁隆平住在一个很大的双人房间。原本，我要单独为袁隆平开一间房，他不同意。倒也不光是为了节约，他喜欢聊天，尤其是与我无话不谈。我们两人一直聊到半夜。他抽着烟，室内烟雾缭绕。我吸着二手烟，也兴致勃勃地随着他的话题走。好在昆明四季如春，窗子是开着的，二手烟的效果不大，我也习惯了袁隆平的二手烟。

第二天，4月29日一早，李铮友、师常俊早早地来到茶花宾馆，等我们起床后，开车接我们到春城酒楼吃自助早餐。那种自助早餐，真的是品种丰富、口味多彩，要想把所有的云南风味都尝遍，那要来好几次。袁隆平的胃口一般，也不喜欢吃他不太熟悉的食物。因为他有非常严重的过敏性胃肠炎，只要沾到"不干净"的东西就喊得应，肠胃立马不舒服，拉肚子是常态，所以，他随身带着黄连素、保济丸、杨梅罐头之类，以防不测。

我们这次是坐中国国际航空公司的 CA905 航班飞仰光，飞机延误到下午 1 点才起飞。我们在中午 11 点左右进的机场，就与李铮友、师常俊他们告别了。

在候机大厅里，我们遇到了同样去仰光的首放公司经理王滇西。作为总部在北京、有国际投资功能的国有机构，首放公司当时也在缅甸开展杂交水稻的生产和经营业务。我们早闻其名，这次还巧遇这位热心的王经理。边等候起飞时间通知，我们边交谈。知悉身边就是"杂交水稻之父"袁隆平，王滇西马上肃然起敬，大谈他们如何看好杂交水稻在全球的市场。他们有一个团队在缅甸从事杂交水稻研发的前期工作，还在缅甸官方的中央农业发展和培训中心试种 60 多个中国的杂交水稻组合，要我们有机会的话去那里看看。袁隆平答应争取去看看，王滇西还给了我们联系电话。

到了仰光，互相道别后，王滇西被首放公司的人接走了，来机场接我们的是吴明安。我们仍然住 ARNANDA INN 旅店，住下来后，先去联合国粮农组织驻缅甸办事处，办了每日津贴手续，即联合国粮农组织按照 80% 的比例（79 美元 ×80%）先付给我们的每日津贴美元支票。算下来，我们立马可以拿到每天 63.2 美元的津贴；而剩余的 20% 要等结束任务，递交了总结报告，得到联合国粮农组织罗马总部批准后，才连同工资报酬一并支付给我们。我和袁隆平在这项津贴上的待遇是一样的，但他的工资部分就高出了很多。

在联合国粮农组织驻缅甸办事处，袁隆平再次提出，要见见缅甸的农业部部长。联合国粮农组织的 Pram Nath 博士答应了，但面有难色。他也无法决定缅甸农业部部长见还是不见我们，只能转达我们的意见。我们这次学乖了，在进海关时没有拿美元换缅币。我们向海关人员出示了上次还没用完的缅币，他们就放行了。手机尽管带进缅甸也没用，我还是拿掉电池，把手机带进了海关。那时的手机是配有两块充电电池的。

我们这次还是坐火车从仰光去叶津，1998 年 4 月 30 日凌晨 4 点半就被旅店老板吴吉明叫醒，这是吴明安交代他这么做的。我们在 5 点 20 分就动身去火车站，早上 7 点准时开车，吴明安陪同我们，下午 2 点半左右到达彬马那。到了缅甸中央农科所，我和袁隆平被分别安排在招待所的 04 号与 05 号房间。那时，正值盛夏，室外气温达 40 摄氏度左右，房间里面倒不是太热，问题是遇上了停电。定于晚上 7 点半与缅甸中央农科所的领导集体会面，商讨我们这次的日程安排和主要活动。

在这期间，袁隆平对去看首放公司的杂交水稻品种试验非常感兴趣，他对我说："小毛，首放公司的试验田一定要去看看，还要带上缅甸的水稻科研人员去看，对他们而言是可以学到很多东西的。"缅方按照我们提出的要求，安排在1998年5月3日，由吴明安还有两位女士，一起陪我们去缅甸中央农业发展和培训中心，与在那里工作的两位中国首放公司派来的年轻专家见面。

5月3日，缅甸中央农科所租了一辆车况比较好的双排座丰田牌私家车，载着我们5个人出发。吴明安坐副驾位指路，两位女士坐后排，我和袁隆平坐前排，有安全带可系。路上，车子颠颠簸簸，倒也没有什么大问题，就是车里的空调不给力，热得很。下午5点多，我们才到达缅甸中央农业发展和培训中心。由于事先有电话联系，我们径直将车开到了首放公司的杂交水稻试验田。

田边的两位年轻人，一位是从中国水稻研究所来的林贤青，另一位是由福建三明地区农科所来的小黄，忘记他的名字了。他们两人的肤色都已经晒得和当地人差不多，见到我们，老远就喊着"袁老师、袁老师"，见了面，先介绍了一下。他们是首放公司从他们各自单位特聘到这里的，帮助首放公司进行杂交水稻品种比较试验。对照品种是缅甸当地正在大面积种植的高产常规水稻。

林贤青他们告诉我们，前两天，也就是4月28日，缅甸农业与灌溉部部长带一帮人到了这里，看了杂交水稻，还参加了产量验收活动。已经收割的有30多个组合，其中测产验收的高产组合，产量达到每公顷10—12吨，折合成亩产，达到1300—1600斤，这在中国国内也算高产啦。袁隆平听了很满意，鼓励林贤青他们好好干，继续努力，争取让中国的杂交水稻早日走向缅甸、走向世界。

这两位年轻专家见到了他们心中的偶像、从未谋面的袁隆平，非常高兴，与袁隆平合影留念，还要袁隆平给他们签名，并写下鼓励他们的话。下面第一张照片是吴明安帮我们拍的，林贤青与小黄两人分别站在最左边和最右边，袁隆平在中间。背后的田间，可以看到有的杂交水稻组合已经收割，还有些生育期长，也是金黄一片，等待开镰收割。

第二张照片是我们4个中国人的合影，我站到了最左边。田头插着两块英文和缅文内容完全一样的牌子，标注的是杂交水稻品种比较圃，参试材料15份，种植密度为20厘米×20厘米。播种日期是1997年12月22日。12月还可以播种、种稻，在我们中国只有海南三亚附近几个县，那里才是中国"真正的热带"，其实也只是地球热带的边缘。而根据缅甸的气候条件，可以一年到头种植和收割水稻，因此，缅甸只要灌溉条件允许，一年种植三四季水稻都是可能的。不过，缅甸的灌溉系统确实有大问题，这才有了"缅甸

从这两张翻拍的照片右下角，还可以隐隐约约看到，标注的日期是1998年5月3日

农业与灌溉部"这块牌子。

离开缅甸中央农业发展和培训中心的时候，袁隆平很高兴地对大家说："在这里，我看到了杂交水稻在缅甸的曙光和希望。"他接着说，即使在中国，亩产能达到1300—1600斤的水平，也是很不错了。他要随同前来的缅甸水稻科研人员鼓起劲来，多到这里与中国专家交流，也希望首放公司请来的中国专家到缅甸中央农科所去指导。

1998年5月3日，我与袁隆平在缅甸中央农业发展和技术培训中心大楼前合影

四、孟加拉国遇老乡

1. 孟加拉会议

记得是 2001 年 4 月 15 日，星期天，在菲律宾的国际水稻研究所，我们正在办公室加班。费马尼博士和秘书雷妮还有我，商讨亚洲开发银行资助的亚洲杂交水稻项目，并要去孟加拉国召开一年一次的技术委员会会议。袁隆平是这个委员会的主任委员，要去参加并主持会议。中国是该项目的技术支撑国，印度、孟加拉国、印度尼西亚、越南、菲律宾、斯里兰卡等国则是技术接受国。

袁隆平既是中方的项目负责人，又是技术总负责人。这是袁隆平第一次到访孟加拉国。2000 年，在印度尼西亚巴厘岛召开项目年会时，邀请了袁隆平，但他没有参加。我只好代替他，作为中国代表发言。这次，一定要请袁隆平参加。

估计袁隆平星期天可能在家，我在办公室通过越洋电话，拨通了他家的电话，可是拨了几次，都无人接听。这个电话号码，我记得清清楚楚，以前也拨通过，还与袁隆平交流过，不知道是什么原因，我特别着急。第二天，也就是 4 月 16 日，我给袁隆平当时的秘书万宜珍发了份电子邮件。询问的结果是，湖南杂交水稻研究中心的一些电话号码更改了，袁隆平家里的电话号码也变了。

我们按万宜珍提供的这个电话号码，在早上 8 点半左右，给袁隆平打电话。袁隆平正在吃早餐，我和他用长沙话交流一阵后，费马尼开始跟他说话。费马尼还是称袁隆平"老袁",而且,国际水稻所前所长斯瓦米纳森博士、库西博士等熟悉袁隆平的人,都习惯按照中国人的称呼,叫袁隆平"老袁",但对他的正式书面称呼为 Professor Yuan(袁教授)。

袁隆平告诉我们,他在 4 月 14 日才从海南回到长沙,在海南待了一个月,搞南繁育种。他同意去孟加拉国参加项目技术委员会的会议。当日,我还收到国际水稻所驻中国办事处汤圣祥博士的电子邮件,他也确认,袁隆平会去参加在孟加拉国举行的这个会议。孟加拉国农业部还想邀请袁隆平顺便访问孟加拉国,指导该国的杂交水稻计划。这样,袁隆平去孟加拉国就有了双重目的,一是参加会议,二是正式访问孟加拉国。当然,他所有的费用都由亚洲开发银行的亚洲杂交水稻发展项目提供,而不要孟加拉国负担,孟方也很高兴。

到了 4 月 30 日下午 4 点钟,袁隆平从国内打来长途电话,告知他正在做去孟加拉国的准备,将于 5 月 6 日晚上 7 点多到孟加拉国首都达卡。袁隆平说,当他作报告的时候,要我帮他操作多媒体投影幻灯机,我说没有问题。他还提出,要我帮他修改他的报告。我随即与万宜珍通了电话,她很快就把袁隆平将要在孟加拉会议上作的报告初稿发给了我。

2001 年 5 月 2 日,我和费马尼对袁隆平的主旨发言稿提了一些修改意见,费马尼提了两条,我也提了几点。最后,用电子邮件发给万宜珍,要她转交袁隆平。5 月 4 日上午 11 点，万宜珍打来电话告知，她正在为袁隆平准备会议报告。我催她快一点，因为国际水稻所这边要汇总，并打印出正式文本。中午时分，就从国内把报告传了过来。这样匆匆忙忙，总算是完成了出发前的准备工作。

我和袁隆平分别从菲律宾及中国飞往孟加拉国首都达卡，我们俩都是第一次去孟加拉国。在袁隆平到孟加拉国前几天，我就接到一份由香港转来的传真，要求孟加拉国达卡移民管理局以 VIP 标准高规格接待袁隆平。他的到来，确实使与会者都很高兴，因为"杂交水稻之父"袁隆平难得亲自参加这类会议。后来搞清楚了，香港转来的这份照会性质的文件，实际内容是，除了参加这次会议，孟加拉国政府已经正式邀请袁隆平访问孟加拉国。这样，他就得到了贵宾规格身份的入关礼遇，免检放行。

我原本在 1995 年就被联合国粮农组织邀请去孟加拉国考察杂交水稻，然后去位于意大利罗马的联合国粮农组织总部汇报工作，湖南农科院还专门发出了湘农科（1995）外字第 029 号文件。但就在即

1995 年 3 月 25 日，湖南省农业科学院就我赴孟加拉国考察一事呈给湖南省科委的报告

湖南省农业科学院

湘农科(1995)外字第029号

关于我院毛昌祥博士赴孟加拉等国
执行粮农组织任务的报告

省科委：

接联合国粮农组织驻北京办事处通知，我院杂交水稻研究中心副主任、副研究员毛昌祥博士作为该组织聘请的杂交水稻专家将于1995年5月13日至25日经香港赴孟加拉考察，然后去意大利粮农组织总部汇报工作。一切费用均由粮农组织负担。毛昌祥博士此次出访对于杂交水稻的国际开发将具有十分重要的意义，请予批准。

1995年3月25日

附件：邀请函及中译件

抄报：省外办
抄送：省杂交水稻研究中心、耒阳县种子公司、院人事处、院办公室、院科管处

将动身前，因为某种原因，我失去了这个机会未能成行。后来，我在 2010 年又去了一趟孟加拉国，是以中国农科院与美国比尔及梅琳达·盖茨基金会的合作项目——绿色超级稻（Green Super Rice）技术顾问身份，去孟加拉国指导和培训杂交水稻技术。

这次会议是在位于达卡的孟加拉国农村发展委员会召开的。这个委员会由孟加拉国慈善人士法佐·哈桑·阿比德创立于 1972 年，创立之初主要是为了帮助难民和受难的孟加拉国同胞，后来成为世界上最大的非政府组织，也从事农业、金融等业务。

2001 年 5 月 7—9 日，会议开了 3 天。其中，5 月 8 日，是田间参观；5 月 10 日至 11 日，由孟加拉国农业部接待袁隆平。他们安排了很多活动，包括袁隆平给政府官员和农业科技人员作学术报告、商讨双边合作等，直到袁隆平离开孟加拉国为止。我当时的身份是国际水稻所代表，因此，没有参加后面两天的活动。

这次技术委员会年会开得非常成功，是人员到得最齐的一次。尤其是袁隆平代表中国参加会议，并且作出几点承诺，对亚洲杂交水稻发展起到了很大的促进作用。袁隆平承诺，中方将为亚洲杂交水稻发展项目举办几个大规模的杂交水稻技术培训班，包括育种、制种技术，由国际水稻所、中国水稻所、湖南杂交水稻研究中心和广西农科院 4 家单位共同承办。当然，经费由亚洲开发银行出，组织管理主要由国际水稻所承担，中方是技术支撑方。

2001年5月，出席在孟加拉国召开的亚洲开发银行亚洲杂交水稻发展项目技术委员会年会全体人员合影。项目成员国中国、越南、印度、印度尼西亚、菲律宾、孟加拉国、斯里兰卡，以及亚洲开发银行、国际水稻研究所、亚洲种子协会都派人参加。照片上的12个人，我现在还能叫出其中9个人的名字。袁隆平（右五）代表中国，我（左五）则代表国际水稻研究所，项目主持人是国际水稻研究所的费马尼（右二）。

会议期间，袁隆平带来一个不幸的消息，就在他来到达卡的前几天（2001年5月1日），在湖南杂交水稻研究中心举办的一个国际培训班上，一名越南学员课后锻炼身体打乒乓球时，不小心摔倒，抢救无效去世了（估计是心脏的毛病）。所以，袁隆平提出，国际培训班的学员都要买保险，特别是生命意外险。

他还提议，计划于2002年在越南首都河内召开的第4届国际杂交水稻学术研讨会上，由他亲自颁发给3位国际人士袁隆平农业科技奖。初步拟定要颁奖的人是：越南农业部原部长、时任政府副总理阮功丹，国际水稻所的费马尼和印度Mahhyco公司总裁Bavaly，他们都为杂交水稻的发展作

出了很大贡献。但是，到 2002 年第 4 届国际杂交水稻学术研讨会召开时，越南政府向袁隆平、费马尼等人颁发了越南农业和农村发展荣誉徽章，所以，袁隆平农业科技奖就没有进行颁奖。

　　袁隆平还答应与费马尼一起写一本关于杂交水稻的专著，这件事也表现了袁隆平的高姿态。费马尼在杂交水稻方面确实有很大贡献，但哪能与"杂交水稻之父"齐名？他多次试图与袁隆平捆绑在一起。例如，在申报世界粮食奖时，费马尼就建议国际水稻所将他和袁隆平共同申报，结果遭到国际水稻所其他人的反对，最后只推荐了袁隆平，袁隆平获得 2004 年世界粮食奖。

2004 年 9 月，亚洲开发银行亚洲杂交水稻发展项目杂交水稻制种考察团在湖南杂交水稻研究中心受到袁隆平（前排左三）接见，我（最后一排左二）全程陪同

　　2010 年，我再次来到孟加拉国，在孟加拉国水稻研究所的一个宣传栏里，发现了 2001 年袁隆平受到孟加拉国政府接待的有关照片和报道。那张黑白照片估计是从报纸上扫描下来的，应该是在孟加拉国政府要员会见袁隆平时拍的。

孟加拉国国家水稻研究所宣传栏有孟加拉国官员会见袁隆平的照片

2. 异国遇老乡

　　2001 年 5 月 8 日白天，我们在孟加拉国的活动是由孟加拉国方面组织的田间参观。我们出席亚洲开发银行亚洲杂交水稻发展项目技术委员会会议的人员乘一辆比较豪华的面包车，外加孟方人员的几辆小车，组成一个车队。从我们下榻的宾馆去孟加拉国国家水稻所，要经过交通拥挤的地段。在孟加拉国首都达卡，很难看到不拥堵的路段。私家车、摩托车、人力车、公交车与行人交织在一起，挤来挤去。有警察在路上，根本没人理会，警察也无能为力。我在车里往外看，几乎没有见到一辆车身没有刮痕的车子，尤其是公交车，都是伤痕累累的。

　　好不容易挤了出来，到了孟加拉国国家水稻所，这是我们参观的第一站。门外布置得还是不错的，里面也很整洁，建筑布局还不错。要知道，孟加拉国以前和印度、巴基斯坦是一个国家，被英国人殖民统治很长时间，英国人留下的痕迹还是很深的。在水稻所听所长朱理费加博士介绍情况，他是我 1988—1992 年在国际水稻所攻读博士学位时，同在导师费马尼手下的同学。两人相见，格外亲热。

　　孟加拉国国家水稻所的设备设施也就相当于我们国内一个地区农科所的规模和水平，毕竟这个国家经济落后，人口多，国土面积小，是世界上人口密度最大的国家之一。水稻是孟加拉国的主要粮食作物，一直以来由于自然灾害频繁、

2001 年 5 月 8 日，袁隆平（左二）在孟加拉国国家水稻研究所的杂交水稻育种田参观，听育种人员介绍情况

生产条件差，水稻产量很低，所以，孟加拉国政府就把发展杂交水稻作为一个战略目标。他们对中国的杂交水稻技术非常崇拜，工作也很努力，后来培育出自己的杂交水稻，逐步提高了水稻单产和总产。

我们在孟加拉国国家水稻所参观之后，驱车去了孟加拉国委员会下设的杂交水稻制种基地，参观他们的大面积制种工作。我们的兴趣都很高，尤其是袁隆平。他说，如果孟加拉国的制种技术过了关，他们推广杂交水稻就没有问题了。我们的车队来到制种基地，看到的是正在收割的制种田块。也许是为了等我们来参观，他们将已经成熟的制种田推迟了收割，有的田块出现轻微倒伏，不过总体来讲，还是不错的。袁隆平给予了肯定与赞扬，孟加拉国委员会负责制种的技术人员当然高兴，因为得到了"杂交水稻之父"的表扬。有的田块，制种产量可能达到了亩产 2—3 吨的样子，在刚开始的时候，获得这么好的收成，确实来之不易。

就在我们还在田间参观时，一辆大巴车开来了，停在水泥路上，接着下来二三十人，还有几个黑人。有 3 个中国人走到我们跟前，很亲切地叫道："袁老师，您好！"袁隆平回过头一看，虽说不认识他们，但也很亲切地打招呼。在异国他乡能见到中国人，那确实是格外亲切。交流后才知道，他们是联合国粮农组织一个南南合作项目的参与者，也与农业、扶贫有关。这个项目在孟加拉国由我的同学、孟加拉国国家水稻所所长朱理费加担任技术协调人，费马尼也是顾问之一。这 3 个中国老乡都是湖南人，由湖南几个农业技术推广单位派来参加这个项目，主要是提供农业技术指导。

老乡见老乡，亮眼放光芒。这 3 位湖南老乡在国内都没见过袁隆平，能在孟加拉国见到，还能合影留念，所以，照片上 5 个人的 10 只眼睛都是笑眯眯的。

我们几个老乡一合影，不知怎么被一个非洲朋友看见了。他至少是对袁隆平非常熟悉，一眼就认出了袁隆平，马上跑过来，也要跟袁隆平合影。他把我"逼"到了边上，自己挨着袁隆平，叫别人用他的相机，拍下了下面这张合影。

我们 5 个人中间，插进了一个黑人朋友，有点"锦上添花"的感觉。我们从几位湖南老乡口中得知，他们一直在孟加拉国，忙项目的事。2001 年 5 月 8 日这一天，项目安排大家也来参观孟加拉国委员会的杂交水稻制种。他们来迟了，是因为路上堵车。他们知道我们住的地方，说晚上来拜访。

见有"老外"一起合影，袁隆平整了整休闲西装，站了个笔直，脸上也加了点"严肃"

这位从乌干达来的非洲黑人朋友倒是很健谈，与袁隆平聊了很久。他说，在乌干达就听说中国的杂交水稻非常成功，可以帮助非洲国家提高水稻产量并减少饥饿现象。他希望能去中国访问或者学习，问袁隆平能不能推荐或者接待，还递了名片给袁隆平。袁隆平口头答应了，但要他多与中国驻乌干达大使馆联系，争取机会。

后来继续参观时，袁隆平对我说，其实，在孟加拉国推广杂交水稻很容易见到效果，也意义很大，成功后在世界上有很强的示范和推动作用。他要我向费马尼多提点建议，不要偏袒印度太多。我已经在亚洲开发银行的亚洲杂交水稻发展项目工作一年多时间,再加上以前了解的情况,明显感觉到,费马尼作为印度人,在这个项目实施过程中,确实很照顾印度老乡。记得1981年在长沙举办第2届国际杂交水稻育种培训班时,印度学员有5人,而其他几个国家都只有一两个学员。不过,我要是费马尼,也会胳膊肘往里拐的,"爱国"有时候就是这样的。

国籍	姓	名	学位	年龄	备注
印度	S. S. VIRMANI	S. S. 费马尼	博士	40	领队
印度	ISH KUMAR	I. 库玛	博士	36	
印度	M. MAOAPPA	M. 玛哈德	博士	44	
印度	V. SIVA	V. 西瓦	博士	50	
印度	G. H. RAO	G. H. 劳阿	博士	48	
印度	P. J. JACHUGK	P. J. 杰丘克	硕士	42	
菲律宾	HERNANDEZ JOSEY	J. 赫纳恩德	硕士	25	
菲律宾	RODOLFO C. AQUINO	C. 阿津诺	硕士	44	
泰国	P. KHAMBANONDA	P. 克哈班瓦诺达	硕士	53	
孟加拉	M. A. SALAM	A. 沙纳姆	硕士	28	
孟加拉	R. ISLAM	R. 艾斯拉姆	硕士	27	
斯里兰卡	M. W. P. PEIRIS	M. 帕里斯	先生	48	
印尼	R. SUPRIHATNO	B. 苏普里哈特罗	博士	35	
印尼	Z. HARAHAP	Z. 哈拉哈普	博士	46	

中国和国际水稻研究所联合联办的第二届杂交水稻训练班人员名单

1981年在位于中国长沙的湖南省农业科学院举办的第2届国际杂交水稻育种培训班学员名单

那届国际杂交水稻育种培训班上,我作为授课人员之一,认识了这些学员。培训结束后,他们回到各自的国家,其中只有少数人坚持工作在杂交水稻研究、推广第一线,大多数还是继续搞他们原来的行当,比如当老师、搞管理等。在杂交水稻领域干得最为出色的,要数印度的伊希·库玛博士和印度尼西亚的苏普里哈特罗博士。伊希·库玛博士在2018年还获得袁隆平农业科技奖。

3. 达卡吃"湖南菜"

2001年5月8日，我们结束田间参观后，两拨人马各自返回住地。3位湖南老乡随着联合国粮农组织南南合作项目的大车走了，我们则回到孟加拉国农村发展委员会的招待所。离晚餐还有些时间，袁隆平记起那天是我的生日（其实，那是身份证上的日期，我的生日是农历五月初八），就提出，去找一家中餐馆吃晚饭，为我庆祝生日。我欣然同意，以前我们一起在印度和缅甸的时候，也经常一起去当地的中餐馆改善伙食。实际上，还有另外一个原因，就是袁隆平很不适应有咖喱味的食物。我们在印度待那么长时间，都是自己做饭吃，特别是吃有点辣味的湖南菜。

正当我俩在商量找哪家中餐馆美食一顿的时候，房间的电话响了。前台告诉我们，有几个中国人要见我们。我们猜想，应该是那3位湖南老乡来了。果不其然，就是他们3人。他们对这里很熟悉，叫了出租车径直来了。这下热闹了，大家都赞同去吃中餐。他们想到附近有一家曾经吃过的中国餐馆，同时也说实话，都是不地道的中国菜，厨师是移民来的华人。

我们说打车去吧，他们说离得不远，步行去还快一些。我和袁隆平也想看看达卡的市景，就5个人结伴出了招待所，穿小街、走小巷，趁着夜色还没有降临，边聊天边溜达，说说看看，好不热闹。我们考虑到袁隆平已经71岁了，想走慢些。谁知，他的步子比我们还快，东瞧瞧西望望，问这问那，几个老乡一一回答。当然，袁隆平那时候还是一个"烟鬼"，一边抽烟，一边和大家说话。

我们穿过一个菜市场，居然有人用夹生的汉语普通话向我们打招呼："你好！菜便宜，买不买?"好几个当地人在向我们招手，意思是去他们的摊位买菜。湖南老乡们告诉我们，这里的许多当地人都会讲几句中文。他们除了用中文打招呼，还能用中文叫出一些蔬菜的名字，用中文讨价还价。这是因为在孟加拉国工作的中国人不少，大多是做生意、搞工程的，到菜场买菜也很常见。我们也礼貌地告诉这几个当地人，这次不买菜，下次再来买。他们又对我们说"再见"，并竖起大拇指说："中国人，好朋友！"

穿过小巷子，没多久就到了一条比较宽阔繁华的街道，看到一幢高楼，那里的1—2楼就是我们要找的中国餐馆。达卡的市中心，高楼不少，但豪华的不多，看上去质量也不是很好。袁隆平说，这里有点像我们的县级市，顶多是落后地区地级市的水平。那家中餐馆挂着红灯笼，可是有点陈旧，颜色也不鲜艳了。餐馆的名字好像是新华楼，反正有一块不太大的中文招牌。我们在一个包间坐下来，开始点菜，肯定以湖南口味为主。我们都尊重袁隆平，请他点菜，他摆摆手说："我不会点，只会吃，随你们的便，但是我买单。要吃有辣味的湖南菜，就可以了。"湖南老乡出于客气，要我点菜，我摇摇头说："我也不会点菜。反正你们是湖南人，就吃湖南菜吧，最后我来买单。"

菜点得很多，上菜时看得出来，不是地道的中国菜，更不是典型的湖南菜，但有辣味，有两道菜还特别辣，这已经不错了。在孟加拉国能吃到这么丰盛的"湖南菜"，袁隆平非常满意。他先喝汤，再就是吃米饭。湖南老乡点了糖醋鱼，他也喜欢吃。不过，他对我们讲明："我一般喜欢吃油炸的，特别是花生米。我的肠胃对细菌敏感，一般不吃挨着盘子的和最上面的菜，怕万一被苍蝇叮过，或者盘子不干净。"我补充说："袁老师吃西瓜，只吃第三刀以后切的那几瓣，也是怕刀子不干净。"当天晚上，袁隆平还是很警觉，不时看有没有苍蝇飞过来落到饭菜上。达卡这地方说没有蚊子、苍蝇是假的，不过，我们与餐馆老板打了招呼，他们开了个电风扇，对着餐桌不停地吹，"敌机"终于没有降落到饭菜上面。

袁隆平在餐桌上讲起，他喜欢吃印度一种叫"普里"的油炸饼。我也喜欢吃，很香，味道蛮好，而且禁饿，一次能吃五六个。他说："我一般吃到最后，就把手指捏着的那点扔掉不吃，所以，不会拉肚子。那一次，不晓得怎么搞的，把捏在手上的那一点也吃到肚子里去了，真的喊得应，没有多久，肚子就隐隐作痛，接着就拉肚子。幸亏我带了保济丸和黄连素，才止住。"

讲到这里，我也补充了一个故事。那是 1988 年 3 月，袁隆平、邓则夫妇去伦敦参加英国朗克奖颁奖仪式。他们在广州机场准备登机时，袁隆平突然肚子不舒服了。他自己说，肯定是吃了不洁净的东西，又要拉肚子。这就很紧张，要是在飞机上，或是到了伦敦，一直这样，就麻烦了。那次，我是唯一到广州给他们送行的人。

这个时候，早有准备的袁隆平，拿出他带的一瓶杨梅罐头，用随身带的开罐头起子打开了瓶盖。可是，他没有带勺或筷子，总不能用手抓着吃吧？我急中生智，马上跑到机场候机厅的小餐馆，看到餐桌上有摆好的筷子，都用纸套子装着。我跟服务员讲了一下，拿到一双，飞跑到袁隆平身边，总算解决了问题。也是怪，吃了杨梅，他的肚子就舒服了。袁隆平几乎一年四季都在外面出差：年轻时，在海南、云南、广西等地搞杂交水稻育种攻关；后来功成名就，已是古稀之年，还要到国外进行技术指导、开会、讲课，路途疲劳，同时要防止身体不适，真的很不容易。

我们边吃边聊，一餐饭吃了差不多两个小时。没有不散的宴席，最后结账的时候，5 个人争着付钱。每个人手上都拿着钱，3 位湖南老乡拿的是孟加拉货币，我和袁隆平拿的是美金。餐馆老板是精明人，收美元肯定合算，找零则用孟加拉货币。最后，在我和袁隆平之间取舍，老板也清楚，这位长者肯定比较有钱，就收了他手上的美元。这顿饭又是袁隆平请客，我们感激不尽。

已经很晚了，走街串巷不安全，也不方便。年轻的湖南老乡们叫了一辆出租车，让袁隆平坐在前排副驾位，我们 4 人挤在后面。在孟加拉国，只要有本事能装进去，车子里挤多少人都不会被罚。这回，坐出租车的钱是几位湖南老乡付的。到了我们住的招待所，他们继续坐着这辆车回去了。事情已经过去 20 多年，估计这些湖南老乡已是五六十岁的人了，可惜当时没有记下他们的名字。如果他们有机会看到这本书，读到这个故事，一定会引起对当年的回忆。

五、盛会在越南

1. 又一场"援越战争"

越南是我们的邻国，也是水稻生产大国。稻米是近 1 亿越南人民的主食，也是越南农产品出口创汇的主要来源之一。可是，在进入 21 世纪前，越南的稻米一直不能自给。在援越抗美时期，中国人民宁可自己饿肚子，也拿出大量稻米援助越南。越南南北统一后，虽然情况有所好转，但依然无法实现稻米自给。中越关系正常化之后，到了 20 世纪 90 年代，越南也开始发展杂交水稻。

3 个方面的因素，使得越南的杂交水稻发展速度比印度等国要快。首先是越南政府的重视与支持。上至中央政府，下到 60 多个省份的政府，都有主管部门和主要负责人抓杂交水稻。其次是联合国粮农组织的支持。这里面有一个很重要的原因，那就是在联合国粮农组织，有几位越南裔高级职员负责水稻这一块的工作。他们不管怎样，还是胳膊肘往里拐的。在联合国计划发展署为印度立了杂交水稻项目后，他们就在联合国粮农组织为越南立了杂交水稻项目，有了项目就有经费，就可以聘请专家。

但最重要的因素，是中方的无私支持和帮助。在那段时间，修复中越关系，对中国的国家安全与发展非常重要。而越南方面，那些曾经跟着开国领袖胡志明工作、对华友好的领导干部也很积极，希望尽快恢复越中友好。他们知道，越南的安全与发展离不开中国。这里面就包括时任越南农业和食品工业部部长阮功丹，他曾在中国留学，毕业于华南农学院（今华南农业大学）农学专业，中文功底很深。

越南政府方面一直是非常积极的，不像某些国家，我们"免费"将杂交水稻技术"送货上门"，他们的政府官员还爱搭不理。越南政府许多部门的官员都主动与中方联系，从中国引进杂交水稻育种材料，邀请中方派专家去越南指导，并派人到中国学习、培训。

1994 年元月底，越南农业和食品工业部就派了一个代表团，由科技司司长阮玉敬带队，直接来到湖南长沙，到湖南杂交水稻研究中心拜访袁隆平。当然，他们事前与我国农业部进行了沟通，要不然，不可能绕开中国政府对等部门，直接到一个省级农科院下属的研究所来交流并签署合作协议。

当时的湖南杂交水稻研究中心，已经成立 10 年时间了，在国内外确实有了一些名气，主要是因为袁隆平的名声，也有 1986 年成功举办首届杂交水稻国际学术研讨会的原因。我们热情接待了越南客人，双方商讨了如何开展双边合作的许多事宜。在这之前，从 1993 年 8 月 1 日起，作为联合国粮农组织越南杂交水稻项目的培训任务，湖南杂交水稻研究中心为越南 5 名学员举办了为期 3 个月的培训班，非常成功。所以，越方认定与湖南杂交水稻研究中心合作有好处，也很必要。

由于越南代表团的规格比较高，我们的接待也很认真。

会谈的时候，袁隆平坐中间，越南方面几位领导坐在袁隆平左边，湖南杂交水稻研究中心的几位包括我，坐在袁隆平的右边。桌上摆了茶水、水果、烟灰缸，只是没有摆中越两国国旗，但有人记录、拍照。

我们湖南杂交水稻研究中心当时没有懂越文的人，但越方有精通中文的，他们将我们的发言翻译成越语。由于事先有沟通，对合作协议文本很快就达成一致。越方秘书人员带了电脑，越方马上准备好中越两种文字的《中越合作研究开发杂交水稻协议》草稿，在我们湖南杂交水稻研究文印室打印出来，文本上的甲方代表是袁隆平。

提到甲方由谁签字的问题，越方极力主张袁隆平签，我们中方几个人也同意，可是，袁隆平坚决不同意。他说，如果是越南农业与食品工业部部长作为乙方代表，他可以代表甲方签字。袁隆平认为，我是湖南杂交水稻研究中心分管科研和外事工作的副主任，有资格代表中心签字。越方也没有办法，只好同意由我签字。最后，还是将甲方代表改为我的名字，由我代表甲方签了字。现在回想起来，袁隆平还是有远见、有道理的。他坚持了原则，防止今后如果有什么争议或不利于中方的事发生，不至于将他顶到最前面。

这倒使我想起，在 1993 年 7 月 3 日上午 11 点半左右，袁隆平与农业部外事司国际一处的同志通电话，商量执行联合国粮农组织越南杂交水稻项目的有关问题时，很硬气地说，除非是联合国粮农组织聘请，他才愿意去越南指导杂交水稻，而且顶多两三周时间；如果是越南农业和食品工业部部长邀请，他则不去。

这回，改为由我代表甲方签字，倒是使我有点受宠若惊。我一下子连升三级，以副处级与越方的正司（局）级平起平坐了一回，但"一分钱工资也没有涨"啊。不过，我倒是从袁隆平的深谋远虑中学到了智慧，也长了见识。

中越合作研究开发杂交水稻协议

中国湖南杂交水稻研究中心（甲方）根据越南农业及食品工业部科技司（乙方）希望合作开发杂交水稻的意向，提出以下合作协议：

1. 组合及亲本转让：
甲方向乙方无偿提供少量杂交一代种子（包括两系和三系杂交稻组合）供试验种植用。乙方根据试种结果，向甲方提出有偿转让组合（包括成套亲本），转让可采取一次性转让和利润分成的办法，具体转让合同由双方协商签订。根据袁隆平教授的意见，两系杂交稻的转让，乙方需向甲方交纳一定数量的开办费。

2. 资源交换：
甲乙双方根据平等的原则进行稻种资源交换，但不包括新育成的杂交稻亲本。甲方用乙方资源培育成的亲本和组合在转让给乙方时，要给予适当优惠。

3. 培训人员：
甲方根据乙方要求，有偿为乙方培训杂交水稻科研技术人员。

4. 人员互访：
甲乙双方根据需要和平等的原则，互相邀请对方有关人员来访。双方均负担对方入境后的食、宿、交通费。

5. 派出专家：
甲方根据乙方的需要和要求，向乙方派出专家和技术人员，帮助发展杂交水稻。乙方负担专家和技术人员的食、宿、交通，按双方协商的标准付给报酬。

6. 本协议由中文和越文写成，具有同等法律效力，双方保证严格遵守协议。

甲方：湖南杂交水稻研究中心　　乙方：越南农业及食品工业部科技司

代表：毛昌祥 *毛昌祥*　　　　　代表：阮玉敬

1994年1月31日于中国湖南长沙

《中越合作研究开发杂交水稻协议》全文如下：

中国湖南杂交水稻研究中心（甲方）根据越南农业及食品工业部科技司（乙方）希望合作开发杂交水稻的意向，提出以下合作协议。

1994年1月31日，湖南杂交水稻研究中心同越南农业和食品工业部科技司签署的合作协议

1. 组合及亲本转让：

甲方向乙方无偿提供少量杂交一代种子（包括两系和三系杂交稻组合）供试验种植用。乙方根据试种结果，向甲方提出有偿转让该组合（包括成套亲本），转让可采取一次性转让和利润分成的办法，具体转让合同由双方协商签订。根据袁隆平教授的意见，两系杂交稻的转让，乙方需要向甲方交纳一定数量的开办费。

2. 资源交换：

甲乙双方根据平等的原则进行稻种资源交换，但不包括新育成的杂交稻亲本。甲方用乙方资源培育成的亲本和组合在转让给乙方时，要给予适当优惠。

3. 培训人员：

甲方根据乙方要求，有偿为乙方培训杂交水稻科研技术人员。

4. 人员互访：

甲乙双方根据需要和平等的原则，互相邀请对方有关人员来访。双方均负担对方入境后的食、宿、交通费。

5. 派出专家：

甲方根据乙方的需要和要求，向乙方派出专家和技术人员，帮助发展杂交水稻。乙方负担专家和技术人员的食、宿、交通，按照双方协商的标准付给报酬。

6. 本协议由中文和越文写成，具有同等法律效力，双方严格遵守协议。

甲方：湖南杂交水稻研究中心

代表　毛昌祥（签字）

乙方：越南农业及食品工业部科技司

代表　阮玉敬（签字）

1994 年 1 月 31 日于中国湖南长沙

后来，袁隆平还与我聊起这次签协议的事，他说："小毛，你不知道啊，我是不喜欢抛头露面的人。对于这种两国间的协议，没有上面的授权，我更没有资格签，不出事则好，一旦有事，就可能被追究。对我个人事小，对国家就是大事了。谢谢你为我做替身。不过，万一有事，不会让你一个人承担的，你放心。"袁隆平的考虑不无道理。后来，在转让两系杂交水稻技术给美国水稻技术公司时，农业部就指出湖南杂交水稻研究中心起草的协议条款需要修改。

中国对联合国粮农组织的越南杂交水稻项目是很支持的。当联合国粮农组织通过我国农业部，聘请中国杂交水稻专家去越南进行技术指导时，袁隆平就推荐了他早期的 3 位得力助手之一尹华奇，于 1993 年 2 月 2 日至 6 月 2 日，作为联合国粮农组织顾问去越南工作了 4 个月，主要是指导育种技术。另外，还派遣湖南杂交水稻研究中心制种专家周承恕去越南，指导杂交水稻繁殖制种技术。周承恕是在 1993

年 7 月 2 日晚上才回到长沙的。

周承恕回到家里之前，袁隆平就决定在第二天，也就是 7 月 3 日上午，湖南杂交水稻研究中心 3 位主要负责人，即袁隆平、谢长江、毛昌祥，加上回国不久的尹华奇，一共 4 个人，专门听取周承恕的越南工作情况汇报。我曾提出，是不是等两天，等周承恕休息一下再汇报。袁隆平不同意。7 月 3 日上午 10 点钟，汇报会准时在袁隆平的办公室开始。尽管来汇报的周承恕还是睡眼惺忪的样子，但大家都很期待。特别是袁隆平，他很认真听，抽着烟，不时提问。周承恕也不急不忙地汇报，并回答问题。

汇报会上，周承恕说，广西也在越南搞杂交水稻，他们提供了资优桂 99 的种子给越南，种了 2 万公顷，平均每公顷产量达到 5 吨，最高达到 14 吨，已经种植了 2 年，很受欢迎。在联合国粮农组织杂交水稻项目支持下，越南很快会派 5 名技术人员到湖南杂交水稻研究中心进行为期 3 个月的培训。他们于 7 月 26 日先到北京，再来长沙，培训从 8 月 1 日开始。

听了汇报，袁隆平决定继续派周承恕去越南指导杂交水稻繁殖制种技术，尽管他这次在越南的任务没有达到预期目标，繁殖不育系的平均产量只有每公顷 0.7 吨，制种 140 公顷，有 40% 的杂株。袁隆平说，这是"基本失败"，但认为继续摸索规律，失败就会是成功之母。总之，袁隆平对周承恕还是以鼓励为主，要周承恕准备再次去越南的同时，交一份书面总结，这份书面总结还要提交给联合国粮农组织和我国农业部。同时，袁隆平要求我们马上开始准备培训越南学员的事。

袁隆平最后作总结，他特别强调："越南这一仗，我们一定要打好、打赢，不获全胜，绝不收兵！越南是我们的近邻，杂交水稻种子早已通过中越边境，在越南有了很大的种植面积。杂交水稻种子的价格在越南被炒得很高，结果出现了大量假冒伪劣的杂交水稻种子，使得一些越南农民减了产，有的甚至失收，有的还提出要求中方赔偿。这样下去，我认为杂交水稻会在越南搞砸，不但对越南，对我们中国也很不利。"

袁隆平提出，一定要通过联合国粮农组织向越南提建议：第一，要尽快建立全国范围的杂交水稻育种—繁殖—制种—种子销售体系；第二，不要买个体户的种子，因为越南的个体户走私了不少不合格的杂交水稻种子，在越南造成了很坏的影响。在袁隆平心目中，杂交水稻在越南获得成功的意义重大，一定要全力以赴打赢"越南这一仗"。

袁隆平很重视越南杂交水稻研发方面的进展，要求凡是去越南工作或考察的人员，回来后要交一份详尽的文字报告，他都仔细阅读。尹华奇、周承恕还有后来去越南考察的李继明，都交了文字报告，也作了口头汇报。袁隆平每次都参加汇报会，听得仔细，问得详细，然后从战略和战术上点评一番，大家都佩服得心服口服。

到了 21 世纪初，通过发展杂交水稻，越南很快实现了稻米自给有余。他们北部和中部种植的杂交水稻，就足以

先后赴越南工作和考察的周承恕、李继明提交的书面报告

供应全国的口粮；而越南将南部生产的优质稻米出口国际市场，赚取了不少外汇。越南逐渐超过泰国，成为世界第一大米出口国。不过，最近这几年，越南被印度超越了。印度也是因为推广了杂交水稻，很快由一个稻米短缺国家，逐步成为稻米出口国。到2020年，印度出口大米1550万吨，是越南出口量的2.5倍，成为当今世界稻米出口第一大国。袁隆平"发展杂交水稻，造福世界人民"的誓言，可不是一句空话啊！

2. 成功的培训

湖南杂交水稻研究中心的周承恕从越南回来后，在工作汇报中提到，联合国粮农组织的越南杂交水稻项目，将在湖南杂交水稻研究中心组织一次为期3个月的杂交水稻技术培训班，有5名越南技术人员参加。这件事，联合国粮农组织驻北京办事处和我国农业部国际合作司先后通知了我们。因为我在湖南杂交水稻研究中心负责外事工作这一块，袁隆平就要我安排培训班的筹备工作。

为搞好培训，袁隆平一再强调，只能成功，不能失败。他亲自点将，指定了培训班的工作班子。袁隆平担任"总指挥"，我负责具体操作，其他参加人员有：周坤炉、尹华奇、周承恕、马国辉、廖伏明、谭志军、邓应德、肖国樱、白德朗、万宜珍、黄伟玲、王精敏。其中，尹华奇和周承恕在越南工作过，对越南的情况很熟悉，并在越南与其中几名学员见过面。

这是自1984年5月，以袁隆平为主任的湖南杂交水稻研究中心成立以后，中心举办的第一个国际培训班。在这之前的1981年，以湖南农科院的名义举办过一期杂交水稻国际培训班。那次，我也参加了讲课等活动。后来，湖南杂交水稻研究中心的科研人员，在国外指导杂交水稻技术时，也参加过讲课和指导活动。所以，1993年这次为越南项目举办国际培训，一定要认真准备。

1993 年 7 月 7 日上午，袁隆平亲自主持参加国际培训的全体工作人员会议。他在会上再一次强调了杂交水稻在越南取得成功的重要性，要求大家认真准备。我安排了具体工作。尹华奇作了补充，他和周承恕介绍了越南杂交水稻发展情况、培训中要注意些什么、越南人的习俗和一般生活习惯等。袁隆平还要求在 7 月 20 日前，把现有杂交水稻宣传展板的内容统统更新，加上英文说明，让越南学员来了后参观学习。过了一周时间，7 月 13 日，中心档案资料室的张桥递交了一份展板更新预算，袁隆平很快就批准了。这笔预算包括材料费 1000 元、美工费 650 元、英语翻译费 200 元、复印费 250 元、加班费 550 元，在那个时候，也不是小数。

越南 5 位学员的名单也很快由北京发到了我们这里。他们在 7 月 26 日将先到北京，7 月 29 日搭乘中国民航的航班，在上午 9 点半从北京起飞到长沙，培训是从 8 月 1 日到 10 月 31 日。为什么越南学员要先去北京再到长沙呢？因为这是属于联合国粮农组织的项目，必须先到他们学习地（国家）的联合国粮农组织办事处报到，领取生活津贴，也就是“零花钱”，当然，还要填一些表格之类。袁隆平和我多次到一些国家去执行联合国粮农组织的任务，也是在到达后，先去联合国粮农组织驻该国办事处打卡报到，离开时也要去告辞并交总结报告。

当年，越南与中国一样，也是沿袭了苏联的社会架构体系。农业方面，行政主管部门是农业及食品工业部以及全国 59 个省和 5 个直辖市的农业厅（局），下面都有农业技术推广机构，也有种子生产和管理部门。越南只有国营的种子公司，级别最高的是河内中央种子公司，相当于我国农业部管辖的中国种子公司。农业科研领域有越南农业科学院，下面有不同的研究所。越南当时学中国，在越南农科院新建了杂交水稻研究所（中心）。农业教育方面同样有农业院校，河内第一农业大学相当于北京农业大学，也就是后来的中国农业大学。越南也有一些基础研究院所，类似于中国科学院的研究所。比如，越南遗传研究院就是与越南农科院平行的研究院，从事所有生物包括人类在内的遗传研究。

从参加这次培训的人员看，越南方面非常重视，是精心考虑和选择了的。派来学习的基本上是四五十岁的骨干力量，来自农业行政部门、科研院所、大学和种子公司。从人

参加 1993 年 8—10 月在长沙举办的联合国粮农组织越南项目杂交水稻技术培训班的学员名单

员挑选上也看得出来，越南方面考虑得很周到，有搞育种和基础研究的，有教学的，有从事技术推广的，还有负责繁殖制种和种子生产销售的。他们的组长是年龄最大的陈庆平，在河内中央种子公司工作，是公司副总经理。后来才知道，他曾在中国留学，毕业于华南农业大学，算得上是"中国通"。

1993 年 7 月 29 日，越南 5 位学员从北京飞到了长沙。我们把他们从长沙黄花机场接到湖南杂交水稻研究中心，安排在培训部二楼。一人一间，设备虽说简陋了点，但非常舒适，食堂就在楼下。中心还挑选了几名年轻男女职工，充当起招待所的临时"服务员"。

我们带越南学员到湖南杂交水稻研究中心里面转了一圈，让他们熟悉环境。因为他们的费用是由联合国粮农组织统一支付给我们中心的，除非是购买私人用品，他们在培训期间基本上不用花钱；要买私人物品，则由中心的工作人员陪同他们去购买。每个星期天休息，他们可以去长沙市区游玩、购物。

1993 年 7 月 30 日，星期五，越南学员到达的第二天，正好袁隆平没有出差。于是，在湖南杂交水稻研究中心办公大楼二楼北面的外宾室，也是中心当时最"豪华"的接待室，举行了简单的"接见仪式"，由中心领导与越南学员见面，袁隆平、谢长江和我参加。名曰"外宾室"，其实大多用于接待国内宾客、各级领导、外省来访的专家，还有就是中心在这里开小规模的会议，特别是需要保密的会议。

早上 8 点半，越南学员们准时到了外宾室，他们都穿着正装。男士着西装、打领带；女士穿着越南传统服装奥黛，类似于中国的旗袍。由于体型苗条，穿上奥黛的两位越南女士非常靓丽。我们几个，没有西装革履，但也穿得整整齐齐。袁隆平坐在中间，谢长江和我坐在他的左右两边，与 5 位越南学员相对而坐。袁隆平用英语向他们打招呼，学员们鼓掌感谢。我是主持人，首先是互相介绍，彼此认识一下。首先是越方组长陈庆平发言，他用流利的中文作了自我介绍。接下来的几位，都用英文自我介绍。越南人说英语，有点像日本人说英语，他们比比画画，我们基本上能听懂。

因为当时没有专门为他们这个培训班准备教材，就给每人发了一本由袁隆平主编、湖南科技出版社在 1985 年出版的中英文对照的《杂交水稻简明教程》。袁隆平当面在他们每人的这本教材上签了名字和日期。能得到这本书，还能得到袁隆平本人的签名，他们当然高兴极了。这本教材相当于杂交水稻技术的"圣经"，后来国外编写或出版的关于杂交水稻技术的书籍、教材，都是以这本书的内容为核心的。

我简单地介绍了培训班 3 个月的安排，包括如何上课、实习和参观。越南学员都发了言，还提了几个具体问题，我们一一作了答复。我告诉越南学员们，正式的开班式安排在 8 月 2 日星期一上午。这个国际培训班，是湖南杂交水稻研究中心成立后举办的第一个正式的国际培训班，而且是联合国粮农组织委托中心举办的，我国农业部、湖南省政府、湖南农科院都很重视。

　　原本只安排 1 小时的"接见仪式"，被袁隆平"拉长"到了 2 个多小时，直到午餐之前才结束。这是因为，袁隆平非常想详细了解越南杂交水稻的发展情况，反而是他问学员们的问题多。真的很佩服他，他抽着烟，几乎是一支接一支，不断提问并听越南学员回答，还不时与我们交换意见。他认为，越南中部地区是贫困山区，水稻产量低，要重点推广杂交水稻，效果一定会特别显著。

　　袁隆平还提出，广西的杂交水稻品种适合越南，种植面积也大，但最好只在越南北部种植。如果引种到越南南方，那里的热带病虫害很严重，广西的杂交水稻品种肯定适应不了，难以高产，甚至会减产失收。他主张越南还是要培育自己的亲本材料，选育适合越南生态条件的杂交水稻组合，不能长期依赖中国的杂交水稻品种。他还指出，杂交水稻要高产，是需要多施肥料的，尤其是钾肥和磷肥，也就是说，要适当增加投入。越南学员们都忙着在本子上把袁隆平的这些建议记下来。后来，我到越南几次，发现很多方面越方确实都是按照袁隆平的建议做的。

　　袁隆平选择在"接见仪式"上谈这些，也是他高明之处。他知道，在这个小范围内，与越南派来的所谓学员，实际上是越南杂交水稻研发的核心技术力量谈这些，容易被理解和接受。他也避免了被当成在正式场合作"指示"，即便今后的结果不一定如此，也是"探讨"罢了，不至于被"生搬硬套"，毕竟袁隆平对越南的情况也不是非常熟悉和了解。

　　1993 年 8 月 2 日的正式开班仪式在湖南杂交水稻研究

中心办公大楼二楼梯形学术报告厅举行，湖南省有关部门派
了人，湖南农科院的党政领导、湖南杂交水稻研究中心的领
导和一些技术骨干、培训班的主要工作人员参加。当时正值
盛夏，有人打了领带，但因为天气太热，穿不住西装。大家
在湖南杂交水稻研究中心办公大楼外，拍下了这张具有历史
意义的合影。

星期六也就是 7 月 31 日，我们带越南学员们去韶山瞻
仰毛主席故居，他们高兴得不得了。8 月 1 日是星期天，休
息了一天。8 月 2 日上午举行正式开班仪式后，接着就上课
了。第一课当然是袁隆平给他们讲。袁隆平流利的英语、风
趣的讲授和系统、精湛的杂交水稻技术，包括浅显易懂的理
论和易于掌握的实际操作，使得越南学员们听得津津有味，

1993 年 8 月 2 日上午，
出席联合国粮农组织越南
杂交水稻项目国际培训班
开班仪式的全体人员合影，
前排左六是袁隆平，第二
排右一是我

非常享受。我一直坐在教室里，也听入迷了。

按照国际惯例，这个国际培训班用英语授课，主要交流语言是英语，也可以用中文和越语。后来才知道，越南学员中，好几位有一定的中文基础。越南学员的组织纪律性很强，学习也很认真，上课时除了认真听课、记笔记，还不断提问；实习时，都能动手；参观学习时，看得认真，问得也仔细。

1993年8月6日，我带他们到湖南省资兴县参观当地制种高产典型时，他们显得特别活跃。因为越南杂交水稻的制种产量一直很低，所以，他们一直问长问短，打破砂锅问到底，问得当地的技术人员都不知如何讲了。当地技术人员告诉我，对于有些技术细节，他们平日也没有观察、记载；另外，还有点怕"泄密"，不敢讲得很详细。我告诉他们，袁隆平就是要让越南人自己能掌握杂交水稻技术。我要求技术员们把关键技术讲清楚，目的是让越南学员回国后能自己操作，否则，我们的培训就不能算成功。

上了大约10天课以后，越南学员们又要到外地进行现场参观学习。8月16日，他们由马国辉和肖国樱带领，去湘北、湘西。出发之前，马国辉和肖国樱还接受了湖南省公安厅国安处的保密教育，要求他俩尽量不要带越南学员去看两系杂交稻，对技术上的关键环节要严格保密，但在接待上要热情。

这里讲到保密问题，确实是一件非常重要但又矛盾的事。上面一再强调，在我国的杂交水稻技术尤其是两系杂交水稻研究成功后，国外、境外对两系杂交水稻技术和育种材料都特别"关注"。当时还没有成立国家安全部，湖南省公安厅国安处派人参加了培训班的筹备会议，越南学员在现场参观时，也有人随行。

这个国际培训班之后，从 1994 年开始的几期为印度学员举办的国际培训班上，发现几个老外想"顺走"我们的育种材料。我们加强了管控和排查，但又必须不能明显地与对外友好相冲突。当年，越南学员有着同我们中国人一样的面孔，还有人能讲流利的中文，加上两国关系正处于恢复阶段，包括袁隆平在内，我们确实有些头疼。对于如何圆满地办好培训班，又不出现泄密事件，我们一直提心吊胆。一直到 1993 年 10 月 31 日，我们送走这批越南学员，基本上没有出问题，才松了一口气。

1993 年 8 月 6 日，在湖南省资兴县杂交水稻制种高产田块参观时，我向越南学员们作讲解。左边这位女学员是时年 49 岁的越南河内第一农业大学讲师阮氏珍。平日里，大家都叫她"阿珍"，她是 5 位越南学员中技术职称最高的。

后来，我去过几次越南，先后见到了几位当年参加培训的学员。他们都已经成为越南研发杂交水稻的骨干力量，非常感谢我们的培训。记得 1999 年 7 月，我随同广西科技厅和广西农科院领导去越南访问，到了河内第一农业大学，参

1999 年 7 月 29 日，广西科技考察团访问越南河内第一农业大学，阮氏珍教授（右三）向我们介绍他们培育的杂交水稻亲本与组合，挨着阿珍的是我（右四）

2002 年，第 4 届国际杂交水稻学术研讨会在越南河内召开，我与来自不同国家的女代表合影。从左至右，依次是菲律宾、泰国、印度尼西亚、中国、越南、俄罗斯的女代表，右二就是阮氏珍。

观他们的杂交水稻育种试验。接待我们的，正是已经成为教授的学员阮氏珍，她见到我特别高兴，回忆了当年在中国培训学习的一些事。参观河内第一农业大学时，她一直陪同我们，用中文一口一个"毛老师""毛老师"地叫着我，搞得我都不好意思了。其实，她还比我大 3 岁。她把我们带到他们的育种网室，看到了他们培育出来的不育系和新组合，他们确实掌握了杂交水稻育种技术。

3. 精明的部长

要说杂交水稻在中国之外的发展，在一些国家，得益于政府重视，发展得很快，取得了成功。但在另一些国家，即使总统重视，也没有取得成功，究其原因，与主管部门官员的态度有很大关系。我和袁隆平两次去缅甸，想见他们的农业部部长，都没有实现。而我在印度尼西亚时，作为联合国粮农组织聘请的专家，不仅见到了印度尼西亚农业部部长，时任总统梅加瓦蒂女士也非常支持发展杂交水稻。她还在2006年亲自到湖南杂交水稻研究中心会见了袁隆平。

可是，当我和印尼农业部部长面对面交谈印尼发展杂交水稻的问题时，他有点不以为然。他说，凭印尼的水稻种植面积和水稻品种的产量潜力，印尼不会缺少稻米。问题是，印尼的水稻种植非常粗放，许多地方还很原始，广种薄收，浪费严重。他给我算了一笔账，印尼的水稻收割几乎还是原始方式，连简单的脱粒机械都没有。到了收割的时候，农民在晒干的水田里，放上几块一个人就能搬动的石头。他们用镰刀割了稻子，拿到石头上扑打，使稻粒掉下来，然后用簸箕之类工具，将稻谷装到大塑料袋里，再用人力或车子运走。田间掉满了稻谷，浪费极大，估计在5%—10%。如果将收割这一项加以改进，就可以多收5%—10%的粮食。

我也多次到田间看印尼农民收割，看到满地遗留的谷粒，有的还在泡了水之后没有犁翻的稻田里。田间掉落的谷粒发芽后密密麻麻，田里都是新发芽长起来的秧苗，跟秧田一样。后来，我也接受了这位印尼农业部部长的观点，先把水稻生产中的薄弱环节管控好，减少损失，等于增加了产量，再发展杂交水稻，不能心急。印尼杂交水稻的发展虽说比较慢，但也很合情合理，步子一直很稳，没有出现大起大落的情况。我把这些都写进了提交给联合国粮农组织的总结汇报，得到它的重视。

对于越南来说，在发展杂交水稻这件事上，一开始就得到越南中央政府的重视。时任越南农业和食品工业部部长阮功丹亲自抓，他可是一位受到越南农民拥戴的好部长，经常深入田间地头。在他的领导下，越南农业发展得非常迅速。他多次率团到中国访问，学习中国农业发展经验。后来，他成为越南副总理，还经常访问中国。

我在1996年调往广西农科院工作，担任广西农科院杂交水稻研究中心副主任，后来担任广西农科院水稻研究所所长，到访越南多次，见过阮功丹。他与广西农科院的一些专家有很好的个人关系。我们的专家到了越南，只要有机会和时间，他都会接见，但不是在正式场合。他退休以后，还一直这样。广西农科院的许多农作物新品种，培育出来没有多久，就会出现在越南农民的田地里，比如甘蔗、水稻、玉米、水果、蔬菜等。而越南农产品出口最多的地方就是相邻的中国。现在，越南成了中国的热带水果主要进口国，龙眼、荔枝、芒果、菠萝、火龙果、香蕉等，都能在中国成为反季节的"抢手货"，这里就有阮功丹多年的智慧和努力。

MINISTRY OF AGRICULTURE AND FOOD INDUSTRY
HANOI - VIETNAM.

Phone : 84.42.54107
Fax. : 84.42.54319

To : Prof., Dr. Yuan Long Ping
Director of Hybrid Rice Research Center
Hu Nan province - China.

Hanoi, 29ᵗʰ June 1994

Dear Sir,

Ministry of Agriculture and Food Industry of Vietnam is gratefully acknowledge to you, which has nominated Mr. Zhou Cheng Shu to Vietnam to assistant us producing F1 hybrid rice seed and multiplying A line of hybrid rice during the Spring season of 1994.

At Dong Van Rice Research Station, where Mr. C.S. Zhou directly worked with us, has planted 9 ha of F1 line. Although the weather condition of this season was not suitable with very high rainfall, the average seed yield of F1 line was 700 kg/ha and A line about 500 kg/ha. These, however, were only the preminary results, which need to be continued testing in larger scale during the Summer-Autumn season of 1994.

I would like to invite Mr. C.S. Zhou to continue helping us in this aspect in about three months more in Vietnam during the Summer-Autumn season of 1994 if it has been accepted by you.

The final support from Vietnam to Mr. Zhou may be the same the last time as it has been discussed with Mr. Zhou before. We request Mr. Zhou return back to Vietnam as quick as possible.

Thank you very much and with best regard.

Yours sincerely

Mr. Nguyen Cong Tan
Minister of Ministry of Agri.
and Food Industry.
Hanoi - Vietnam.

1994 年 6 月 29 日，越南农业和食品工业部部长阮功丹写给袁隆平的信

阮功丹几次写信给袁隆平，请他去越南指导杂交水稻技术。袁隆平派尹华奇、周承恕等人去越南，起了很大的推动作用。1994 年 6 月底，袁隆平的秘书交给我一封阮功丹用传真形式写给袁隆平的信，他请袁隆平再次派周承恕去越南工作一段时间。堂堂一位农业部部长，为这么一个具体的事情，亲自过问并专门写信，真的是很执着啊！周承恕并没有为了私人的事，通过不正当手段，去越南工作，去吃苦受累。袁隆平也不是为了投桃报李，去迎合异国的农业部部长。大家都是为了一个共同的目的——让杂交水稻造福越南人民。

阮功丹写给袁隆平的这封信具体内容如下：

尊敬的先生：

越南农业和食品工业部非常感激您派遣周承恕先生到越南协助我们，在 1994 年春季进行 F1 杂交种子生产和不育系的繁殖。

周承恕先生在东万水稻研究站，进行计划中的 9 公顷

杂交水稻 F1 制种。尽管这个季节由于雨水太多不太适合，F1 制种的平均产量只有每公顷 700 公斤，不育系繁殖每公顷只有 500 公斤。不过，这只是初始的结果，还需要继续在 1994 年的夏秋季节大面积试验。

如果您已经同意了的话，我特别邀请周承恕先生于 1994 年的夏秋季节，继续在越南工作 3 个月。

越南方面提供给周承恕先生的经费支持，还是和上次我们与周承恕先生商讨的那样不变。我们希望周先生能尽快返回越南。

非常感谢您，并致以崇高的敬礼。

越南河内农业和食品工业部阮功丹（签名）

收到阮功丹的信后，袁隆平要我召集有关人员开会商讨此事。考虑到杂交水稻在越南能否成功到了关键时刻，虽然周承恕在国内的工作任务也很重要，但袁隆平认为，还是要先帮助越南把繁殖不育系和制种这一关攻下来。他决定，继续派周承恕去越南工作 3 个月，即 1994 年 8—10 月。周承恕在越南的报酬，按照原来商定的，越方每月支付 800 美元，没有改变。袁隆平交给周承恕的任务是：制种 20 公顷，组合是汕优 63，由国内带纯度高的珍汕 97A 不育系种子，繁殖 1 公顷的珍汕 97A 不育系，再用于下一季制种。袁隆平当面要求周承恕"工作细致点，做些扎实工作"。周承恕满口答应，表示一定认真完成任务。

会议结束后，袁隆平马上挂长途电话给农业部外事司国际合作一处的同志，告诉了我们的决定。袁隆平还要我以他的名义，给阮功丹作了回复。

越南农业食品工业部在 1990 年就决定发展杂交水稻。那个时候，中国的杂交水稻已经进入越南北部大面积种植，效果很好。1993 年 8—10 月来中国参加杂交水稻国际培训的越南学员、河内中央种子公司的陈庆平，在培训班作越南杂交水稻情况介绍时就透露，1992 年，从中国进入越南的杂交水稻种子中，早稻有 39 吨，晚稻有 300 吨；1993 年，增加到早稻种子 600 吨、晚稻种子 1500 吨。中国杂交水稻给越南带来的经济效果是：在平原地区，水稻增产 69%，山区更达到 133%，使越南农民增加收入 42%。这比杂交水稻在中国的效益还高。越方认为，中国的杂交水稻适应性广、抗性很强、米质比较好、根系活力高、光合面积大，所以增产又增效；而且，旱季的产量比雨季更高，技术的关键是培育壮秧，搞好田间管理。

越南政府计划在 1994 年种植 10 万公顷杂交水稻，1995年种 20 万公顷，1996 年种 30 万公顷，1997 年种 50 万公顷，达到全国水稻种植面积的 10%。这样一来，越南和中国双方的压力就大了。中国卖到越南的杂交水稻种子多了，国内就会缺少种子；越南没有办法自己一下子生产这么多杂交水稻种子，使得假冒伪劣种子大量流入。

对于这种情况，具有与中国人一样精明头脑的越南农业和食品工业部部长阮功丹，肯定是心急如焚。于是他亲自给袁隆平写信，要求周承恕继续在越南工作，帮助他们把杂交水稻繁殖制种这一技术难关攻克。这样，就可以在越南境内大量生产杂交水稻种子，提供给越南农民种植。堂堂一位农业部部长，与周承恕这名湖南杂交水稻研究中心的普通技

1994 年 9 月 24 日，越南农业和食品工业部部长阮功丹在越南河内玉庆宾馆设宴招待周承恕以及当时一个中国代表团成员。面对镜头的是阮功丹（中间打领带者），他与周承恕（左）亲切交谈（李继明提供照片）。

2007 年 10 月，时任越南政府副总理阮功月（左）到中国广西南宁参加第 4 届中国—东盟博览会时，与广西壮族自治区农业科学院甘蔗专家黄吉森合影（黄吉森提供照片）

术人员，这么亲密地交往，确实让人钦佩。阮功丹曾留学中国，知道如何牵"牛鼻子"。这回，他确实牵住了"牛鼻子"。在越南自己的杂交水稻组合育成之前，利用中国的杂交水稻，这是很聪明的做法，既赢得了时间，又扩大了影响，还为越南自己的杂交水稻打下了坚实基础。

阮功丹后来升任越南政府副总理，分管农业。他一直很注意与中国进行合作，2007 年还到广西南宁参加第 4 届中国—东盟博览会。2002 年 5 月 14 日，第 4 届国际杂交水稻学术研讨会在越南河内召开。阮功丹副总理为袁隆平颁发了越南农业和农村发展荣誉徽章，表彰袁隆平为越南发展杂交水稻作出的杰出贡献。

4. 盛会在越南

第 3 届国际杂交水稻学术研讨会于 1996 年在印度召开后，国际水稻研究所决定于 2002 年在越南河内召开第 4 届国际杂交水稻学术研讨会，这也是越南政府积极争取到的。会议的筹备工作于 2001 年下半年启动。我当时在国际水稻所，作为亚洲开发银行亚洲杂交水稻发展项目的项目科学家，协助费马尼筹办这次国际会议。我因为是 1986 年首届杂交水稻国际学术研讨会的主要组织者之一，所以还是有一定经验的，做起来也不太费劲。我负责发出首轮通知和论文邀请，到 2001 年 12 月 13 日，就收到约 20 个国家 96 人的参会申请。接着，我负责给这 96 人发出第二轮通知。

进入 21 世纪，国际水稻所的经费越来越紧张。2002 年元月 29 日，费马尼和我一起商讨第 4 届国际杂交水稻学术研讨会的经费安排时告知，总共只有 7 万多美元的预算，总开支要掌握在 7 万美元以内，不能突破。这就意味着，这届会议只能为少数嘉宾和特邀代表提供全额资金。要保证参会人数较多的话，许多代表就得自己掏腰包。这样，很可能没有多少人能来开会，会议就会很冷清。2002 年 2 月 4 日，费马尼要我起草了一封给袁隆平的信，以国际水稻所业务副所长王韧的名义，请袁隆平组织并承诺从经费上支持 20 位中国代表参加这次会议。

事情也巧合，就在 3 月 6 日，泰国正大公司在中国新成立的襄阳正大农业开发有限公司总经理曹永胜、副总经理石永刚和陈葆棠到访国际水稻所。他们想在中国生产杂交水稻种子，刚起步，但他们公司已经每年能生产 2 万吨玉米种子了。我接待了他们，谈了许多设想、建议，也问到，他们能否为 20 位中国学者去河内参加国际会议提供机票。3 月 11 日，他们就回复了我，欣然答应为 20 位中国参会人员提供往返机票。

3 月 13 日，又有了好消息。袁隆平打来电话告知我，湖南杂交水稻研究中心所有参会人员的往返机票不用国际水稻所管。电话里，袁隆平还兴奋地告诉我，印度尼西亚总统梅加瓦蒂近日将到访湖南杂交水稻研究中心。

3 月 6 日下午，国际水稻所为筹备第 4 届国际杂交水稻学术研讨会，召开第一次工作会议。5 个人参加，包括费马尼、彭少兵、育种系的 Virk、负责论文集编辑工作的 Hardy，还有我。我们讨论了会议的议题、日程，并对许多事项作了决定。

这次国际会议上，"杂交水稻之父"袁隆平的报告是全球与会者翘首以待的，可是，他的报告到 4 月中旬还没有提交。4 月 18 日，我又发了电子邮件给袁隆平的秘书辛业芸催问。4 月 22 日晚上，才收到辛业芸发过来的文稿，要我帮忙修改。我加班加点到第二天凌晨 5 点才去睡觉，为袁隆平的报告加了一些我手头掌握的资料和照片。

第 4 届国际杂交水稻学术研讨会于 2002 年 5 月 13 日下午开始报到注册。中国代表团共 40 余人，包括袁隆平和邓则夫妇、杨振玉、李成荃、张启发、卢兴桂、杨仁崔、邹江石等顶级专家。广西挨着越南，从南宁到河内，坐大巴也就半天时间。所以，除广西大学派出杂交水稻研发团队前往参会外，广西还派出了广西电视台等媒体的记者。

这次会议于 5 月 14 日上午 8 点半，在越南河内 Melia Hanoi Hotel 准时开幕。时任越南政府副总理阮功丹参加大会，代表越南政府致开幕词，还给 3 人授予越南农业和农村发展荣誉徽章。他们是袁隆平、费马尼博士，还有越南裔的联合国粮农组织官员 Dat Van Tran 博士。他在联合国粮农组织总部负责杂交水稻全球发展项目，作出了很大贡献。来自各国的 180 多位代表出席了会议，近 60 人在大会上发言，其中有 15 个国家报告了各自杂交水稻的发展情况，还有 80 多篇研究报告以墙报形式进行了展示介绍，并组织与会者到河内附近参观大面积杂交水稻制种和高产栽培现场。

5 月 14 日开幕式那天，我坐在大会主席台下面第一排靠近登上主席台的阶梯旁，为的是能及时掌控会议进程；另外，万一发生什么事，可以与主席台上的费马尼联系。在阮功丹为袁隆平等 3 人颁发荣誉徽章时，袁隆平是第一个获奖的。在热烈的掌声中，袁隆平走向主席台的中央。阮功丹给他在西装上别上了这枚荣誉徽章，它有点像中国的五一劳动奖章。阮功丹与袁隆平紧紧地握手，还用中文说："袁老师，祝贺你！也感谢你！"袁隆平可能是忘了阮功丹已经任副总理，也可能是口误，回答了一句"谢谢阮部长"。我听得清清楚楚，只是其他外国人不一定听得出来。

2002 年 5 月第 4 届国际杂交水稻学术研讨会期间，两位伊朗参会代表与袁隆平（左二）和我（右一）合影，我们以前见过面

　　原本安排在室外进行集体合影，因突然下起了大雨，会务组临时决定，将集体合影改在会场的主席台前拍，原来已经摆好的座位也来不及重新摆设。等拍完照，看到集体合影上，袁隆平居然和世界级专家库西站到了最后一排，袁隆平鼻子以下都被前面的人遮住了。不过，好在袁隆平是一个不讲究这些"面子"的人，但这也是第 4 届国际杂交水稻学术研讨会最大的遗憾。

　　这次会议于 2002 年 5 月 17 日下午闭幕，非常成功。由袁隆平率领的庞大的中国代表团参加，是会议成功的重要因素之一。由于经费问题，与越南相距遥远的国家一般只能派一两位代表来参会。按照惯例，国际水稻所只能为每个参会国提供一两个人的往返机票；会议期间的食宿等费用，由东道主国家提供，也是一笔不小的费用。由袁隆平挂帅的中国代表团，则自己出经费，组织了几十人到河内参会，参会者大多数又是杂交水稻研究方面的专家，在会上作报告以及在墙报上发表研究报告的中国学者比例很大。中国之外的国家代表都瞪大了眼睛，看着中国的新成就、新进展，希望向中国学习。这次国际会议确实扩大了中国的影响。而最大赢家要数越南，通过这次国际会议，越南向全世界宣布，杂交水稻在越南取得了巨大成功。国际水稻所也是赢家，再次显示了它在促进杂交水稻全球发展中的协调能力。

从另一个角度来看，袁隆平历来主张尽可能多地让国内学者们走出国门，与世界同行交流，互相学习，建立联系。1986 年在中国长沙举办第 1 届杂交水稻国际学术讨论会时，他就是持这种观点，尽量利用这种大型国际学术活动的场合，让中国人参加，开眼界、长见识、交朋友。所以，举行第 1 届杂交水稻国际学术讨论会时，我们邀请了长沙一些高校的师生列席。第 2 届在菲律宾，第 3 届在印度，因为我们的研究领域广、成果多，中方即便得到名额上的一定照顾，还是受经费限制，没有很多人能去参会。第 4 届就在我们的家门口——越南河内开会，只要我们能解决参会人员的往返交通费用问题，会议组织方和主办方都赞同中方多派人参会，这是一个多赢的局面。这种局面，是由袁隆平开放包容的思想和积极的行动促成的。各方都得到了好处、得到了面子，皆大欢喜。

这次会议之后，国内许多从事杂交水稻研发的同志都很感谢袁隆平，尤其是种子公司经理、科研院所和高校的年轻科技工作者。他们参加这次会议，与其他国家的同行们建立了联系、交了朋友，成为后来他们在国外发展的重要渠道。要知道，在 21 世纪初，杂交水稻在国际上很吃香，许多国家都希望引进中国的杂交水稻品种在他们国家试种、发展。

这给国内那些还没有国外经营经验的种子公司带来了极好的机会，它们借着这次国际会议的东风，一步一步走向国外。以广西为例，广西农科院水稻所当时办的稻丰源公司、广西壮族自治区种子公司、万川种业公司、兆和种业公司、桂林种子公司等，都开始做越南市场的杂交水稻种子生意。

2002 年 5 月，在越南河内举行的第 4 届国际杂交水稻学术研讨会期间，袁隆平（穿灰色西装、佩蓝色领带者）佩戴着越南政府颁发的荣誉徽章，满脸笑容。在他左边的是时任越南农业和农村发展部部长（着黑色西装者），右边的是费马尼博士（穿白色菲律宾礼服者）。大家正在观看文艺表演。我当时拿着话筒，逐一介绍这 3 位出席文艺晚会的嘉宾。

我在第 4 届国际杂交水稻学术研讨会期间虽说特别忙，但也特别高兴，因为与袁隆平、邓则夫妇又见面了，与湖南杂交水稻研究中心众多老同事分别多年后见面了，与广西的同事见面了，与国内外许多同行、朋友见面了，还交了许多新朋友。我是 1986 年的首届杂交水稻国际学术讨论会的主要筹办人之一，时隔 16 年之后，又一次担当起这个角色，心里还是很自豪的。

1986 年至 2008 年，我前后参加了第 1 届到第 5 届杂交水稻国际会议，其中，第 1、第 5 两届是在杂交水稻起源地中国湖南长沙举办的，在菲律宾、印度、越南各召开一届。相比之下，哪怕是 1986 年那届没有经验，我们国家的组织接待工作也是做得最好的，因为我们有政府的大力支持，而且办事认真，有纪律，待客热情、友善。

第 4 届国际杂交水稻学术研讨会完满结束后，出了一本题为《杂交水稻为了粮食安全、脱贫和环境保护》的论文集，一共收集了 30 篇各国科学家发表的论文和报告。袁隆平所作报告的题目是《中国超级杂交稻的育种新进展》，放在了论文集的第一篇。它详细介绍了我国继三系杂交水稻、两系杂交水稻育种取得成功后，在亚种间杂交水稻，特别是在原来杂交水稻增产基础上，再提高产量 20％左右，称为"超级稻"的育种方面取得的最新进展，引起了各国的关注。

2002 年 5 月，在越南河内举行的第 4 届国际杂交水稻学术研讨会期间，袁隆平与参加会议的各国代表一起，聚精会神地观看文艺表演

2002 年 5 月，在越南河内举办的第 4 届国际杂交水稻学术研讨会安排的文艺表演结束后，袁隆平与一位越南舞蹈演员合影留念

这次会议期间，袁隆平成了大明星。越南媒体对他做了大量报道，有图有文有照片。在会场内外，要与袁隆平合影留念的人争先恐后。袁隆平倒是很随和，谁与他合影都可以，从不拒绝，也不故意摆拍。这次与会的各国代表，估计都与袁隆平一起照了相。不管袁隆平到哪里，都有人拉着他要合影留念。就连在河内还剑湖的游船上，为会议代表们表演文艺节目的越南姑娘，也纷纷要同袁隆平合影。我抓拍到了一张袁隆平与一位戴着越南斗笠的姑娘的合影。袁隆平笑眯眯的，西装上的荣誉徽章闪闪发光，西装口袋里还插着一支笔，可能是为了给人家签字留言时方便一点。

六、有趣的以色列之旅

1. 世上最严的安保措施

1992 年 1 月 24 日，我国与以色列建交。2004 年年初，袁隆平就知道了获得以色列沃尔夫奖的消息。他还被以色列驻中国大使馆邀请，于当年 4 月 26 日去了北京，参加以色列独立 56 周年庆祝活动。

而我则与以色列 Ferti Seeds 生物技术和种子公司建立了联系，他们想将生物技术与杂交水稻技术结合起来，开始杂交水稻研究。这个公司的总裁和技术人员先后到广西农科院访问，我接待了他们。该公司想通过我和袁隆平的密切关系，促使袁隆平跟他们进行合作。Ferti Seeds 公司悉知袁隆平获得以色列沃尔夫奖，要前往以色列领奖的消息后，根据日程，就邀请我在袁隆平参加授奖活动那段时间到访以色列，并在那里与袁隆平领导的中国国家杂交水稻工程技术研究中心签署合作协议。该公司还邀请他们公司的顾问、美国科学院印度裔科学家，也是袁隆平最好的朋友，国际水稻所育种系原主任库西博士前往以色列，参加合作协议签字仪式。从某种角度看，这是聪明的以色列人的一种策略。

这样，我的往返机票、食宿都由这家以色列公司提供和安排。当然，我也与袁隆平进行了密切沟通，他很高兴有这个机会，我们一起在异国他乡再见面。袁隆平和时任湖南杂交水稻研究中心副主任罗闰良一起，在 2004 年 5 月 6 日从长沙飞深圳，再从香港乘坐以色列航空公司的航班飞往特拉维夫。我则从南宁到广州，再到香港坐飞机到曼谷，转乘以色列航空公司的飞机飞特拉维夫。

我在 2004 年 5 月 6 日上午 8 点半从广西农科院家里坐出租车赶到南宁吴圩机场，飞到广州。我手上只有从广州飞香港的机票，按照以色列航空公司的规定，要到香港后才能拿到飞以色列的机票。我遇到了麻烦，没有下一行程的国际机票，从广州出不了境。我急忙联系上了广州方面的机票代理公司，他们立马传来订票记录，才得以放行。

我到了香港，还要先出机场，领了飞以色列的机票，再办理进香港的手续，然后登机飞以色列。我来到香港中国旅行社的柜台，凭护照和签证领取了机票，但没有发票。我也没有办法，估计最后能报销的。我以为袁隆平他们会跟我坐同一个航班，但等到晚上 9 点 10 分，要登机了，还不见他们的身影。

我算领教了以色列航空公司是世界上安检措施最严格的航空公司。我在以色列驻华大使馆获得签证时，就收到一封以色列航空公司用中文打印的信。内容是：尊敬的签证申请人，如果你是选择乘坐以色列航空公司的班机去以色列，就必须接受必要的安全检查，而且一定要提前 3 小时到达机场接受安检。对于提前 3 小时到机场，我不以为然，因为我到过 20 多个国家，各类安检都经历过，不需要提前那么久。在泰国曼谷机场，我拖着行李箱，按要求的时间来到以色列航班柜台办理登记手续。

在以色列航空公司办理登机手续的柜台前，竖着两块

EL AL ישראל

尊敬的签证申请人：

如果您选择乘坐以色列航空公司的班机赴以色列，为使您安全顺利地到达目的地,每次以航班机起飞前,以航安检部门都要进行必要的安全检查.为向您提供更快更好的服务,希望您在到达以航安检处时准备好如下文件：

1. 您的个人身份证明(护照，名片等)
2. 以色列方面发给您的邀请信函（复印件或传真件均可）
3. 邀请人姓名,电话,地址及传真等
4. 如途经以色列去其它国家，须出示有关证明材料
5. 保存好以上所有文件以备离开以色列时,机场安检人员对您进行再次核查

请在飞机起飞前三小时到达机场接受安检

谢谢您的合作

此致

以航安检部

EL AL ISRAEL AIRLINES LTD. 以色列航空公司
Address: Room 2906, Jing Guang Center, Hu Jia Lou, Chao Yang District, Beijing 100020
地址：北京市朝阳区呼家楼京广大厦2906房间 邮编：100020
TEL: (010)65044512, (010)65043388-29061/2   FAX: (010)65044515

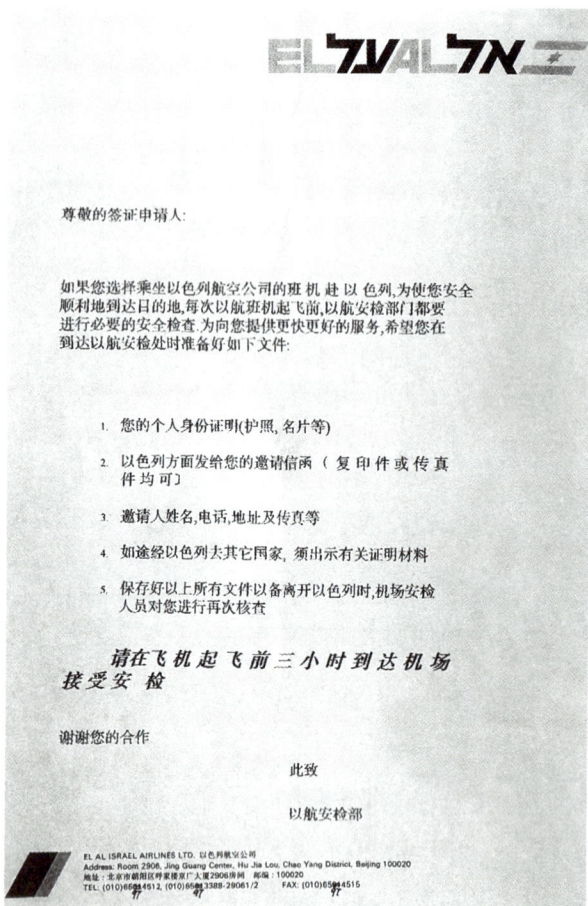

牌子，上面分别写着"以色列公民"和"其他国家的乘客"，在牌子前面分别排着以色列人和外国人的队伍。我和其他外国人一样，被要求打开行李箱和挎包。安检人员用探测器将每位乘客所有的物品都检查了一遍，还问了许多问题，比如，你带有糖果、食品吗？有什么人托你带东西去以色列吗？在途中有什么人让你带信件、物品吗？总之，每位旅客要花上 10 来分钟，难怪要提前 3 小时到值机柜台。

检查完毕，箱子和袋子要贴上黄色的以色列安检封条，当着安检员的面锁上箱子，并把箱子的钥匙交给他，连同护照一起放入一个塑料袋内，然后将所有的行李交给安检员。旅客只需拿着登机牌登机，查验完登机牌，才把装着箱子钥匙和护照的塑料袋还给旅客。

令我惊讶的是，登机前在以色列公民排的那一队中，几乎看不到有人戴以色列犹太人标志性的小帽子；到了机舱内坐下来，哇！几乎所有以色列旅客都戴上了犹太人的小帽子，有的还是有帽檐的黑色礼帽，在我前后左右都有。他们

戴帽子时，我才看到，手掌大小的"瓜皮帽"里面有发夹，可以夹住头发，如果不是有意去拨动的话，帽子不会动，也不会掉落。

为什么以色列人哪怕在机场内，都不戴他们的特色小帽呢？在飞机上，我问了身旁的以色列人。原来，以色列人长期有不安全感，在外遭受袭击是常有的事。他们认为，只有登上了象征着他们国土的本国航班，才算安全。

从我往返乘坐的以色列航班飞行路线也可以看出来，以色列是特别关注安全问题的。从飞行途中机舱内大小屏幕显示的飞行航迹来看，以色列飞机经过的都是有外交关系的国家的领空或是安全的公海上空。我和袁隆平他们回国时的飞行路线是：从特拉维夫起飞后经公海北上，绕道欧洲和俄罗斯，从新疆进入我国，居然还经过广西梧州上空，最后才到达香港。这样，飞行路线和时间都拉长了，还要多烧很多燃油，但为了安全，只能这样，真的难为了以色列。

在飞机上，坐在我左边的是一名以色列女大学生。她说，在以色列，高中毕业后，不论男女，都要当兵一段时间。男的两三年，女的一两年。这是国家的规定，当完兵才可以上大学。她又说，以色列国家小，人口少，当时只有600多万人，在国际上受到的压力很大，要保卫国家，就必须全民皆兵。

我从曼谷起飞后，飞行了10个多小时，于以色列当地时间2004年5月7日上午8点多，到达以色列第二大城市

以色列耶路撒冷建在半山坡的这座米白色豪华酒店，就是我们下榻的 Inbal Jerusalem 酒店

特拉维夫。Ferti Seeds 公司的波西女士自己开车到机场接我，我们是在广西认识的。她已经 50 多岁了，一只手还有点轻微残疾，开着车，一路给我介绍特拉维夫的主要景点。以色列这个荒漠上的国度，呈现在我眼前的却是现代化景象。

袁隆平和罗闰良他们俩比我早到，被沃尔夫基金会安排在耶路撒冷一个叫 Inbal Jerusalem 的五星级酒店，沃尔夫奖获得者都住在这里。这座酒店坐落在可以俯瞰耶路撒冷城的一个半山坡上，主楼最高 7 层。波西把我送到这里，我和袁隆平、罗闰良在异国他乡见面，格外亲切。我们住在这个酒店的最高层，袁隆平、罗闰良的房间朝向正面，很好看风景。我的房间在背面，也能看到一些景致。

袁隆平是个极具好奇心而且闲不住的人，他提议，好不容易来了一趟以色列，要抓紧时间多看看。等我安顿下来

后，波西陪我们三人到酒店附近溜达了一番。在离酒店几百
米的地方，波西告诉我们，离这里不远，是耶路撒冷建城时
的中心地带，现在是以色列的历史名胜景点，她会陪我们去
参观。

2. 沃尔夫奖授奖仪式

2004 年，袁隆平被提名并获得号称"小诺贝尔奖"的以色列沃尔夫基金奖，简称沃尔夫奖。沃尔夫奖在国内很少有人知道，但在国外是很有影响力的。以色列著名的投资家、外交家和慈善家里卡多·沃尔夫（1887—1981），与他的夫人弗朗西斯卡·苏比亚娜·沃尔夫（1900—1981），为了造福人类、促进科学和艺术发展，设立沃尔夫基金。这个基金除了颁授沃尔夫奖外，还为以色列的大学生、研究生提供奖学金。从 1976 年开始到 2004 年，已为 5250 名以色列的优秀大学生、研究生提供了奖学金，这些以色列青年被送到欧美国家学习、深造，培养和造就了不少年轻的科技接班人。

从 1978 年开始，沃尔夫基金每年要在全球范围奖励 5—6 名杰出的科学家和艺术家，不论其国籍、民族、肤色、宗教信仰、性别和政治观点如何，只考虑他对人类的贡献。沃尔夫奖包括 10 万美元奖金和奖励证书。到 2004 年，已有 21 个国家的 224 名科学家和艺术家获得这一奖项。沃尔夫基金有一个人员并不固定的国际评审委员会负责评选获奖者，这是一个很好的机制，可以避免评选中的不公平。

2004 年的沃尔夫奖获得者共有 10 人，袁隆平是唯一的中国人，也是唯一的亚裔。此前，有华裔学者获得此奖，但不是中国国籍。另外 9 人中，有 5 名美国人，英国、俄罗斯、

Wolf Foundation · קרן וולף
ISRAEL
to promote science and art for the benefit of mankind

פרסי קרן וולף תשס"ד
THE 2004 WOLF FOUNDATION PRIZES

GENERAL INFORMATION

The Wolf Foundation was established by Dr. Ricardo Wolf (1887-1981), inventor, diplomat and philanthropist, and his wife Francisca Subirana-Wolf (1900-1981), "to promote science and art for the benefit of mankind." Born in Hannover, Germany, Dr. Wolf emigrated to Cuba before World War I. In 1961, he was appointed Cuban Ambassador to Israel, where he lived until his death.

In addition to its international prizes, every year the Foundation awards grants and scholarships to undergraduate and graduate students at Israel's institutions of higher education. The Scholarships Committee of the Foundation Council selects students on the basis of excellence, among candidates submitted by these institutions. Since 1976, near 1,250 scholarships have been awarded.

THE WOLF FOUNDATION PRIZES

Since 1978 five or six prizes have been awarded annually to outstanding scientists and artists - irrespective of nationality, race, color, religion, sex or political views - for achievements in the interest of mankind and friendly relations among peoples. In the SCIENCES, prize fields comprise: Agriculture, Chemistry, Mathematics, Medicine and Physics; in the ARTS, the prize rotates annually among Architecture, Music, Painting and Sculpture. The prize in each field consists of a certificate and a monetary award of $100,000. In the event of two or three recipients sharing one prize, the honorarium is divided equally. To date, 224 laureates from 21 countries have been honored. The Prize winners are selected by international committees comprising these renowned experts in each field. Prize committees are appointed annually.

THE PRIZE-AWARDING CEREMONY

The ceremony will take place on Sunday, May 9, 2004 at the Chagall Hall, the Knesset Building, Jerusalem.

The awards are presented to the recipients by H.E. the President of the State of Israel, first in the fields of Sciences (according to alphabetical order in Hebrew), followed by the Arts. One Laureate in every field will deliver a short acceptance speech. The Ceremony is conducted in Hebrew, with simultaneous English translation.

39, Hama'apilim Str., Herzlia Pituach - P.O.Box 398, Herzlia Bet 46103, Israel
Phone 972 9 9557120 · Fax 972 9 9541253
e-mail: wolffund@netvision.net.il - http://www.aquanet.co.il/wolf/

AGRICULTURE

Yuan Longping (1930, China)
China National Hybrid Rice Research and Development Center
Maoming, Changsha, Hunan Province, China

Steven D. Tanksley (1954, U.S.A.)
Cornell University
Ithaca, New York, U.S.A.
for the molecular development of hybrid rice and discovery of the genetic basis of heterosis in this important food staple.

CHEMISTRY

Harry B. Gray (1935, U.S.A.)
California Institute of Technology
Pasadena, California, U.S.A.
for pioneering work in bio-inorganic chemistry, unraveling novel principles of structure and long-range electron transfer in proteins.

PHYSICS

Robert Brout (1928, U.S.A.)
Université Libre de Bruxelles
Brussels, Belgium

Francois Englert (1932, Belgium)
Universite Libre de Bruxelles
Brussels, Belgium

Peter W. Higgs (1929, United Kingdom)
University of Edinburgh
Edinburgh, Scotland, United Kingdom
for pioneering work that has led to the insight of mass generation, whenever a local gauge symmetry is realized asymmetrically in the world of sub-atomic particles.

MEDICINE

Robert A. Weinberg (1942, U.S.A.)
Whitehead Institute for Biomedical Research, and MIT - Massachusetts Institute of Technology
Cambridge, MA, U.S.A.
for his discovery that cancer cells including human tumor cells, carry somatically mutated genes-oncogenes that operate to drive their malignant proliferation.

Roger Y. Tsien (1952, U.S.A.)
Howard Hughes Medical Institute,
University of California San Diego
San Diego, La Jolla, CA, U.S.A.
for his seminal contribution to the design and biological application of novel fluorescent and chelatable molecules to analyze and perturb cell signal transduction.

ARTS (Music)

Mstislav Rostropovich (1927, U.S.S.R.)
Paris, France
a cellist, conductor, pianist and exceptional human being who has created a career of monumental proportions.

Daniel Barenboim (1942, Argentina)
State Opera House, Berlin, Germany, and Chicago Symphony Orchestra, Chicago, U.S.A.
a person of profound musical and humanitarian commitment, who has distinguished himself as one of the great musicians of our time.

According to the annual rotation, the prize in Mathematics is not awarded this year.

这是 2004 年以色列沃尔夫奖的介绍、受奖人名单以及每位获奖者的简介（英文和希伯来文），袁隆平排在第一位

比利时、阿根廷各 1 人。授奖仪式确定于 2004 年 5 月 9 日下午，在以色列首都耶路撒冷议会大厦举行，时任以色列总统卡察夫将为获奖者颁奖。

沃尔夫奖授奖仪式安排在 5 月 9 日（星期天），这也是有意安排的。星期天是放假日，以色列议会人员不上班。以色列国土面积很小，外部安全形势很严峻。颁授沃尔夫奖要在既安全，又隆重庄严、有地位、高规格的地方进行，选择议会大厦是明智的。

我们按时到了以色列议会大厦，并进到议会大厅，这是我第一次进入外国还在使用中的议会大厅。即便我后来两次

去欧洲 10 多个国家访问、参观、游览，也到过一些国家的议会大厅，但那些都是历史上使用的，现在只作为旅游景点对游客开放罢了。

进入以色列议会大厦，必须经过极为严格的安检，进去以后，就可以"自由"行动了。我们按照规定的路线，先经过一道纪念第二次世界大战时期犹太人遭大屠杀的纪念墙，那里滚动播放着受害者的名字和图像。我们经过时，与其他人一样，向死难者默哀，表示悼念。

以色列议会大厦里面的气氛有点肃穆，但也许是因为要举行颁奖仪式的缘故，播放着轻松愉快的乐曲。获奖者和嘉宾陆陆续续到了，会场里有一些中国面孔，一打听，才知道中国驻以色列大使馆来了人，驻以色列的中国媒体记者也来了不少。授奖仪式开始前几分钟，以色列总统卡察夫，教育、文化和体育部部长兼沃尔夫基金会理事会主席利维纳特女士等人进入会场，在主席台就座。全场起立，鼓掌欢迎。

沃尔夫奖由以色列总统授予，这次颁奖仪式由以色列这位女部长主持。在以色列，总统的权力没有总理大，尤其在国际上，出头露面的是以色列总理。在印发的 10 名沃尔夫奖获奖者名单上，袁隆平排在第一个，但那天实际上到场领奖的只有 8 位。

袁隆平作为两名农业科技领域获奖者代表，在所有获奖者中第一个致答谢词。这是因为按照规定，任何一个获奖领域，只能有一人作为代表致答谢词。那年农业科技领域的另一位获奖者，是美国康奈尔大学的唐克斯雷教授。除了农业科技领域，还有化学领域、物理学领域、医学领域和艺术领域。物理学领域有 3 人获奖，化学领域只有 1 人获奖。每个领域的奖金是 10 万美元，有几人获奖，就由这几个人分享这 10 万美元。袁隆平和唐克斯雷教授平分了 10 万美元奖金。

唐克斯雷教授与袁隆平也是好朋友。他是搞水稻遗传基础研究的，也做过杂交水稻方面的一些相关理论研究。袁隆平推荐了好几位湖南杂交水稻研究中心的年轻人到唐克斯雷手下读博士、做研究。其中一位是袁隆平的硕士研究生肖金华，在唐克斯雷手下攻读博士学位，于著名刊物《科学》上发表过一篇关于野生稻 QTL 基因可以使水稻得到高产的文章。

中国驻以色列使馆参加沃尔夫奖授奖仪式的有张参赞、一位姓陈的二秘，新华社、中国国际广播电台、科技日报社驻以色列记者也来了。我在袁隆平的陪同人员之列，在主席台下就座。按照邀请书上的要求，是不允许带照相机入场的，但经过安检，我还是被允许带照相机入场。我尽量往靠近授奖台的地方坐，几个关键的镜头都被我拍了下来。我真的很自豪，也许那些记者还不一定拍到像我这样珍贵的镜头。

袁隆平第一个上台领奖。卡察夫总统左手握着一个看上去像竹筒子的奖品授予袁隆平，袁隆平也是用左手去接这个奖品，他们两人的右手紧紧地握在了一起。站在卡察夫总统左边的那位女部长利维纳特带头，大家都一起鼓掌。随后，袁隆平用流利的英语致答谢词。他的答谢词不长，之后又赢得了一阵掌声。

　　颁奖仪式结束之后，在国会大厅的休息区，中国记者们围住了袁隆平，首先向他表示祝贺，接着是采访和交谈。

2004 年 5 月 9 日，以色列总统卡察夫授予袁隆平沃尔夫奖

袁隆平获奖后致答谢词。可以看到，在卡察夫总统身边站着一个警卫人员。

袁隆平获得的奖励证书被卷起来放在一个圆纸筒里，纸筒是褐颜色的。记者们急着让袁隆平打开，想看个究竟。袁隆平很快就打开了奖励证书，让他们拍照。

　　中国记者都熟悉袁隆平，但面对面采访还是第一次。除了集体合影外，许多人还请袁隆平与他们单独合影留念。

所有中国记者与袁隆平来了一个合影。我则当了一回"总记者"，按下了相机快门。背景就是以色列国会大厅，平日是以色列国会议员们开会的地方。

　　当天晚上，沃尔夫基金会设宴招待获奖者和参加颁奖仪式的嘉宾。10人一桌，总共有20桌。袁隆平、库西、Ferti Seeds公司总裁耶索迪女士和波西、罗闰良、加上我，还有中国驻以色列使馆的张参赞、陈二秘，以及两位新华社记者被安排在第5桌。晚宴是以总统卡察夫名义举办的，但他没有参加，由以色列教育、文化和体育部那位女部长利维纳特主持。宴会一直持续到晚上10点才结束。

3. 大使馆的宴会

我到过一些国家指导杂交水稻技术，被邀请去我国驻那个国家的大使馆，也是常有的事。我先后去过中国驻菲律宾、印度、缅甸、越南、巴基斯坦、斯里兰卡大使馆，而最让我记忆深刻的是这次到中国驻以色列大使馆。

在 2004 年 5 月 9 日的晚宴上，中国驻以色列大使馆两位官员当面正式邀请我们，于 5 月 11 日晚上到中国驻以色列大使馆参加使馆举行的宴会，使馆届时会派车来接我们。

也许是因为以色列国土面积小，中国驻以色列大使馆与我以前去过的几个中国大使馆相比，要小很多，但同样有庄严感，里面的陈设也很高雅气派。晚宴上，几张圆桌边坐满了宾客。每个人的坐席都放着印有中华人民共和国金红色国徽图案的名签，下方是用英文打印的名字。袁隆平的名签是 Mr. Yuan Longping，我的是 Mr. Mao Changxiang，都是按照中国姓名的书写顺序，把姓放在前面。

每人面前还放着一张中英文的菜单，同样是顶端印着金红色国徽图案，下面依次印着 10 种具有一定中国特色食品的中英文名字：四味冷菜（Four Cold Delicacies）、奶汤豆腐（Milk Soup With Toufu）、炸虾排（Deep Fried Prawns）、青椒牛肉（Fried Beef with Green Pepper）、茄汁鱼片（Fish Shreds with Ketchup）、香菇芦笋（Fried Mushroom and Asparagus）、拔丝白薯（Sweet Potato Wrapped in Fried sugar）、什锦炒饭

2004 年 5 月 11 日，袁隆平（右二）在中国驻以色列大使馆举行的宴会上，与时任中国驻以色列大使陈永龙（右三）亲切交谈

（Fried Rice）、水果（Fruits）、冰激凌（Ice Cream）。落款日期是 2004 年 5 月 11 日。

时任中国驻以色列大使陈永龙主持了晚宴。他首先祝贺袁隆平获得沃尔夫奖，并解释了为什么 5 月 9 日那天没有去现场参加沃尔夫奖颁奖仪式和当天的晚宴。那几天，中国土木工程集团公司的丁总到访以色列。中土集团公司与德国西门子公司，以及以色列一家交通运营商，一起投标特拉维夫到耶路撒冷的轻轨城际铁路项目，总投资为 22 亿—25 亿美元，这是以色列第一条现代化轨道交通线路。中土集团公司主要承担土建施工，西门子公司提供轨道、车辆等。对于这样一个大项目，而且是中国企业在发达国家承建的项目，中国驻以色列大使馆高度重视。

这次宴会是大使馆为中土集团公司丁总和袁隆平举办的，袁隆平坐在陈永龙大使左手边，中土集团公司丁总坐在

菜单
Menu

四味冷菜
Four Cold Delicacies
奶汤豆腐
Milk Soup with Toufu
炸虾排
Deep Fried Prawns
青椒牛肉
Fried Beef with Green Pepper
茄汁鱼片
Fish Shreds with Ketchup
香菇芦笋
Fried Mushroom and Asparagus
拔丝白薯
Sweet Potato Wrapped in Fried Sugar
什锦炒饭
Fried Rice
水果
Fruits
冰激淋
Ice Cream

2004 年 5 月 11 日

Mr. Yuan Longping

Mr. Mao Changxiang

这是我保存至今的 2004 年 5 月 11 日晚宴菜单（左）和座席名签

陈永龙大使的右手边。宴会上，陈永龙大使致辞，袁隆平发了言，丁总也讲了话，都是盛赞祖国的发展。我的感受与以前到我国驻其他国家的大使馆相比，大有不同，因为这一次是在发达国家，而且，我国的工业和农业两个方面在世界上有了自己的地位，我们的工业和农业技术走向了世界，包括走向发达国家。

参加宴会的，还有参与以色列轻轨工程投标的德国和以色列方面的高层人士，也有大使馆人员。知道袁隆平来了，大使馆的工作人员都争着与袁隆平合影留念。陈永龙大使和夫人最先与袁隆平合了影，连大使馆的几位厨师都与袁隆平一起合影。他们当中有人说，在国内肯定很难见到袁隆平，这次是一个难得的好机会。宴会结束时，我把袁隆平和我自己桌前的菜单与名签收了起来装进口袋里，珍藏至今。

晚宴开始前，陈永龙大使请袁隆平给大使馆工作人员作关于杂交水稻的科普报告。袁隆平作这种报告，还真的

2004 年 5 月 11 日，时任中国驻以色列大使陈永龙和夫人在大使官邸与袁隆平合影

2004 年 5 月 11 日，陈永龙大使请袁隆平在中国驻以色列大使馆留言簿上题词留念，袁隆平正在考虑写什么好

有点为难，因为时间短，事先没有准备，听众又是外交战线的"农业外行"。袁隆平问我怎么讲。我对他说，你平日很幽默，喜欢开玩笑。你就讲："杂交水稻要有公的、母的。驴子和马杂交，生出来的是骡子，力气比父母大很多，但骡子不能生崽。要得到骡子，就得每次让驴子和马配种。"他哈哈大笑起来，就按照这种思路，在中国驻以色列大使馆的会议室，即兴给我国驻以色列的外交人员科普了一次杂交水稻。听报告的人都乐不可支，在晚宴之前，肯定要添不少胃口啊！

4.频繁的学术交流

按照沃尔夫基金会的安排，2004 年 5 月 11 日下午，袁隆平和唐克斯雷来到希伯来大学农学院作学术报告。Ferti Seeds 公司的人和我也参加了这场学术活动。农学院在希伯来大学的地位很高，因为以色列刚建国的时候就是发展农业，以农业立国，先吃饱饭生存下来，后来各方面都发展得很好。以色列的农业可不同于我们在中国看到的农业，他们是在沙漠里发展农业。

现在，以色列的设施农业不光在中国，而且是在全世界都具有非常大的影响。中国的设施农业，特别是滴灌技术、大棚栽培，都是学习以色列的技术。即使如此，以色列人还是非常谦虚好学，就连杂交水稻技术都认真学习。

袁隆平去作报告的希伯来大学是以色列 7 所顶尖大学之一，是犹太民族的第一所大学，同时也是犹太民族在其祖先发源地文化复兴的象征，称为"中东的哈佛"。这所大学的首届理事会成员包括世界最著名的犹太科学家爱因斯坦，还有弗洛伊德、马丁·布伯和查姆·魏茨曼。以色列有 4 位总理是希伯来大学的校友。截至 2018 年，希伯来大学与 15 位诺贝尔奖获得者、2 位菲尔茨奖获得者、3 位图灵奖获得者有关联。希伯来大学在人文科学、社会科学、基础科学和医药学领域独占鳌头。

希伯来大学农学院学术报告厅的设施设备，都是很现

2004 年 5 月 11 日，袁隆平与唐克斯雷在以色列希伯来大学农学院的学术报告厅

代化的。来听学术报告的人很多，有院校师生、研究机构人员，当然还有如 Ferti Seeds 这样的公司人员。大家听报告非常认真，许多人带着录音设备，即使有人记录，也大多在手提电脑上飞快地敲打键盘。

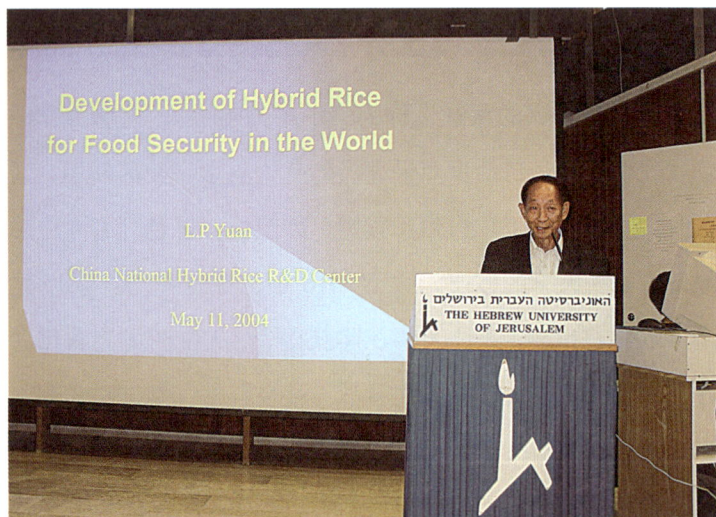

Development of Hybrid Rice
for Food Security in the World

L.P.Yuan
China National Hybrid Rice R&D Center

May 11, 2004

האוניברסיטה העברית בירושלים
THE HEBREW UNIVERSITY
OF JERUSALEM

2004 年 5 月 11 日，袁隆平在以色列希伯来大学农学院作关于杂交水稻的报告，题目是《为世界粮食安全发展杂交水稻》

袁隆平先作报告，他放的幻灯片显得不太精致，也没有什么花样，就是一些田间照片、文字条目，没有什么动画效果，相比唐克斯雷的幻灯片，质量差远了。不过，他们两人的报告内容是同一件事的两个方面，相辅相成。唐克斯雷的报告是介绍在水稻杂种优势遗传机理方面的研究，在分子水平探讨杂交水稻高产的原因。我在许多国家指导过杂交水稻技术，我们的技术很过硬，但传播方式还有待改进，也要采用先进技术啊。

报告作完，稍事休息，就进入互动环节，袁隆平和唐克斯雷都回答了不少问题。以色列人的思维比较超前，问的问题很有前瞻性。他们绝大多数人没有见过杂交水稻，就算是水稻，在以色列国内也见不到。他们根本就不能大面积种水稻。水是以色列的命根子，正是因为干旱缺水，才逼着他们发展滴灌农业（精准灌溉），就连他们国家城市里道路两旁

האוניברסיטה העברית בירושלים
THE HEBREW UNIVERSITY
OF JERUSALEM

2004 年 5 月 11 日，袁隆平正在看一条递上来的问题，准备进行回答

的树木花草，也是靠滴灌维系着生命和生长，哪里还有水来种水稻？

袁隆平在希伯来大学农学院的报告很受欢迎。此外，他还向希伯来大学图书馆赠送了几本杂交水稻方面的书籍，包括我参与编写、由国际水稻所出版的《两系杂交水稻育种手册》。所有的书都是英文的。

除了在希伯来大学作学术报告，还有几场学术交流。2004年5月9日上午，我们被安排到 Ferti Seeds 公司的实验室参观。早上7点半，波西开车将我和袁隆平、罗闰良3人，连同从美国来的库西博士，一起接到他们公司在魏茨曼研究所附近的高新技术园区。他们的实验室不大，只有14个人，但实验设备很高端。

午餐前两小时，库西和我先后给实验室的工作人员作了关于水稻及杂交水稻的学术报告。以色列人对水稻一无所知的不少，在座的提了许多问题。我的感觉是，以色列人很好学，不懂就问。

我的报告是介绍杂交水稻，他们颇感兴趣。我的幻灯片显示了杂交水稻大面积制种的场面，他们看到需要有人在田间拿着竹竿或拉着绳子反复赶花粉，就问每天要赶多少次、累不累。当然，也有人问到中国的农村、农业、农民问题。他们当中到过中国的毕竟不多，对我们的了解太少，我们对以色列的了解更少，今后加强彼此间的交流非常重要。

学术报告结束后，我给他们分发了从中国带来的巧克力糖，他们很高兴能吃到中国的巧克力糖。也许跟其他地方的巧克力糖没有两样，但他们心里的感觉肯定大不一样，毕竟巧克力是西方的食品。

午餐是在高新技术园餐厅吃的自助餐，伙食很好，倒不是为我们特别准备的。吃完午饭，继续进行技术性座谈，我和库西回答了大家更多的细节问题。午餐后，袁隆平和罗闰良返回酒店，为下午的授奖仪式做准备。我和库西结束座谈后，由波西开车，顺路去 Ferti Seeds 公司总裁耶索迪女士家里坐了一会儿。这是我这辈子第一次走进一个犹太人家，其实也没有什么大的不同。我送给耶索迪从中国带来的几样工艺品礼物，包括一块湘绣桌布、几把雕花桃木折叠扇、一套艺术筷子，都很有中国特色。

5 月 12 日是我们在以色列的最后一天，当晚坐飞机离开以色列。就在午餐后，Ferti Seeds 公司还安排我去以色列农业部下属的农业研究所，作题为《传统农业遇到现代技术》的学术报告。这个报告是以方提前要我准备的。我在国内就准备好了主要内容，主要是介绍我国的农业现状和正在进行的现代化转型。

以色列人真的很精明，报告会结束后，晚餐之前，我又被安排与以色列的科技人员讨论杂交水稻制种技术。晚餐是到一家很有特色的路边排档餐馆吃以色列特色食品。晚餐后，波西开车送我去特拉维夫机场。袁隆平和罗闰良则是由大使馆派车送到机场。我们搭乘同一个航班回国，结束了一辈子都难忘的以色列之旅。

5.中以合作备忘录签字

2004 年 5 月 10 日晚上，我和袁隆平来到 Ferti Seeds 公司总裁耶索迪家。她的房子很大，也很豪华。她丈夫是以色列一家有名的军工企业的副老总。

我们是来参加中国国家杂交水稻工程技术研究中心与以色列 Ferti Seeds 公司合作备忘录签字仪式。中国驻以色列大使馆和中方媒体派了六七个人参加。

签字仪式非常简单，但很有仪式感。一张宽大的条桌上，摆着封面是硬壳的 4 本印制考究的协议英文文本，还有 4 支高档的签字笔。从左至右，依次坐着库西、袁隆平、耶索迪和我。袁隆平代表中国国家杂交水稻工程技术研究中心，耶索迪代表以色列 Ferti Seeds 公司。我和库西作为见证

2004 年 5 月 10 日，中以合作备忘录签字仪式现场，从左至右是库西、袁隆平、耶索迪和我

人，也都签了字。我还得到了一份正式文本，保存至今。次日，袁隆平就答应先提供 4 份杂交水稻种子资源材料，每份 100 克，给以色列 Ferti Seeds 公司用于转基因研究。这些种子在我们回国后不久，就寄给了 Ferti Seeds 公司。

这份合作备忘录只有 3 页纸，但非常严谨、正规。在第 3 页上，我们 4 人都签了字。

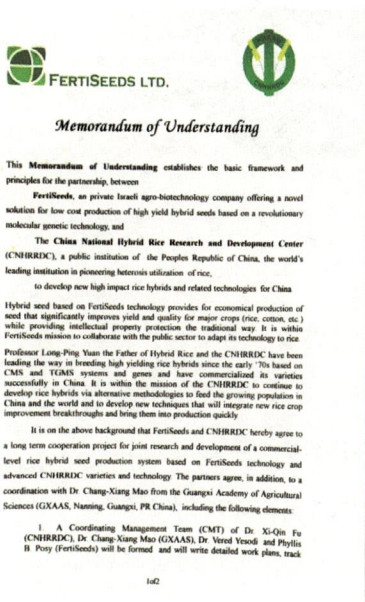

这是 2004 年 5 月 10 日签署的 3 页合作备忘录中的第 1 页和第 3 页，第 3 页上的 4 个人——袁隆平、耶索迪、库西和我的签字非常清楚，甲乙双方的 Logo（徽标）也分别在首尾两页印着

记者提问环节，有一些是沃尔夫奖颁奖仪式结束后，记者们曾经问到的问题，在签字仪式现场再次被问起。记者们最为关切的是，我们为什么要与根本就不种水稻的以色列合作从事杂交水稻研究？这对我们有什么好处？袁隆平的回答令大家都很钦佩。他说："杂交水稻也就是水稻的杂种优势利用，并不是我们的原创，但我们首先在世界上取得成功。

2004 年 5 月 10 日，
中以合作备忘录签字仪式
结束后，中国记者采访
袁隆平，向他提问

我们除了解决我国的粮食安全问题，还要放眼全球；要发展杂交水稻，造福世界人民。"

对于如何造福世界人民，袁隆平讲了一番道理。他说："光靠我们中国在全世界推广杂交水稻，那是一件非常困难的事。我们国家幸亏有党和政府大力支持、全国大协作，国家投入大量的人力、物力和财力，才把杂交水稻在全国推广开来。许多国家没有这样的条件，即使教会了它们技术和如何操作，也没有用。"

袁隆平举了几个例子。他说，1976 年，杂交水稻刚刚在中国取得成功，开始大面积生产。同年 8 月，中国政府就应柬埔寨领导人的请求，决定由湖南组建农业专家组，援助柬埔寨，推广杂交水稻。

中国专家组到了柬埔寨，认真制定了在柬埔寨推广杂交水稻技术的培训方案，并自编简易教材，每期 3 个月、培训

120 人，一共为柬埔寨培训了近 1000 名种植杂交水稻的技术骨干。用中国带去的杂交水稻种子，在柬埔寨第一次实现了亩产 400 多公斤的高产，柬埔寨农民非常欢迎杂交水稻。问题是，柬埔寨当时正在打仗，又极其贫困，没有自己的技术力量。这样，中国专家们很快就回国了，这个事也不了了之。

另外的例子，就是诸如缅甸、斯里兰卡等国家，联合国粮农组织也立项给予支持。中国派专家，包括袁隆平本人，作为联合国粮农组织的顾问去指导。但是，这些国家技术力量薄弱，政府支持不力，也没有得力的私人公司参加，杂交水稻在这类国家至今都没有发展起来。袁隆平强调，杂交水稻是一门科技含量很高的农业技术，需要很多学科一起研发；推向商业化生产，更是一个系统工程。

袁隆平认为，"发展杂交水稻，造福世界人民"不是一句口号。要实现这个目标，需要多条途径。中国的援助只是很小一个方面，不光需要技术，还要有资金、管理团队、市场开拓等。在这些方面，发达国家和一些跨国公司有能力做到。他举例说，在中国杂交水稻刚刚成功的时候，邓小平很有远见，把杂交水稻技术转让给美国西方石油公司下属的两家种子公司。后来，它们又将杂交水稻技术转卖给美国水稻技术公司。杂交水稻技术在美国得到了很大的改进。在中国用人工赶花粉制种，在美国变成了高度机械化，用直升机赶粉。美国水稻技术公司又在不少国家打开了市场，设立了子公司，比如在巴西、在印度。这实际上是通过美国水稻技术公司的手，造福许多国家的人民。

以色列也是高度发达的国家，杂交水稻技术在以色列肯定也能得到进一步发展，因为它的科研成果转换能力很强。发达国家将科技成果转变成生产力的孵化能力很强，它们的公司在全球设立的网络比中国的大得多。它们以赢利为目的，会促进杂交水稻技术快速传播到他们的市场范围，给更多的国家解决粮食短缺问题。以色列人很会做生意，新技术研发能力非常厉害，经营理念、营销策略、宣传手段也都是世界一流的。杂交水稻技术一旦被他们掌握，一定会更快地推向世界。我们还怕以色列人对杂交水稻不感兴趣呢，但他们真的很聪明，看到了杂交水稻的巨大经济利益和发展前景。

袁隆平的全球视野，以及通过多种途径将杂交水稻技术推广到全球、真正造福于世界人民的思路和他的身体力行，打动了在场的中国记者。最后，袁隆平还打了个比方。他说，马克思是德国的犹太人，他提出要实现共产主义，可是，共产主义没有在德国实现，反而我们中国是马克思主义的践行者，在中国建立了社会主义制度。看来，马克思开创的共产主义正在中国成功地"产业化"。犹太人"转让了"马克思主义给中国共产党，造福了中国人民。我们中国将它发扬光大，进一步造福中国人民和世界人民。看来，中华民族和犹太民族都有着非凡的智慧与力量，就看如何发挥各自的优势，为各自的民族谋复兴、谋发展。

6. 中以杂交水稻合作的来龙去脉

中国与以色列 Ferti Seeds 公司在杂交水稻方面的合作，从 2003 年就已经开始，是通过袁隆平牵线搭桥，进行交流的。2003 年 9 月 21 日，Ferti Seeds 公司总裁耶索迪和她的助理波西坐飞机到达南宁。第二天，她们到广西农科院进行交流，并参观了广西农科院水稻所的制种现场。

9 月 23 日早上，我和司机接了这两位以色列客人，又接了神农大丰种子公司广西分公司的老总赵进荣，一起去合浦，那里有神农大丰种子公司的制种基地。

那时还没有高速公路，我们在中午 12 点才赶到合浦，午餐后去看大面积制种，有三系制种，也有两系制种。9 月 25 日，两位以色列客人离开南宁去武汉，访问华中农业大学。在送她们去机场的路上，我们继续讨论合作方面的

2003 年 9 月 23 日，我（左二）陪同以色列 Ferti Seeds 公司的两位女高管到广西合浦参观杂交水稻制种基地，右一是耶索迪，右二是波西

事情。

又过了半年左右时间，我接到湖南杂交水稻研究中心符习勤的电子邮件。他是我的大学同届同学，在湖南杂交水稻研究中心从事生物技术方面的研究。袁隆平要他负责办理与以色列合作的一些具体事情，因为以色列也要开展与杂交水稻分子育种有关的研究。符习勤告知，袁隆平要我在 2004年 3 月 15 日到湖南杂交水稻研究中心，与以色列客人见面，商讨双边合作的事。因为以色列客人在长沙停留的时间有限，袁隆平要我一定按时到长沙。军令如山，我立马让同事帮助买好了去长沙的飞机票，是 3 月 14 日晚上 7 点的航班。

当时，我在广西农科院国际合作处负责，有许多对外交往的事需要我处理。3 月 14 日上午，我还在与同事们一起布置学术报告厅，准备接待泰国商业部部长率领的代表团，进行泰国大米推介活动。下午 3 点至 4 点半，我又作了介绍广西水稻和大米生产情况的报告，并听完泰国方面的介绍，原本要陪泰国代表团共进晚餐，只好抱歉不能参加了。下午 5点半，我提着简单的行李赶往机场。

我在晚上，9 点多到了长沙后就直奔湖南杂交水稻研究中心，住下来已经很晚了。次日上午，我和符习勤乘车一起去宾馆接以色列客人。以色列 Ferti Seeds 公司总裁耶索迪和助理波西在 3 月 14 日晚上从香港到达长沙，符习勤从机场接了她们，安排住在离湖南杂交水稻研究中心不远的邮培中心。以色列人对时间看得很重，希望我们的安排高效、从简，所以，按照耶索迪她们的意愿作了住宿安排，没有让她们住长沙的星级宾馆。

3月15日上午9点，我们把以色列客人接到了湖南杂交水稻研究中心。袁隆平已经在中心办公大楼门口等候，他显得很精神，先同客人们用英语问候、寒暄一番，又与我交谈了几句。就在大门口用中英文制作的湖南杂交水稻研究中心的牌子前面，我们几个人照了一个合影；随后，就到二楼的外宾室，开始小范围会谈，主要是讨论双边合作的细节。

参加会谈的中方人员一共10人，包括湖南杂交水稻研究中心从事生物技术研究的人员，以及袁隆平的三儿子袁定阳，广西方面只有我一个人。合作备忘录已经有了草稿，一共只有两页A4纸7条内容，但包括的面很广。合作备忘录的甲方是以色列的 Ferti Seeds 公司。这是一家以色列私营农业生物技术公司，它的名字硬要翻译成中文，"肥沃的种子"比较合适。该公司能基于革命性的分子遗传技术，创新性地为农业生产提供高产、低成本的杂交水稻种子。乙方则是"杂交水稻之父"袁隆平领导的中国国家杂交水稻工程技术研究中心，它是引领全球水稻杂种优势利用的中国国家研究机构。

合作备忘录第一条是，成立一个由湖南杂交水稻研究中

2004年3月15日，袁隆平将《杂交水稻简明教程》一书送给两位以色列客人并签名留念，中为耶索迪，右为波西

心符习勤、广西农科院毛昌祥、以色列的耶索迪和波西 4 人参加的协调管理小组，负责起草合作过程中各项工作的详细计划、阶段目标，确保顺利启动和正常运作。

第二条是，乙方中国国家杂交水稻工程技术研究中心，选择并提供大规模生产中已经应用的最好的杂交水稻品种和品种资源给甲方。针对用于甲方的技术，乙方追访监督这些材料在甲方技术改造下的表现，是否符合商业性种子生产的目标。

第三条是，甲乙双方共同采用生物技术来改良培育新的杂交水稻组合。甲方主要承担生物技术方面的工作，乙方则通过广泛的渠道收集、提供用于生物技术改良的种质资源材料给甲方，由甲方将有益的基因转育到杂交水稻品种中。乙方的工作重点是进行田间选育、测试，并推向生产。协调管理小组负责检查工作的进展和效果，决定是否继续试验。

第四条是，如果甲方的技术表现可行，则双方努力将甲方的技术与传统的杂交水稻种子生产技术结合，制定出新的技术路线，来支持使用甲方改良的种子生产技术大规模生产杂交水稻种子。

第五条则是，协调管理小组将同时平行地解决在杂交水稻亲本繁殖过程中存在的问题，这项工作主要在中国进行。最后，要制定出一条可行的杂交水稻亲本繁殖与杂种生产相结合的技术路线，包括各项相关农业技术措施的标准。

第六条是，甲乙双方研发阶段所需经费，各自根据承担的任务自行解决。一旦到了可以商业化应用的时候，双方共同努力去争取经费和投资。

第七条也是最后一条是，甲乙双方根据自己的研究领域，制定对应的知识产权保护条款，共同保护合作成果。因为这些成果最终要用在中国（以色列不可能进行杂交水稻制种），所以，一定要在中国专利体系能够控制的范围。任何第三方要使用甲乙双方共同研发的成果，必须与甲乙双方签订知识产权保护协定。

我参加过许多合作备忘录或其他合作协议的制定和签字活动。国外一直很重视保护知识产权，但国内在刚开始的时候，都持"防小人不防君子"的态度，好像拉不下面子似的，觉得只要双方都讲诚信，用不着那么认真。现在，我们国家哪怕是在国内、业内、单位内签署协议，都要提及重视产权、保护专利、违约追责了。

这虽然是我们与以色列一家私营公司签署的合作备忘录，但大家也从中学到了经验。它只是为双方开始合作打了个基础，而真正到了具体的某个合作环节，尤其是牵涉利益、机密等方面的技术合作，往往是很纠结的。双方就没有那么客气了，有时候对每句话、每个字、每个小数点都会有争执。这是好事，一旦双方达成一致意见，后面出现问题，反而容易解决。

讲实在的，我们参加会谈的 10 位中方人员，没有一个有以色列人的经济头脑。他们等于是不花一分钱，就得到了中方的杂交水稻育种材料和品种资源。使用他们的技术，成功了，我们还要向他们支付专利费；如果不成功，我们还是要按照自己原来的技术路线生产杂交水稻种子，也不能怪罪以色列方面。当然，我们是看重他们先进的生物技术，以色列 Ferti Seeds 公司也会让我们的人去它的实验室工作、学习，提高我们的能力，但毕竟还不知道最后的结果如何。

快到午餐时间了，对合作备忘录作了一些非原则性的修改，确定了下来，正式文本由以色列方面去印制。当时，已经知道袁隆平很快就要去以色列接受沃尔夫奖，于是确定在那个时间段签署协议。双方皆大欢喜，在外宾室来了一张大合影。以色列客人分别站在袁隆平两旁；符习勤站在左边第二位；左边第四位是袁定阳，他当时在杂交水稻国家重点实验室工作。

2004 年 3 月 15 日，整整一上午的讨论结束后，中方人员与以色列客人合影留念

2004 年 3 月 15 日，袁隆平（左二）与耶索迪（右二）、符习勤（左一）和我再次合影

　　也许是对合作备忘录的细节还有不同意见，到了 2004 年 5 月初的几天，我即将出发去以色列参加 Ferti Seeds 公司与袁隆平领导的国家杂交水稻研发中心签署协议活动前夕，还陆陆续续几次收到波西的电子邮件，有的是继续修改合作备忘录的具体内容，有的是对我去以色列后那几天活动安排细节的调整。当然，按照她们的要求，我也准备了一些学术报告的多媒体幻灯片，打算随身带手提电脑去，届时还可以修改。

7. 现代农业的震撼

　　以色列农业发展的成功之路是依靠科学技术，以色列农业成功的奥秘是科技同生产结合，以色列众多的农业科研机构对于实现"小农业，大效益"目标发挥了关键作用。我们这次在以色列访问，见证了这一点。

　　离以色列最高科研机构魏茨曼研究所不远的沃尔卡尼农业科学研究院，是以色列最高农业科研机构。而要与我们在杂交水稻技术方面合作的以色列 Ferti Seeds 公司的实验室也离魏茨曼研究所不远。2004 年 5 月 11 日，我们在 Ferti Seeds 公司安排下，到沃尔卡尼农科院参观。

　　沃尔卡尼农科院是以色列最重要的农业科研机构，促进以色列农业发展的大多数科学技术工作都是在这里进行的。

2004 年 5 月 11 日，袁隆平在几位中国留学生陪同下，参观以色列沃尔卡尼农业科学研究院的花卉研究实验室

与魏茨曼研究所以及一些综合型大学的农学院不同的是，沃尔卡尼农科院以指导生产为主，而后者则侧重基础和理论研究。沃尔卡尼农科院隶属于以色列农业部，最早建立于1921年，由7个独立的研究所组成，即大田和庭院作物研究所、园艺研究所、水土研究所、植物保护研究所、农产品储藏研究所和农业工程研究所。全院有1000多名各类研究人员。

沃尔卡尼农科院除了自己的研究课题外，还承担以色列国内外商业和政府机构的研究课题。我们国内的科研机构也开始朝这方面改革，近年来发展得很快。沃尔卡尼农科院研究的重点是利用生物学方法，培育适应以色列当地气候、地形和土壤条件的种子、球茎及种苗。

我曾作为总经理，在广西田阳恒星农业科技有限公司工作过几年。田阳盛产樱桃番茄，又称圣女果，是田阳农业的主要产品之一。圣女果的品种很多，食味不同，外皮颜色也各异，但种子大多是以色列品种，贵得吓人，1克种子500元人民币。以色列种子公司是在中国新疆生产圣女果种子。我问过我们广西农科院蔬菜研究所的专家，他们说，我们自己也培育了圣女果品种，但还有一些方面不如以色列的品种。

其实，以色列国内是不大规模种植圣女果的，也不在国内生产圣女果种子。他们的研究成果，在国外就变成了金钱和声誉，并占有了国际市场。即使国内要吃圣女果，以色列也可以在其他国家生产或进口优质的圣女果。以色列人想掌握杂交水稻技术，也是出于同样的想法。我们国家的农业和种业企业近年也开始走出国门，走类似于以色列的发展道路。可以说，以色列通过在全球发展科技，实际上等于扩大了国土面积，使得以色列公民成了无国界的世界公民。

沃尔卡尼农科院除了在科研方面发挥龙头作用，还起着为以色列其他研究机构培养人才和指导技术的作用。以色列人团结、爱国，是全世界的榜样。他们能在耕地少、自然条件恶劣的情况下科技兴农，只花了短短几十年的工夫，就把以色列这片干旱、荒凉的不毛之地，变成了农产品基本自给并大量出口的农业强国。每年出口的农产品创汇几十亿美元，而以色列国内生产不了的农产品，通过农产品出口创汇，就可以买来，还绰绰有余。

也许考虑到我们是从中国来的，是他们犹太人卡尔·马克思的徒子徒孙，最终目的是要实现共产主义远大理想，我们的以色列主人特意安排，于 2004 年 5 月 10 日上午，由一

2004 年 5 月 11 日，袁隆平在以色列沃尔卡尼农业科学研究院

位英国移民来的犹太人尤洛古开车，带我们去参观佐拉基布兹。在以色列有许多这样的基布兹，实际上是面积不大的农村乡镇地区的社会—经济体，对于我们国家现在搞乡村振兴有很大的参考价值。

这个叫佐拉的基布兹很有名气，经常接待外国政要，我们参观时，这里住着 370 户 700 多人，已经有 50 多年历史了。

由于时间关系，我们只参观了几个项目。佐拉基布兹一位年近八旬的领导陪着我们，看了基布兹的污水处理厂和经处理后的中水灌溉设施、滴灌蔬菜栽培，还有奶牛场。给我们留下的印象非常深刻。连常年侨居美国的印度裔水稻专家库西，也认为以色列在农业方面做得非常出色。

对我来说，是第一次看到如此现代化的奶牛养殖场。奶牛们养在干净的圈舍里，没有难闻的气味，乳房鼓鼓的奶牛都很健壮。每头牛的小腿处都绑着一个感应器，可以监控奶牛的体温和其他有关生理指标，看奶牛是否健康，而这些数值会在挂在牛舍外的显示器上看到。另外，挤奶设备都是自动控制的。

挤奶员在牛舍巡视查看显示器。牛奶从每头奶牛那里源源不断流向巨大的牛奶储存罐。我问了一个问题："如果某头牛生病了，它的奶会怎么处理?"女挤奶员告诉我："挤奶器就会自动断掉那头牛的管道，它的奶就要报废，不会收集到牛奶储存罐。"

在挤奶时，牛舍里播放着轻音乐，我们听了感到非常愉

以色列佐拉基布兹奶牛场的挤奶员，正在巡视每一头奶牛的健康和产奶状况

悦，估计奶牛也会很快乐。挤完奶的奶牛们很有秩序地走出牛舍，顺着走廊，慢悠悠走到一个打开的温室大棚。里面生长着绿油油的牧草，还有准备好的精饲料，在等着它们。

牛儿不是争先恐后，而是秩序井然地走到各自的"餐位"，开始大口大口地吃带着芬芳气味的牧草和精饲料，轻快地摇着尾巴，为下一次挤奶做准备。管理人员告诉我，温室大棚里的牧草都是按计划、依时间种植的，一年四季都有丰盛的牧草供奶牛享受。当然，我们国内现在也有了类似的奶牛场，我们中国人同样能喝到新鲜的牛奶了，极大提高了我国国民的身体素质。

2004 年 5 月 10 日，以色列佐拉基布兹的领导（左）带我们看沙漠里用滴灌方法种植蔬菜的情况，中间是库西，右边是英国犹太移民尤洛古

看到以色列的现代农业，联想到在美国看到的现代农业，以及我们国家正在朝着现代化方向发展的农业，我不禁浮想联翩。美国是发展大规模的现代农业。而以色列由于各种条件限制，不可能搞美国那种大农业，而是选择了一条符合自身条件的现代农业发展之路，以基布兹为基本单元，发展以自给自足为前提的现代农业。以色列把大规模农业放到了国界之外，以技术为核心、商贸为载体，不但能满足国民的需要，还略有出口。

我认为，我国农业可以向美国和以色列学习，在不同的地区，采用不同的形式。在东北、新疆可以搞美国式大农业，在西部欠发达地区、丘陵山区就可以学习以色列模式。我们现在搞的"一乡一品"、县域经济等，就类似于以色列模式。在乡村振兴方面，以色列模式更有效，能够做到各尽其能、分工合作，更具特色。

8. 有趣的以色列之旅

我和袁隆平都是对世界充满好奇心的人。到了以色列，我对他说："袁老师，我们能来一趟以色列不容易，除了搞好公务活动，只能利用支离破碎的时间，去以色列有名的旅游景点。"当时已经 74 岁的袁隆平，非常赞同这个观点，而且直截了当地与负责接待的波西讲了我们的想法。其实，Ferti Seeds 公司方面包括波西，也是早有考虑和安排的。反正以色列国家不大，旅游景点不是太多，也相隔不远，有名的无非是耶路撒冷老城、死海、海滨城市海法这么几个地方。

首先是耶路撒冷老城，离我们住的地方最近。2004 年 5 月 7 日，也就是我们到达以色列的第一天，公务活动还没有

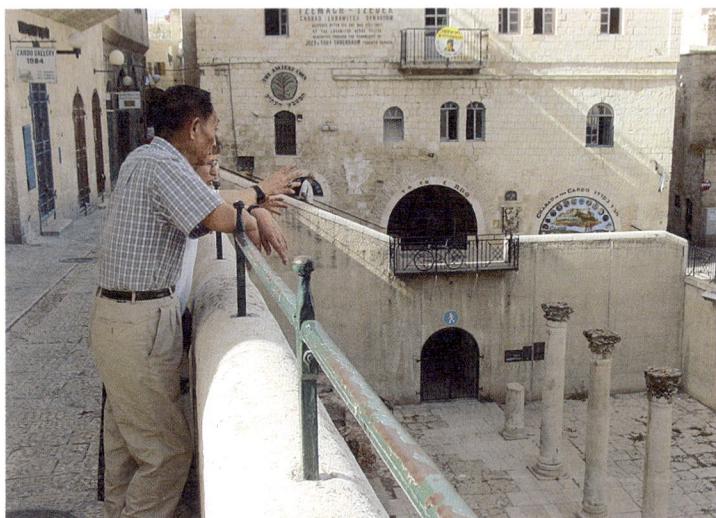

2004 年 5 月 7 日，袁隆平听波西介绍以色列耶路撒冷老城里的几根"神柱"

开始。我们午休之后不久，波西来到酒店，开车带我们去建于公元前 1000 年至公元前 800 年的耶路撒冷老城，实际上是一座用石头建成的古城堡。她停好车，领我们沿着古城的石板路，边走边给我们讲解，其中牵涉犹太人、犹太教、耶稣等历史故事，我们似懂非懂。

我们的第一个目的地是世界闻名的"哭墙"，看到那里有许多犹太人在祈祷。波西告诉我们，游客是可以进入"哭墙"的，但最好能戴上犹太教徒戴的小帽子。当然，这是为了尊重当地习俗。在进入"哭墙"前，我们要波西为我们拍了一张以"哭墙"为背景，没有戴以色列人那种小帽子的合影。

在"哭墙"的入口处，放有装着犹太小帽子的盒子，是为游客们准备的。我们各拿了一顶，戴在头上，然后走进"哭墙"看个究竟。在"哭墙"左端，有一个门，类似于我们佛教的"藏经洞"，不让进。袁隆平真的是很聚精会神，

2004 年 5 月 7 日，波西在"哭墙"外面向袁隆平作介绍

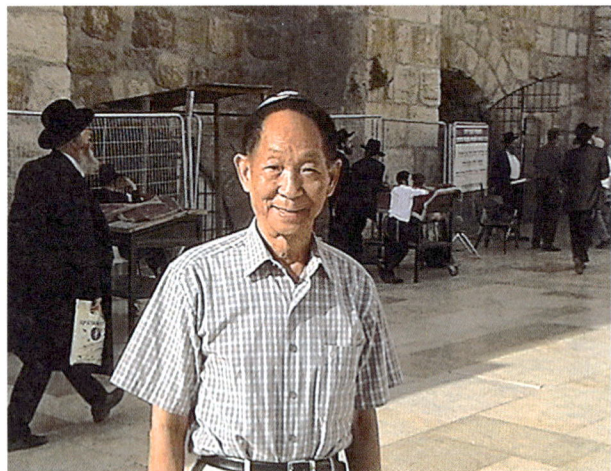

2004 年 5 月 7 日，面带微笑的袁隆平转过身来，要我为他拍一张戴着犹太小帽、以哭墙为背景的照片

盯着在"哭墙"边低头膜拜的犹太教徒。我抓拍了他戴着犹太小帽子的照片，在他前面是两个穿黑衣黑裤、戴着有檐黑色礼帽的犹太教徒。

其实，"哭墙"没有什么东西看，那里是宗教活动场所。在那里做祷告的大多是虔诚的犹太教徒，他们也不与陌生人打招呼，只是专心致志做他们的祷告。我们继续跟着波西去耶路撒冷老城其他地方看看。老城的街道很窄，有许多路段是上坡或下坡，只能步行，不能过任何车辆。街道两边都是小店铺，大多是卖旅游产品、小工艺纪念品的私人摊位，花花绿绿，与世界上大多数旅游景点差不多，袁隆平对这些没有太多兴趣。

到了一个 T 字街口，那里的墙壁上布满了弹孔，真有点"弹洞前村壁。装点此关山，今朝更好看"的味道。他停下来，要我为他拍了一张以满是弹孔的墙壁为背景的照片。墙上挂有关于这段布满弹孔墙壁的介绍，我们没有去仔细

2004 年 5 月 7 日，袁隆平走在以色列耶路撒冷老城的街道上，对两旁贩卖的工艺品、纪念品没有兴趣

看，反正这里是是非之地。没有战争留下的弹孔，哪有现在的和平？

第二天，也就是 2004 年 5 月 8 日，星期六，以色列人不上班。袁隆平和罗闰良为 5 月 9 日的颁奖活动做准备去了。我和库西没有公务活动。Ferti Seeds 公司总裁耶索迪和她的丈夫以及他们的小女儿，开车带我们去死海游玩。这是早就由耶索迪安排好的行程之一，到了以色列，没有去死海，一定是一个遗憾。更何况，我和库西是 Ferti Seeds 公司请来的客人，耶索迪和家人陪我们游玩死海，体现了他们的深情厚谊。

死海为世界名胜，它是一个内陆海，一半在以色列境内，另一半在巴勒斯坦和约旦境内。所谓"死海"，据说是指在这个海里，海水的含盐量特别高，比一般海水的含盐量高十几倍，没有生物能在海水里存活。而人在里面游泳，根

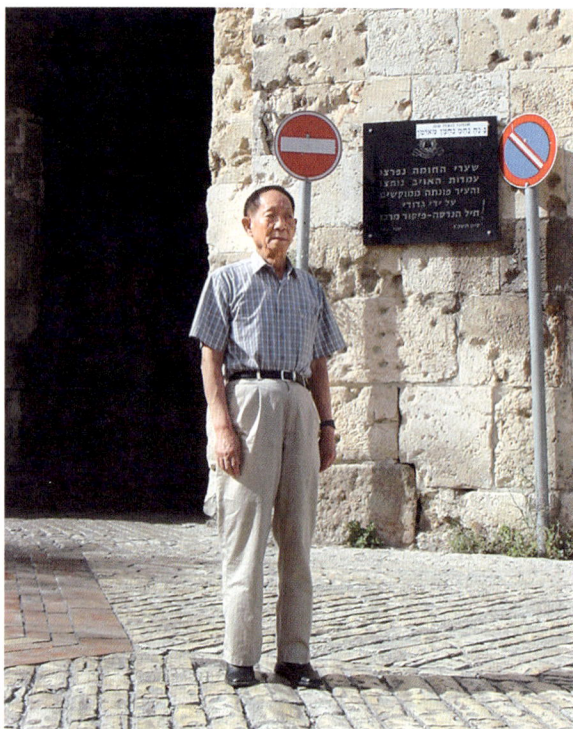

2004 年 5 月 7 日，袁隆平在以色列耶路撒冷老城街道上，以布满弹孔的墙壁为背景留影

本就不会下沉，只是小心不要把海水搞到眼睛里。其实，在死海是不适合游泳的，哪怕初学者怕溺水，也不能在里面学游泳。

从海拔 800 多米的耶路撒冷开车去低于海平面 400 多米的死海，路程不远，可是，高程降得很快。我们坐在车里，耳朵感受到气压的变化，如同飞机起飞、降落时的感觉。沿途看见死海两岸都是不毛之山，基本看不到树木。倒是在靠近死海边的地方，看到不少绿茸茸的灌木和野草。我想，它们身上一定有非常耐盐碱的基因，要不然，怎么能生存？沿途也极少看到村庄，死海里面根本没有船只。耶索迪告诉我，因为没有足够的雨水补充，这里的海平面还在逐年缓慢下降。

到了死海，游人不少。我透过海水看到一些泡在海水里的枯死的树枝，上面都是盐的结晶，如同冬天结冰的树枝。最为特殊的是，死海里的海泥，据称可以治疗皮肤病。游人们都要从海水里掏些乌黑的海泥抹在身上，然后在太阳下晒一段时间，等海泥干了再去洗掉。我也体验了一把"白人变黑人，只要几分钟"，并拍照留念。照片上，穿着短裤的我，浑身黑黑的，只有一双眼睛还能看得出来，坐在椅子上晒着太阳。左边椅子上的是耶索迪的丈夫，他看上去比我壮硕。旁边的塑料椅子，是提供给游人们抹了海泥坐下来晒太阳的。

我用手指蘸了点儿海水尝了一下，太苦太咸。泡过海水的手，好像沾上了没有兑水的洗衣液，滑滑的，后来到淡水龙头下冲了很久还有咸味。我比较好奇，走到海水里，用手采了粘在海水里枯死树枝上的盐块。它很像冰块，不是很硬，有点像我们广西特产北流糖的结晶。

以色列人的商业头脑真是非常发达，没有放过对死海海泥的开发利用。他们将海泥装进包装很漂亮的玻璃或塑料的瓶子、罐子里，海泥有黑色的，也有褐色的，价格不同。对它们的介绍，自然是对皮肤健康有好处，能治疗一些皮肤病等等。许多游客都买了带回去，好像白人更喜欢死海海泥。

在海边晒得身上的海泥开始开裂并翘起来，与皮肤脱离了，就可以用淡水冲洗。我们冲洗后，吃了三明治为主的简单午餐。稍事休息，耶索迪一家又带我们泡了 10 来分钟海水温泉。这种"药疗"式的海水温泉里含有 10 多种对人体有益的元素，以硫为主，水温有 30—40 摄氏度。泡温泉的时候，男女分开，儿童有专用的池子。

袁隆平和罗闰良在 5 月 12 日上午也去了死海，是沃尔夫基金会安排的。即使袁隆平很会游泳，也可能想游泳，但死海没有他施展游泳本事的条件，估计也是和我一样，只享受了海泥和阳光，这对他的稻田皮炎兴许有疗效，但后来他

2004 年 5 月 8 日，我（右）往身上抹了以色列死海海底的黑色泥巴，在阳光下享受着世界上特殊的皮肤保健疗法

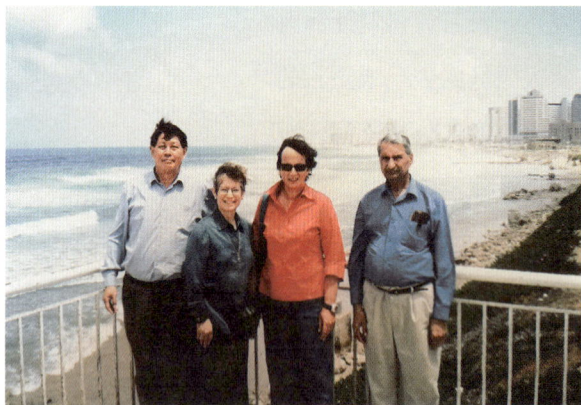

2004 年 5 月 12 日，我们 4 人在以色列海法海边合影，右起：库西、耶索迪、波西和我

没有谈起过。

5 月 12 日，在我们离开以色列那天，耶索迪和波西又带我与库西去了海滨城市海法。这里是以色列唯一的出海口，也是它的生命线。海法海边的风景美丽极了，有很多高楼大厦，完全是一座现代化海滨城市。在耶路撒冷看不到高楼大厦，而海法比比皆是，倒是没有以色列独特的风光。两位以色列女士希望我们看到，海法这座具有 4000 多年历史的以色列城池，已经成了现代化都市；以色列虽小，却非常强盛。

9.在犹太人家里做客

在以色列，不管什么人，都是住私人住宅，都要出钱购买房子。众所周知，以色列土地金贵。我问了一下，在耶路撒冷，2004 年的房价达到每平方米 4000 美元，而当时以色列的人均工资是每月 2000 美元。也就是说，即使不吃不喝，两个月只能买一平方米房子，一年买 6 平方米，10 年才能买60 平方米的房子。以色列当时的人均国内生产总值为 1.7 万美元，但物价很高，税收高达 30%—40%。我们逛商店时，看了以色列的物价比我们国内贵许多。

以色列政府有个规定，房子要用钢筋水泥建造，而且一定要用产于当地的"耶路撒冷石"做外墙，"耶路撒冷石"有皂白色、淡咖啡色、浅褐色等不同颜色，颜色越淡，价钱越贵。为什么以色列政府要强制用当地的"耶路撒冷石"做外墙？主要是希望把当地大量的岩石挖掉，从而增加一些石头很少的耕地。在耶路撒冷，我们没有看到一幢有玻璃幕墙的高楼。

另外，以色列人建房，一定要在房子周围搞绿化。植树是犹太人的义务，哪怕是在其他国家居住的犹太人，也汇钱回国植树。以色列政府花钱雇人植树，使荒山和沙漠不断绿起来。而这些树木种下去之后，要保证存活、生长，水和灌溉系统就很重要。以色列人告诉我们，我们在沿途也看到，很多地方都预先打了地下深井，建了水泵房（站）；暂时未使用的，就用铁丝网围着，供以后发展起来再用。河流和深井里的地下水，都采用管道加滴灌系统，连接到每一棵树、每一个花圃或绿地。以色列政府的要求是，光有房子还不行，还要绿化美化周边环境；再就是搞好配套设施，购物中心、学校、幼儿园、医院等都必须与居民点一起建设好。

2004年5月7日，我在以色列耶路撒冷的街道上留影。人行道旁的草坪、花圃、树木都靠滴灌系统养护得很好，居民楼周围如同公园。

在以色列，除了大城市，大多数居民点是和农村交织在一起的，所以，我们在公路两旁都能看到绿油油的农田和现代化的温室大棚，种有椰枣、葡萄、桃、樱桃、梨、杏、草莓等。走近一看，都是滴灌系统。以色列人在干旱的荒漠上，能生产出那么多水果、蔬菜，养着奶牛，还有一些农产品出口，真的是奇迹。

以色列的犹太人很好客。我们在以色列短短几天时间，就到耶索迪和波西家里做客几次。第一次是在2004年5月7日晚上8点，也就是刚到以色列那天，我们去了波西家。

她在酒店服务台用酒店的便签，留了
一个电话号码和出租车司机的名字。
这位出租车司机提前几分钟来到酒店，
接了我和袁隆平、罗闰良三人去波西
家。她家离酒店不远，要是熟悉路，
步行都可以很快到达。打出租车的钱，
当然已经由波西付了。

波西家里不是太宽敞，但摆设很
讲究。她邀请了我们 3 个中国人，还
有两对以色列科学家夫妇。那天晚上，
我们在波西家参加他们犹太人一个叫
"Shabbat" 的晚餐会。Shabbat 是犹太
人的安息日，也是对犹太人来说具有
特殊意义的圣日。它是一个星期的第
7 天，是休息日，但又不是一般的休息日，而是犹太教最主
要的表征。安息日源于《圣经》："你们要守安息日，把它看
作神圣的一天。6 天之内，你们要工作谋生，但到了第 7 天，
就什么也不做，唯独要向上帝守安息日。"

对犹太人来说，守安息日既是工作后体力上的休息，更
是一种精神上的净化和陶冶。犹太人的安息日不是星期天，
而是从每个星期五太阳落山开始，到次日的同一时刻。2004
年 5 月 7 日正好是星期五。波西遵循安息日的规矩，自己不
开车来接我们，而是叫了出租车。

一般在星期五傍晚，家庭主妇将点燃蜡烛，并诵读燃灯

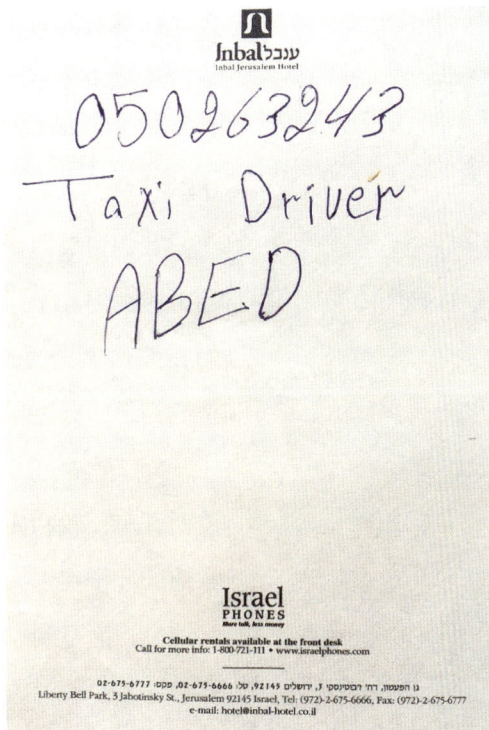

2004 年 5 月 7 日，热
情好客的波西留的便签

祷文，这标志着安息日的开始。然后，全家人围坐在一起，愉快地享用丰富的晚餐。我们到波西家时，看到了点燃的蜡烛和满桌丰盛的菜肴。我们向波西赠送了从中国带来的一些中国特色工艺品，包括很考究的工艺筷子，正好摆到了餐桌上。我们向波西一家只是象征性地示范如何用筷子吃饭，实际上，我们几个中国人都是用刀叉吃晚餐，入乡随俗嘛。我们在波西家一直待到晚上 10 点多，出租车司机准时来了，把我们送回旅店。

第二次是在 5 月 9 日，到耶索迪家做客。下午 3 点，由波西开车，我和库西去了耶索迪家。那天是星期天，除了耶索迪的儿子在上大学，他们全家人都在家。袁隆平没有去耶索迪家，而是到以色列国会大厦准备接受沃尔夫奖。我送给耶索迪家一块湘绣桌布、几把雕花桃木小扇子、一套艺术筷子作纪念。我们也要去参加沃尔夫奖颁奖仪式，在耶索迪家吃了点东西，就一起去了以色列国会大厦。

而第三次是 5 月 10 日晚上，在耶索迪家里，中国国家杂交水稻工程技术研究中心与以色列 Ferti Seeds 公司签署合作备忘录。袁隆平特意与耶索迪一家合影留念。袁隆平坐在耶索迪和她丈夫之间，他们的两个女儿坐在母亲身边，显得沙发有点挤。但是大家都笑容满面，尤其是耶索迪的丈夫非常有派头。他说，下次来中国，一定去拜访我们。

袁隆平非常赞赏犹太人，认为犹太民族是世界上优秀的民族，我们中华民族也很优秀，应该互相学习。记得 1997 年，我和袁隆平作为联合国粮农组织顾问一起在缅甸工作

2004 年 5 月 10 日晚上，在耶索迪家，袁隆平与她的家人合影留念

时，遇到了两个以色列小姑娘。犹太小姑娘很聪明伶俐，与我们用英语交谈。袁隆平要我帮他拍下了这张照片，我保留至今。这两个以色列小姑娘也很喜欢中国的袁隆平爷爷，她们说长大了要到中国去玩玩。

2004 年，我们一起到以色列，除了参加沃尔夫奖的颁奖仪式，就是与以色列的公司签署合作备忘录。袁隆平的态度是很积极的，他希望通过与以色列合作，在某种意义上，也是中华民族与犹太民族一起，用共同的智慧，来达到共同的目的——造福全人类。

1997 年，有些瘦骨嶙峋的袁隆平与两个瘦小的以色列小姑娘合影

附　录

袁隆平院士在国外工作记录表

（不完全统计）

国家	出访次数	年份	内容
菲律宾	30 次以上	1979 年、1980 年、1981 年、1982 年、1991 年、2000 年、2003 年、2004 年、2007 年、2013 年	工作、开会、领奖等
美国	9 次	1980 年、1987 年、1993 年、1994 年、1996 年、1997 年、2003 年、2004 年、2007 年	工作、领奖等
印度	5 次	1990 年、1992 年、1993 年、1996 年、2012 年、	工作、开会
日本	4 次	1988 年、1996 年、1998 年、2003 年	工作、领奖等
意大利	2 次	1986 年、2004 年	开会
法国	2 次	1987 年、2010 年	领奖
缅甸	2 次	1997 年、1998 年	工作
越南	2 次	1999 年、2002 年	开会
马来西亚	2 次	2004 年、2012 年	领奖
英国	1 次	1988 年	领奖
印度尼西亚	1 次	1994 年	开会
加拿大	1 次	1995 年	领奖
埃及	1 次	1998 年	开会
委内瑞拉	1 次	2001 年	工作

续表

国家	出访次数	年份	内容
孟加拉国	1 次	2001 年	开会
以色列	1 次	2004 年	领奖、工作
泰国	1 次	2004 年	领奖
柬埔寨	1 次	2016 年	工作

后　记

　　我花了大约半年时间，终于完成了这本书的撰稿工作。其实，它是我从 20 世纪 80 年代初一直到 21 世纪 20 年代初，40 多年间的历史回顾。其间，我和袁隆平在一些国家共事、相处。我虽有记录，但都已封存很久了。这次，如同使我又过了一遍电影，袁老师的音容笑貌又出现在我的脑海里。

　　我要感谢袁隆平的夫人邓则老师。她知道了我要写与袁老师在国外的故事，非常支持，并一再要求，书出版后，一定要寄给她。2022 年 2 月 22 日晚上，她在发给我的微信中写道："告诉你，今天这个特殊日子，是袁先生和我的 58 年结婚纪念日。去年，我们在海南，袁先生还请大家到三号厨房吃饭。今年，人去楼空，很清静啦。"邓老师是袁隆平的贤内助，她对夫君的思念，感动了我。我也是含着泪写完这些故事的，毕竟它们记录了我和袁老师生命里一起同行的日子，永远忘怀不了。

　　我要感谢支持我写这些故事、为我提供资料、帮助我审阅修改文稿的老朋友，他们也和袁隆平共过事，也是历史的见证人。我要感谢汤圣祥博士、彭少兵博士、李继明博士、张昭东先生、胡继银先生、黄吉森先生等人；更要感谢王韧博士，他欣然答应为这本书写序，写得很好。王韧博士也是最有资格为这本书写序的人之一，他与袁隆平院士一样，同样是一名为中国和世界农业发展作出了杰出贡献的国际主义战士。

我还要感谢我的家人，几十年来支持我跟着袁隆平在国内外走南闯北、发展杂交水稻。他们在家肩负着赡养照顾长辈、抚养教育晚辈的担子，使我能在外安心工作，佐助袁隆平从事"发展杂交水稻，造福世界人民"的宏伟事业。

特别要感谢的是与我同岁的老伴、我的贤内助张孝续，她不但承担了全部家务，抚养儿子成长成才，还多次随我一到去国外，陪伴我在国外度过辛劳的日日夜夜，完成在国外指导杂交水稻技术的任务。记得在菲律宾和印度尼西亚，她和我一起在试验田里采种子、作记载。近段时间，在我抓紧时间伏案写作此书的日子里，我的夫人在带病，而且是"绝症"的情况下，给予我支持，每天的家务都是她操劳，为我提供安静的环境，让我能集中精力、全神贯注来写每一个故事。

这本书，也作为感谢我的良师益友袁隆平、缅怀袁老师的一束鲜花，纪念他逝世周年。袁老师放心吧，您的事业后继有人！

毛昌祥

2022 年 5 月 22 日于广西南宁

责任编辑：侯　春
封面设计：汪　阳

图书在版编目（CIP）数据

国际舞台上的袁隆平 / 毛昌祥 著 . —北京：人民出版社，2023.6
ISBN 978 - 7 - 01 - 025054 - 0

I. ①国…　II. ①毛…　III. ①袁隆平（1930—2021）- 生平事迹　
　IV. ① K826.3

中国版本图书馆 CIP 数据核字（2022）第 169246 号

国际舞台上的袁隆平
GUOJI WUTAI SHANGDE YUANLONGPING

毛昌祥　著

人民出版社 出版发行
（100706　北京市东城区隆福寺街 99 号）

北京中科印刷有限公司印刷　新华书店经销

2023 年 6 月第 1 版　2023 年 6 月北京第 1 次印刷
开本：710 毫米 ×1000 毫米 1/16　印张：22
字数：210 千字

ISBN 978 - 7 - 01 - 025054 - 0　定价：80.00 元

邮购地址 100706　北京市东城区隆福寺街 99 号
人民东方图书销售中心　电话：（010）65250042　65289539